**조직문화가
경쟁력이다**

문화를 바꾸면 시장판도가 바뀐다

조직문화가 경쟁력이다

로저 코너 · 톰 스미스 | **서상태** 옮김

아빈저연구소 코리아

경영자나 경영학자라면 조직문화가 가장 중요한 경쟁력이라는 것은 누구나 다 안다. 하지만 어떻게 하면 조직문화를 성과지향적으로 바꿀 수 있는지 그 방법을 제시해 주는 책은 드물었다. 〈조직문화가 경쟁력이다〉는 다양한 기업사례와 함께 그 방법을 체계적으로 제시한다. 경영자와 경영학자들의 필독을 권한다.

- 김현철 〈서울대 국제대학원 교수〉

조직문화는 다른 기업에서 쉽게 따라 할 수 없는 가장 강력한 비즈니스 도구이다. 이 책은 현재의 조직문화를 되돌아보고, 변화할 수 있는 분명한 방향과 방법을 제시해주고 있다. 조직문화의 변화를 통해 탁월한 성과를 올리고 싶은 경영자들과 조직의 리더들에게 훌륭한 지침서가 될 것이다.

- 최종태 〈POSCO부회장, 포스코인재창조원 원장〉

모든 조직이 성과달성을 위하여 몰입하고 신바람 나게 일할 수 있게 만드는 비결은 조직문화를 변화시키는 방법 뿐이다. 이 책은 조직문화 변화관리를 이해할 뿐 아니라 효과적인 실천 로드맵을 구체적으로 제시하고 있다. 한치 앞이 보이지 않는 혼돈의 시대, 지속생존과 성장을 위해 고심하는 리더들에게 그 길을 안내하는 밝은 길잡이가 될 것이다.

- 손욱 〈서울대 융합과학기술대학원 교수, 전 삼성SDI 대표이사〉

지속 가능한 기업에는 무언가 특별한 것이 있게 마련인데, 그 중 하나가 바로 훌륭한 조직문화이다. 저자들은 어떻게 "문화"가 성과를 만들어내는지를 구체적으로 제시하고 있다. 성과를 창출하는 기업문화를 만들기를 원하는 모든 관리자, 경영자 분들께 이 책을 강력하게 추천한다.

- 김영기 〈LG부사장, 전 LG전자 CHO, 경영학 박사〉

나는 〈조직문화가 경쟁력이다〉의 접근방법으로 드라마틱한 성과 개선을 일궈냈다. 그것은 완전히 기적 같다! 조직의 각 계층에 있는 구성원들에게 활기를 불어 넣는 입증된 상식적인 접근 방식을 활용해, 일반적으로 도달하기 어려운 목표와 목적 달성을 위해 자신의 일에 책임을 갖는 성과책임을 만드는데 확실한 길을 제시한다.

- 데이브 쉬로터벡 〈회장 겸 CEO, CareFusion Co〉

유한킴벌리는 2012년부터 먼저 팀 리더들이 상자 밖에 나와 상위단계에 머무는 교육과정을 2회 연속 진행하고, 성과 책임문화를 실행방법론으로 적용하여 성과를 내기 위한 문화란 무엇인지? 어떻게 하면 그 변화를 가속화 하는 것인지에 대해 전 사원이 인식을 같이 하고 있다. 이것이 책임문화로 변화시키는 첫 걸음이다. 회사의 문화를 바꾸려는 담당자라면 어떻게 시작을 하고, 실행을 가속화 하는 것인가를 이 책을 통해 알게 될 것이다.

- 백상기 〈유한킴벌리 인사팀 HR 부장〉

직장에서 자신의 일에 책임을 갖는 성과책임 분야에 정평이 나 있는 권위자인 저자들은 〈조직문화가 경쟁력이다〉에서 수준을 한 단계 더 끌어올렸다. 저자들은 지속적인 성과를 달성하는 프로세스를 활용해 문화 변화를 추진하는 방법을 자세히 설명하고 있다.

- 그레고리 J. 뉴웰 〈대사, 전 미국 국무부 차관보〉

이 책은 조직문화 변혁을 통해 성과를 달성하는 접근 방식을 제시하고 있으며, 이것은 내가 지금까지 봐왔던 명실상부한 최고 리더십 과정이다! 우리는 미국은 물론 글로벌 지역의 대규모, 소규모 모든 조직에서 활용하고 있다. 당신과 당신의 팀이 원하는 결과가 무엇인지 안다면, 이 프로세스는 바로 그것을 얻기 위한 방법이다.

- 프레드 맥코이 〈부회장, Synecor, LLC〉

조직문화 변화 추진을 위해 성과 피라미드를 활용함에 있어, 우리 모두가 무엇이 중요한가를 알고 있는 것만을 말하지 않는다. 한걸음을 더 나아가, 어떻게 실천할 수 있는지를 자세히 알려준다. 〈조직문화가 경쟁력이다〉는 탁월한 성과 조직 문화를 구축하고 유지하는데 효과가 있는 방법론을 리더들에게 제공한다.

- 클린턴 A. 루이스 〈사장, 미 화이자 제약회사〉

이 책에서 제시한 프로세스 덕분에 불과 2년도 안 되는 사이에 매출이 세 배가 됐고 수익도 75% 늘었다. 우리는 "신념을 가진" 조직이 되었다. 우리는 성공할 수 있을 거라 믿었고 시장에서 승자가 될 수 있을 거라 믿었으며 제때 제품을 납품할 수 있을 거라 믿었고 고객의 기대를 넘어설 수 있을 거라 믿었으며 결국 그렇게 했다. 이 책은 문화를 바꾸고 조직의 모든 단계에서 성과책임을 조성하려는 모든 리더들이 실천할 수 있는 고강도 해법을 제시한다.

- 해롤드 A. 블롬퀴스트 〈회장 겸 CEO, Simtek Corp〉

비용을 절감하고 프로세스를 최적화했으며 다른 개선 조치를 취했건만 바라던 성과는 여전히 요원하거나 지속하기가 어렵다. 그 이유는 바로 문화다. 구성이 탁월한 이 책은 견고한 현실세계와 실제 응용에 초점을 맞춘다. 이것은 결코 소프트 하지 않고 '모두 즐겁게 모래 놀이를 하자"는 조직의 행동을 자세히 살핀다. 오늘날 기업의 실질 업무에 활용할 수 있는 문화관리 도구를 제시한다.

- 크리스토퍼 퍼세트 〈부사장, Sony 전자〉

이 책의 교훈은, 조직 안에서 절대로 혁명적인 문화변혁은 없으며, 문화는 한 번에 한 사람씩 시나브로 변화를 가져올 수 있다는 것을 알려준다. 새로운 비전에 걸맞은 조직문화 변화를 추진하기 위한 실천적 지식과 방법론적 사례를 제시한 이 책은 변화를 갈망하는 경영자나 조직원들에게 가뭄에 단비를 내려줄 것이다.

- 노중석 〈LS예스코 대표이사, 공학박사〉

이 책은 우리 경영팀이 회사의 설립 과정에서 일찍이 도입했던 실용적이면서도 강력한 도구를 설명하고 있다. 이 개념들을 적용하고 자신의 일에 책임을 갖는 성과 책임문화를 조성한다면 어려운 신생 기업의 세계에서 성공을 일궈낼 것이고 산업 전체를 바꾸려는 포부를 실현하는 과정에서 반드시 필요한 것임을 입증할 것이라고 확신한다.

- 토드 M. 포프, 회장 겸 CEO, TransEnterix, Inc

조직문화를 바꾸는 것은 결코 쉬운 일이 아니지만 〈조직문화가 경쟁력이다〉에서 얻은 도구와 식견 덕분에 우리는 급속한 발전을 눈 앞에서 확인하고 있다.

- 웨이먼 로버츠, 회장, Chili's Grill & Bar

이 책에서 소개하는 도구를 활용하면 바라던 성과 달성에 반드시 필요한 문화 전환을 통해 조직을 이끌 수 있는 로드맵을 얻게 된다. 이 도구를 활용해 얻은 직접 경험을 통해서 이 개념들이 조직문화 변화를 가속화한다고 사실이 입증됐다."

- 조앤 바우어 〈Kimberly-Clark 사장〉

〈조직문화가 경쟁력이다〉는 영구적인 문화 전환을 조성하는 방법에 대해 내가 읽어본 책 중에서 최고의 안내서다. 변화를 이루고자 하는 조직의 리더들은 이 책을 읽는 것으로 출발해야 한다.

- 에릭 T. 힉스 〈전무이사, JP모건〉

이 책에서는 인간 중심의 조직개발을 통하여 높은 성과를 창출할 수 있는 조직문화를 만들어 가기 위한 구체적인 방법이 제시되어 있다. 사람, 변화, 성과를 묶을 수 있는 조직문화 개발을 위한 구체적인 전략이 소개되어 있다. 사람 중심의 조직문화 개발에 관심 있는 이론가 및 실무자 모두를 위한 지침서로서 이 책을 적극 추천한다.

- 서재현 〈경기대 경영학과 교수, 전 한국인력개발학회 회장〉

모든 강한 기업의 특징은 강한 문화적 플랫폼을 가지고 있다는 것이다. 이 책은 기존의 비전과 가치 선언서를 만들어서 벽에 걸어 놓고 외우도록 하는 방법이 왜 문화적 변화를 가져올 수 없는지를 설득력 있게 설명하고 있다. 또한 이 책은 강한 문화적 플랫폼을 만들기 위해 기업들은 무엇을 해야 하는지의 구체적 방안들을 보여주고 있다. 조직의 문화설계에 관심이 있는 CEO나 변화관리 담당자들이 꼭 읽었으면 한다.

- 윤정구 〈이화여대 경영학과 교수, 코넬대학 조직행동론학과 겸임교수〉

조직이 성과를 내도록 문화를 바꾸는 것은 모든 조직의 관리자가 직면하는 문제이고 누구에게나 한결 같은 난제이다. 그 길은 지난하고, 수많은 시도와 실패로 점철되어 있다. 그런데 〈조직문화가 경쟁력이다〉는 사람의 마음이 행동으로 이어지는 과정을 예리한 관찰력으로 꿰뚫어 보고 조직의 문화를 변화시키는 원리와 기법을 쉽고 간명하게 들려준다. 단순하나 그것으로 충분하다.

- 이성대 〈쎄트렉아이 부사장, 우주항공전문기업〉

단기간의 성과 도출을 위해서는 신제품과 기술개발의 아이디어발굴과 실행에 중점을 두면 되지만, 시장 판도를 바꾸는 혁신적인 무언가를 기대하기에는 다소 한계가 있는 것은 사실이다. 끊임없는 도전을 극복하고 성과 극대화를 위한 강력한 파워와 근원적인 경쟁력은 조직문화로부터 나온다. 나는 날마다 현장에서 이것을 경험하고 있다. 이 책은 조직문화 변화를 내재화하는데 실질적이고 체계적인 방법론이 소개되어 있다.

- 정영복 〈두산중공업 상무, 전 BG운영혁신추진팀장 두산Way CA〉

불행하게도 많은 독자들은 아마도 대부분의 조직에서 성공의 가장 중요한 요인인 문화를 관리하는 적절한 해법이 없다. 경험 많은 모든 리더들은 올바른 조직 문화가 성공의 필수 요인이라는 것을 알고 있다. 이 때문에 리더의 자리에 있는 사람들과 리더가 되고 싶은 꿈을 품은 모든 사람들은 이 책을 반드시 읽어야 한다. 이 책은 사람들부터 변화를 이끌어내어 성과 달성을 유지하는 방법에 대한 내가 본 최고의 접근 방식을 제시한다.

- 멜리사 스트레이트 〈전무, HR 교육개발, 아비스그룹〉

CHANGE THE CULTURE CHANGE THE GAME
Copyright© Roger Connors and Tom Smith, 1999, 2011
All rights reserved including the right of reproduction in whole or in part in any form.
Korean translation copyright© 2013 by Wisdom Academy & Arbinger Institute Korea
This edition published by arrangement with Portfolio, a member of Penguin Group (USA) Inc., through Shinwon Agency.

이 책의 한국어판 저작권은 아빈저연구소코리아가 독점적으로 소유하고 있습니다. 법률에 따라 한국의 저작권자와 본 저서 발행인의 양쪽의 사전 서면 승인 없이 어떤 형태나 방법으로 복사, 검색 시스템에 저장, 또는 소개 배포 전송하는 것은 불법이며 법적 책임을 받습니다. 본 저서에서 활용하는 다양한 평가, 성과 피라미드 모델, 도표 목록 등은 제 3자에게 사용시 서면 허가를 받고 사용해야 합니다.

우리의 사랑하는 자녀들을 위해

우리의 진정한 관심은 다른 사람의 성공을 돕는 것이어야 한다

- H W. 헌터 -

목 차

여는 글 • 12
소개 글 • 16

**1부   조직문화를 변화시키기 위해
         성과 피라미드를 실행하라**

1장
자신의 일에 책임을 다하는 조직문화를 만들어라 • 22

2장
변화를 이끄는 일의 결과를 정의하라 • 54

3장
원하는 결과를 창출하는 행동을 하라 • 82

4장
바람직한 행동을 촉진하는 신념을 확인하라 • 108

5장
올바른 신념을 심어주는 경험을 제공하라 • 138

2부 문화변화 속도를 가속화하기 위해 C^2 성공사례를 통합하라

6장
빠른 성공을 위해 문화를 한 방향으로 정렬시켜라 • 170

7장
3가지 문화관리 도구를 활용하라 • 195

8장
문화변화 리더십 스킬을 마스터하라 • 222

9장
조직문화 변화를 통합하라 • 251

10장
전체 조직을 변화에 참여시켜라 • 277

■ 여는 글 ■

　조직은 성과향상을 위해 많은 노력을 한다. 시장과 고객의 가치 변화에 따라 어려움에 봉착하거나 실적이 위협을 받을 때, 또는 지속적인 경쟁우위를 확보하기 위해서 우리는 강력하게 돌아가는 조직을 원한다. 조직이 강력하게 돌아가기 위해서는 조직문화를 변화시켜야만 한다. 어느 조직에서든 구성원들이 생각하고 행동하는 방식, 즉 문화가 조직행동에 많은 영향을 끼치며 조직의 결과를 만들어내기 때문이다.

　문화가 조직의 성과향상에 지속적으로 영향을 미치는 것이 틀림없기 때문에, 문화는 구성원들에게 우리는 어디로 가고 있으며, 무엇을 하고 있으며, 우리의 신념과 원칙은 무엇이며, 신바람 나게 일할 마음을 갖고 있는지, 우리의 시장과 고객은 누구인지를 알게 한다. 즉 올바른 문화는 조직 구성원들로 하여금 자신의 일에 책임을 갖게 한다.

　물고기 눈에는 가장 중요한 물이 보이지 않는 것처럼, 문화는 손에 잘 잡히지 않는 조직의 소프트웨어에 속한다. 이것은 구성원들의 대인관계, 창의성, 업무수행과 관련된 태도와 행동을 결정하는 집단적 가치관이나 보이지 않는 규범으로써, 조직구조처럼 조직 목표 달성을 향한 구성원들의 행동을 조정하고 지배하는 것이다(J,N George외 1999).

조직이 내부로부터 응집력을 갖도록 개인의 역할이 성공하는 조직 문화로 내재화되기 위해서는 우리는 무엇보다 문화에 대한 정확한 이해와 구체적인 개발 방법론에 주목하게 된다. 단지 긍정이나 행복만의 이슈가 아니라 조직의 지속적인 성과향상을 가져 올 수 있는 것이 무엇인가 하는 문제이다. 조직차원에서 가장 큰 긍정은 무엇보다 성과results다. 일부 조직은 문화와 관련하여 구성원들을 행복(긍정,감성) 혹은 만족하게 해준다면 생산적인 직원이 될 것이라고 여기고 있다. 이것은 직관적으로 볼 때 매우 논리적으로 들린다. 우리들 또한 대부분 그렇게 생각한다. 사실상 행복 만족과 생산성 간에는 긍정적인 상관관계가 존재한다. 하지만 그 강도는 매우 낮다. 실제 면밀한 연구 결과를 검토해 보면 상관은 약 +0.14에 지나지 않는다. 이것은 성과가 가진 변산variance의 약 2% 정도만을 설명할 수 있다는 의미이다. 우리가 일반적으로 알고 있는 것과는 반대로 생산성 향상이 직원들의 지속적인 행복과 만족도를 증진시킨다. 실증연구 결과에 따르면 생산적인 직원이 그렇지 않은 직원들보다 훨씬 더 행복해 한다. 높은 생산성이 높은 만족 행복으로 연결된다(스티븐로빈스, 2003). 우리가 일을 보다 더 잘하게 되면 내적으로 긍정적인 정서를 더욱 많이 경험하기 때문이다. 그러므로 비효율적이고 비효과적인 것을 제거하고 구성원들이 보다 자율성과 책임감을 갖고 비즈니스에 적극적으로 참여하여 생산성을 높이는 책임문화culture of accountability를 구축하는 것이 바로 시장의 판도를 바꾸는 조직문화 변화의 정석이 될 것이다.

우리는 국내에서도 이와 같은 내용을 적용해왔으며 일부 대기업(혹은 사업부)과 중소기업에서는 회사 자체에서 커다란 변화의 성공을 확인할 수 있었다. 또한 좋은 기업은 더 좋은 기업으로 지속 발전이 가능하도록 리더십을 포함 문화전환의 노력을 지원할 수 있었다. 이러한 성공 경험을 토대로 조직문화 개발을 보다 구체화 하는 방법을 〈조직문화는 경쟁력이다〉라는 책을 소개하면서 우리 역시 독자들께 훨씬 설득력 있게 '문화를 바꾸면 시장의 판도가 바뀐다'는 메시지를 전할 수 있을 것으로 기대한다.

조직문화를 바꾸기 위해서는 조직의 토대를 이루는 가치관과 신념을 반드시 점검해야 한다는 것을 우리 알고 있다. 예를 들어 새로운 환경과 도전에 앞서 새로운 일하는 방식이 필요한 구성원들이 "정성을 다하면 이루어진다(성즉명, 誠則明)"라는 새로운 문화적 신념으로 그들의 신념을 바꿀 생각이 없다면 행동이 바뀌지 않으며 원하는 결과도 얻을 수 없을 것이다. 혁신을 시도하지만 늘 제자리 걸음을 할 수 밖에 없다. 그러므로 리더와 구성원들은 서로에게 믿음과 신념이 생겨나는 경험을 제공하고, 행동을 야기하는 근원적인 신념을 파악하고, 원하는 성과를 달성하는 행동을 하는 책임문화 COA를 만드는 것은 조직의 모든 변화의 노력을 통합하고 차별화하는 과정이 될 것이다. 문화를 쉽게 변화시키기는 어렵지만 그럼에도 불구하고 성과를 높이는 문화를 개발해 나갈 수 있다는 것이 바로 우리가 전하는 핵심 메시지이다.

조직은 기존에 이미 가지고 있는 강점의 기반 위에 자신의 조직에 적합한fit 문화를 개발하는 것이 성과향상과 깊은 상관관계가 있으며, 성과 책임문화를 만들어가는 것이 무엇보다 가장 경쟁력 있는 선택이다. "**성과 책임**accountability**이란 자신의 환경을 극복하고 원하는 결과를 성취하기 위해, 주인의식으로 자신을 표현하는 개인적인 선택이다.**" 이러한 정의는 "**자신이 무엇을 더 할 수 있을까?**"라고 **끊임없이 묻는 마음가짐이자 태도이며, 존재방식이다.** 우리는 스스로 선택하고 결정할 수 있는 능력을 갖고 태어났다. 그러므로 이러한 능력을 구성원들이 인식하고 마음껏 발휘할 수 있도록 문화를 구축하는 것이 시장 판도를 바꾸는 힘이 된다. 앞으로 더욱더 조직의 성패를 좌우하는 것은 조직문화가 될 것이다.

이 책에서 소개하는 포춘지 선정 다양한 기업에서의 실제 성공사례 best practices들은 한국형 조직문화 개발 방법에 많은 도움을 줄 것이다. "**개인의 변화 없이는 결코 아무것도 일어나지 않는다!** (피터 센게)" 저자나 우리는 모두 이 말에 전적으로 동의하며 같은 신념을 갖고 있다. 개인의 변화를 위해 먼저 상자 밖으로 나와 상위단계에 머물면서, 자신의 일에 정성을 다하는 생산적인 구성원이 될 때, 우리는 지속적인 행복과 성과향상을 경험하게 될 것이다. 책임문화는 이것을 가속화 한다.

2013. 10.
서 상 태

■ 소 개 글 ■

자신의 일에 정성을 다하는 성과책임에 관한 작업을 알고 있는 사람들은 계속 늘어가고 있다. 개인과 조직차원에서 보다 큰 성과책임accountability은 사업 성과와 회사의 사기진작에 모두 영향을 미친다는 사실이 우리의 변함없는 믿음이다. 세계 최고의 기업에서 컨설팅과 리더들의 교육을 수행해 온 20년 이상의 경험을 토대로 조직 행동의 과학적인 기반 위에 이 책이 쓰여졌다. 본 저서는 책임문화가 시장의 판도를 바꾸는 결과로 이끌며, 실제로 그렇다는 사실을 입증하는 자료다.

성과책임은 입증된 단계별 과정을 통해 성취하기만 하면 일이 제대로 진행되고 조직 성과 달성에 도움이 된다. 이것은 개인과 조직 모두의 성공을 구축하는 토대가 되는 강력하고, 긍정적이며, 특별한 능력을 부여하는 원칙이다. 또한 오늘날 복잡성과 빠르게 변화하는 비즈니스 환경에서 기본적인 요건이다. 우리 서로가 책임을 갖고 일하는 방식은 업무 관계의 본질을 규정한다.

사람들이 서로에 대한 그리고 조직에 대한 책임을 받아들이는 조직 문화는 성공적인 조직 변화를 만드는 노력의 중심이 되어야 한다. 책임이 없다면, 변화 과정은 금방 무너진다. 그렇게 된다면, 사람들은 변화의 필요성을 외부로 돌리고 발전시키고자 하는 이니셔티브에 저항하며, 심지어 조직을 혁신하려는 노력을 고의로 방해한다. 책임을 통해서 조직의 모든 계층에 있는 사람들은 변화를 촉진하는 과정에서 자신의 역할을 받아들이고 자신과 조직의 진정한 발전에 필요한 주인의식을 발휘한다. 만약 올바른 방식으로 실행된다면 성과책임은 투명성, 열린 마음, 강화된 팀워크와 신뢰, 효과적인 커뮤니케이션과 대화, 철저한 집행, 계획의 마무리, 보다 선명한 명확성, 성과에 대한 집중을 더욱 향상한다는 것이 경험을 통해 입증되었다. 책임은 조직의 복잡성 구조를 넘나드는 가장 강력한 줄이다. 이것은 오늘날 조직이 당면한 단 하나의 가장 큰 이슈이며, 특히 전사적으로 변화 노력에 참여한 조직의 경우는 더 그렇다. 결국, 더 큰 성과책임이 더 큰 결과를 가져온다. 당신이 책임 문화를 구축할 때, 시장의 판도를 바꿀 수 있고 또 바꾸는 사람들로 가득한 조직을 만들게 된다.

우리는 수십 년 동안 고객과의 집중적인 작업 이후에 성과책임을 활용해 문화 변화의 속도를 높이는 방법에 대해 더 많은 것을 배웠다. 책임문화로 가는 과정에 대한 우리 고객들의 주인의식은 타의 추종을 불허했다. 고객의 대부분은 자체 조직의 문화를 바꾸는데 혁신적이며 열정을 갖고 책임문화 단계에 이르는 방법을 적용하면서 다음 단계로 가는 과정을 밟았다. 우리는 배운 것을 공유하고 책임문화의 조성과 관련된 성공사례를 장려해야 한다는 의무감을 느꼈다. 이를 위해서 우리는 책을 철저히 다시 쓰고 새로운 내용을 보강했다. 수많은 모델을 활용하긴 하지만 새로운 통찰력과 깊은 이해, 최근의 고객 이야기 등을 추가하고 보완했다. 결과적으로 성과책임 성공사례가 당신과 당신의 조직이 어떻게 시장의 판도를 바꾸는 성과를 낳을 수 있는지를 훨씬 더 분명히 알 수 있게 하리라고 생각한다. 아마 더 중요한 것은 이 신작이 조직의 문화 변화를 가속화하기 위해 당신의 전문 기술, 리더십 능력 그리고 능숙함이 숙달되는데 도움이 되기를 소망한다.

〈조직문화가 경쟁력이다〉는 모든 원칙에 생기를 불어넣는 실제 고객의 예시로 가득 채웠다. 한편, 일부 고객은 당연히 익명으로 해주길 원했다. 우리는 고객명을 숨기고 사례를 익명으로 제시했다. 하지만 이런 사례들도 기밀 보장을 위해 이름만 바꿨을 뿐 실제 이야기를 읽고 있다는 것을 믿어도 된다. 책 전반에서 새로운 B^2 신념, 새로운 R^2 성과를 비롯한 새로운 C^2 문화 조성과 관련된 성공사례와 모든 문화 관리 모델, 도구 및 기술을 제시했다. 문화 변화와 관련해서 경험은 진정한 최고의 선생이었고 20년 동안 얻기 어려운 경험은 효과가 있는 것과 효과가 없는 것에 대해서 많은 것을 가르쳐줬다. 우리는 여러 해 동안 수많은 고객들과의 경험을 통해 C^2 문화 성공사례를 제대로 실행하고 조직에 통합할 때 효과가 있다는 것을 확신하게 됐다. 문화는 성과에 영향을 끼치고 문화 변화를 위한 올바른 접근 방식은 시장의 판도를 바꾸는 성과를 낳은 방법으로 그 영향력을 더욱더 확대시킨다.

culture of accountability 책임문화, 성과책임 문화
accountability 성과책임, 책임
result 결과, 성과 (이 책에서 주로 성과로 표현함)
performance 실적

■ 1부 ■

조직문화를 변화시키기 위해 성과 피라미드를 실행하라

"조직문화가 경쟁력이다."의 1부는 성과 피라미드를 활용해 조직의 핵심 성과 달성에 필요로 하는 조직문화를 어떻게 변화시킬 것인지 알려준다. 자신의 일에 책임을 다하는 "책임문화"를 구축하는 성과 피라미드의 상단과 하단 모든 단계의 실행 방법도 제시하고자 한다. 각 피라미드 단계(결과, 행동, 신념, 경험)와 관련해서 다양한 고객들의 이야기와 성공적인 베스트 프랙티스를 읽게 될 것이다. 책임문화가 시장 판도를 바꾸는 결과를 만들어낸다는 기본 전제에 여러분도 동의하게 될 것이라고 확신한다.

1장

자신의 일에 책임을 다하는 조직문화 만들기

당신이 조직문화를 바꿀 수도 있고, 조직문화가 당신을 바꿀 수도 있다. 조직문화란 간단히 말해, 사람들이 생각하고 행동하는 방식을 말한다. 즉 우리가 무언가를 행하는 방식이다. 모든 조직에는 문화가 있으며, 그 문화는 당신에게 효과적일 수도 있고, 또 그 반대일 경우도 있다. 문화는 당신의 성공과 실패를 가름할 것이다. 경영진과 매니저 그리고 팀원과 직원들은 조직이 원하는 결과와 실적을 달성하기 위해 그것에 필요한 방식으로 사고하고 행동할 수 있도록 조직문화를 관리하는 것은 아무리 강조해도 지나침이 없다. 오늘날 빠르고 복잡한 비즈니스 환경에서는 조직 구성원들이 적극적으로 비즈니스에 참여하고, 경쟁우위를 확보하기 위해 문화를 효과적으로 관리하는 것은 선택사항이 아니라 필수다. 경쟁력 있는 강하고 유연한 문화를 구축하려면 제조, 연구 개발, 영업, 그 밖에 다른 모든 구성원들의 실적 개선을 위한 노력만큼이나 관심을 기울여야만 한다. 조직문화가 곧 그것들을 위한 경쟁력이기 때문이다.

성공적인 경험을 가진 리더들은 조직문화를 발전시키면 불황을 극복하고 경쟁자들보다 더 빨리 성장해 조직의 가치 제고에 일대 변혁을 일으켜 시장 판도를 바꾸고, 그 밖에 다른 경쟁에서도 승리하는 위업을 달성할 수 있다는 것을 알고 있다. 당신이 원하는 결과를 성취하기 위해 조직문화를 관리하는 것은 리더십의 본질적인 역할이며 경영의 핵심역량이다. 만약 이것을 간과한다면 커다란 위험에 빠질 것이다.

알라리스ALARIS 메디컬 시스템이 좋은 사례이다. 이 회사를 못 들어본 사람도 있겠지만 진료실이나 병원에서 다만 얼마간의 시간이라도 보낸 사람이라면 아마 이 회사 제품 하나는 써봤을 것이다. 세계 최고 의료장비 제조 회사 중 하나로 손꼽히는 알라리스는 이 분야에서 가장 많은 유명 제품을 생산, 판매하고 있다. 알라리스는 조직문화를 변화시켰고 결과적으로 산업 전반에 지대한 영향을 미침으로써 시장 판도마저 바꿔버렸다. 이 회사는 불과 3년 사이에 주가가 31센트에서 22.35달러로 치솟았고 다른 경쟁기업들이 3% 성장에 머물 때 연간 매출 15% 성장을 기록했다. 〈포춘〉지 선정 글로벌 20대 기업 카디널헬스가 매입한 알라리스는 결국 카디널헬스에서 분사한 케어퓨전CareFusion 이라고 불리는 회사의 핵심으로 성장해, 전세계 최대 의료 장비 공급회사가 되었다. 알라리스 이야기는 조직문화의 변화를 핵심 가치로 내세웠던 CEO 데이브 쉬로터백의 성공적인 이야기이기도 하다. 그는 40년의 경력기간에 "가장 도전적인 일"이었으며 이러한 도전을 수행하는 데 조직문화의 변화가 얼마나 큰 가치와 영향력을 가지고 있는지 모른다고 강조했다.

우리가 데이브 쉬로터벡을 처음 만났을 때, 그는 의료 장비 회사인 IVAC와 IMED의 합병을 주도하고 있었는데 그 당시 매출 3억 5천만 달러에 비해 부채가 5억 2천 5백만 달러에 달했다. 알라리스에 입사하기 전에, 데이브는 제조업 분야에서 기업을 흑자로 전환시키는 일에 20년의 세월을 보냈다. 과거의 경험을 보면, 데이브는 제조 회사의 실적을 효과적으로 달성하기 위한 어떤 "비결$_{recipe}$"을 개발하는 능력이 있었다. 그는 일련의 재정상태를 파악한 후에, 회사의 상황을 분명하게 인식하고 문제를 잘 정의하였다. 그는 "엉성한 시스템"을 찾아내고 사람들이 언제 디테일에 부주의하게 되는지를 파악하는 법을 배웠다. 초창기에 고전하는 기업에서 현금 흐름을 만들어내려면 제조 생산을 최적화해야 한다는 본질적인 교훈을 갖고 있었다. 그는 실적이 부진한 기업에서 흔히 제조 생산이 문제의 상당 부분을 차지한다는 것을 알았다. 이러한 결론은 알라리스에서도 적용되었다. 그는 어렵사리 얻은 경험에 의존해 알라리스의 엄청난 부채를 해결하는데 필요한 현금을 만들어내고자, 본인이 알고 있는 것들을 실행하여 실적 개선에 힘쓰기 시작했다. 그러나 필요한 현금을 창출하려고 했던 노력은 충격적인 결과를 빚어냈다. "상황은 과거에 내가 전혀 겪어보지 못했던 방향으로 흘러갔다. 회사는 내가 지시한대로 따랐지만, 오히려 현금만 소모하고 있었다!"라고 그는 말했다. 월가(街)에서는 알라리스를 '좋은 아이디어는 있지만 실행력이 없는 회사'라고 평가했는데, 그러한 평가가 틀리지 않아 보였다. 그는 실행 개선을 위해 디테일 한 것에 많은 시간을 쏟느라 정작 사업 운영에 귀중한 시간을 거의 들이지 못했다. 상황을 호전시켜보려던 열망에도 불구하고, 회사는 여전히 파산을 향해 치달았다. 매달 20% 적자가 쌓여가는 상황에서 그는 절망하기 시작했다. 왜 아직도 모든 것이 잘못된 방향으로 가고 있는 것일까? 시시각각으로 심각해지는 상황은 악순환의 덫에 걸려 회복이 불가능할 것으로 보여졌다.

 어느 날, 회사 근처 공원에서 점심을 먹고 사무실로 돌아오는 길에 그는 마케팅 매니저와 회사의 절박한 상황에 대해 이야기를 나누게 되었다. 두 사람이 걷는 동안 대화 주제는 실적악화에도 불구하고 열심히 일하고 있는 사람들에게 초점이 맞추어졌다. 그랬다. 여전히 많은 사람들은 회사를 위해 자신의 일에 책임을 갖고 있었다. 바로 그 순간, 그는 머리 속을 스쳐가는 어떤 강한 통찰력을 얻었다. 만약 알라리스에 이와 같이 책임감 있는 직원들이 부족하다면 얼마나 더 큰 재앙이 닥칠 것인지, 반면에 회사의 모든 사람들이 자신이 맡은 일에 책임감을 갖고 임한다면 얼마나 큰 성공을 거둘 것인지를 생각해보았다. 그는 늪에 빠진 것처럼 보이는 위기 상황을 어떻게 뒤집을 수 있을 것인지 고심하기 시작했다. 마케팅 매니저와의 대화를 나눈 후 깊이 있게 성찰한 후에 그는 피할 수 없는 분명한 결론에 도달했다. 알라리스의 실적performance을 근본적으로 개선하려면 새로운 조직문화가 필요하고, 이 조직문화는 구성원들이 자발성과 책임감을 지속적으로 갖도록 만드는 것이다. 그는 조직문화가 이슈라는 것을 줄곧 생각은 하고 있었지만, 알라리스의 사업 성과에 있어서 현재의 구성원들의 행동과 태도에 대한 평가는 비로서 그때서야 마음 깊이 깨닫게 되었다. 일이 잘못됐을 경우 희생양이 될 수 있다는 두려움 때문에 사람들은 힘든 일을 맡기를 꺼려하고, 전망이 밝은 기회를 목전에 두고 몸을 사릴 때 회사가 치러야 할 희생을 이제는 충분히 인식했다. 실수나 실패를 호되게 비판하고 즐겁게 일하는 것을 못마땅해하는 조직이 치러야 하는 대가는 얼마나 클까? 열심히 일하는 직원들이 과거에 몇 번 부정적인 기억으로 인하여 고위 경영진과 마주할 수 있는 기회를 저버릴 때, 고위 간부들은 무엇을 놓친 걸까? 상황은 점점 심각해졌고 데이브는 그 어느 때보다도 현실을 인식하게 되었다.

알라리스의 문화는 그저 살아남자는 생각이 퍼져갔었다. 사람들은 회사가 필요로 한 결과에 초점을 맞추고 그 일을 성취하기보다는 자기 자신을 지키려는 자리 보전을 더 걱정하는 것 같았다. 그는 이러한 문제 해결에 무언가 도움이 필요하다는 사실을 깨닫고, 조직문화 변화에 대한 찾을 수 있는 한 많은 자료와 책을 읽기 시작했다. 매 주말마다 데이브의 부인은 남편이 집 주변을 어슬렁거리며 문화 관련 책에 코를 처박은 채 읽는 모습을 보곤 했다. 미덥지 않다는 표정으로 고개를 흔들며 부인이 물었다. "여보, 지금 뭐해요?" 책에서 눈을 떼지 않은 채, 데이브는 말했다. "다른 조직문화 관련 책을 읽고 있어." 데이브는 "이와 같은 문화 관련 책들은 천편일률적으로 '과거에는 저랬지만 현재에는 이러니까 이 대규모 실적 변화를 주목하라'라는 식이어서 어떻게 그 변화를 이뤄내는지, 어떻게 해야 할 지를 설명해주지 않는다"라고 나중에 회상했다.

〈조직문화가 경쟁력이다〉의 전작 등을 읽어보고 데이브는 자신이 원하던 것을 마침내 찾았다. 그것은 자신이 무엇을 해야 할지를 알려주는 것이기 때문이었다. "데이브는 책을 다 읽고 나서 우리를 현장으로 초청해서, 전략을 실행하고 조직의 역량을 변화시킬 수 있도록 자신의 일에 책임을 다하는 직원과 팀을 양산 할 수 있도록, 조직문화 변화의 방법론을 구체적으로 실행할 수 있도록 도와달라고 요청했다. 이와 함께 데이브는 재무실적에만 더 이상 집중하지 않기로 결심을 하고 그에 관한 결정을 내렸다. 회사는 3개월 연속 적자를 기록하고 있었고, 분명 비슷한 수준의 적자가 당분간 지속될 것이라는 것을 예상할 수 있었다. 지난 18개월 동안 그는 회사의 재무 실적을 변화시키는 것에 집중하였고, 그가 훤히 꿰뚫고 있는 프로세스들을 적용해보았지만 전혀 달라진 것이 없었다. "사실 상황이 점점 나빠졌고 나도 점점 좌절하고 있었습니다. 그러면서도 한편으로는 '내가 왜 좌절해야 하는 거지?'라고 혼자 생각했죠." 실망하고 좌절하기보다, 데이브는 경영자이자 리더로서 자신에게 새로운 것, 알라리스 경영진이 분명히 놓치고 있는 것, 바로 조직문화를 바꾸는데 초점을 맞추고 집중하기로 했다.

성과 피라미드

데이브와 그의 팀은 다음에서 설명하고 있는 조직문화 변화 과정을 실행하는데 성공했다. 이러한 노력의 핵심은 성과 피라미드 Results Pyramid라고 부르는 단순 명료한 모델이다. 조직문화 변화 과정은 단순 명료한 것일수록 좋다. 사실 단순함이 복잡함의 다른 면을 아우르는 것이다. 모델이 단순 명료하면 조직에서 실제 변화를 이끌어내는 힘과 정교함을 찾을 수 있다. 성과 피라미드는 직원들 각자가 주인의식을 갖고 수익성이 중시되는 성과를 달성하도록 당신의 조직 문화를 이해하고, 변화시키며, 관리하는데 도움이 될 것이다.

성과 피라미드는 조직 문화의 세 가지 필수 요소, 즉 경험, 신념, 행동이 어떻게 서로 조화를 이루면서 결과를 달성하는지 보여준다. 경험은 믿음을 자라게 하고, 믿음은 행동에 영향을 미치며 행동은 결과를 만들어낸다. 조직 문화에서 사람들의 경험, 신념, 행동은 우리의 문화가 되고 성과 피라미드에서 볼 수 있는 것처럼, 당신의 조직 문화는 당신의 성과를 만들어낸다. 이것은 지속적으로 반복되는 과정이다. 데이브처럼 조직의 성과를 근본적으로 바꿀 필요가 있다면, 앞으로 제시하는 조직문화 혁신 과정을 적용해 볼 것을 권장하며 이 조직문화 변화 과정은 데이브와 알라리스가 조직 구성원들에게 활력을 불어넣고 매우 설득력 있고 전례가 없는 방법으로 자신의 일에 책임을 다하는 문화를 만드는데 도움이 됐다.

본 저서〈조직문화가 경쟁력이다〉에서 우리는 다양한 상황과 사례를 검토하면서 문화변화를 가속화하는 과정에서 이 모델을 활용할 수 있는 방법을 제시할 것이다. 1부에서는 한번에 피라미드 한 단계를 다루면서 효과적으로 각 모델의 한 부분을 실행한 성공사례를 활용해서 조직문화 변화관리 방법을 제시하고자 한다. 2부에서는 조직문화 변화에 필요한 구체적인 조직문화 관리 방법을 소개하고 일상의 업무 활동과 현재 진행 중인 다양한 조직 관리 프로세스에 이 기법을 통합시키는 방법을 보여줄 것이다.

매니저들은 자신들이 인식을 하든 못하든, 일상에서 그들의 조직문화를 형성하는데 상당한 기여를 하는 경험들을 만들어 내고 있

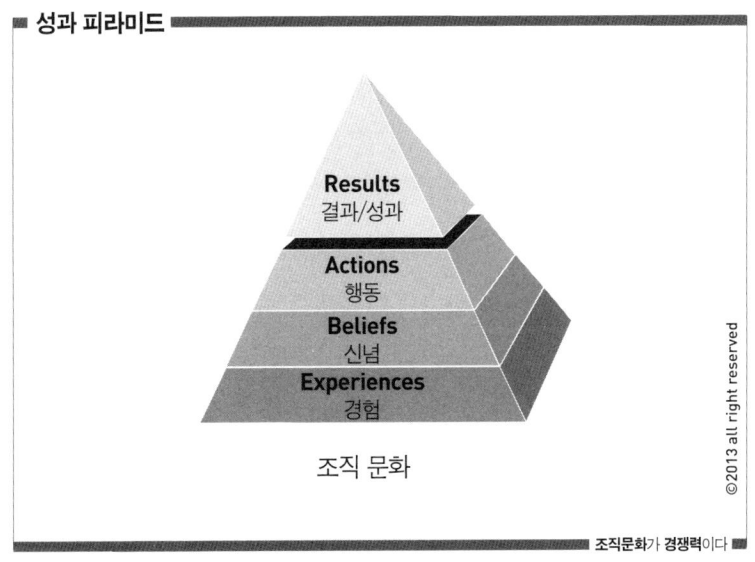

성과 피라미드

다. 누군가를 승진시키거나, 회의 과정에서나, 새로운 정책을 실행하거나, 피드백에 반응할 때 이러한 경험들은 "일터에서 일을 하는 방식"에 관한 조직 구성원들의 신념을 자라게 한다. 또 이러한 신념은 사람들이 취하는 행동을 이끌어낸다. 예외가 있기는 하지만 전체적으로 행동은 결과를 만들어낸다. 이것은 정말로 단순하고 명료한 과정이며 매일 시시각각 벌어진다. 강력하고 건강한 조직이거나 아니면 변화가 필요한 조직인 경우라도, 문화가 사람들에게 영향을 끼친다는 것을 확실히 배우고 인식하는 것만으로도 우리의 경쟁력은 훨씬 더 강화된다. 이것은 언제나 그렇다!

알라리스에서 일어났던 일이 바로 그것이었다. 변화를 위한 노력을 한지 대략 3개월 정도 지나서, 데이브는 중요한 터닝 포인트로 진화하는 일련의 과정을 목격하기 시작했다. 일상적인 재무 지표처럼 정확히 측정할 수는 없었지만 데이브와 마케팅 관리자가 회사 전체로 확산되게 만들었던 믿음직한 태도의 더 많은 사례를 확인하기 시작했다. 직원들은 "자발적으로 알아서 일을 추진하기" 시작했다. 회사의 다른 사람들은 잘 알아채지 못했지만, 데이브는 실제 변화가 일어나기 시작했다는 것을 인식하였다. 그렇지만 재앙을 막아낼 수 있을까? 그렇진 못했다. 은행들의 인내심은 마침내 한계에 다다랐고 회사의 파산을 원했다. 알라리스는 여덟 군데 다른 경우의 부채 약정을 위반했기 때문에 16%의 이자와 엄청난 수수료를 물어야 했다. 은행의 입장에서 알라리스는 위기에 직면하고도 "안이한 태도"로 일관하는 것처럼 보였다. 이와 같은 인상을 바꿔보려는 희망을 안고 데이브는 은행 관계자들을 만나기 위해 뉴욕행 비행기에 탑승했으며 그들을 만나 오랫동안 설득했다. 중대한 이권이 걸린 스릴러 영화 같은 장면에서 데이브는 기다란 회의 석상 ㄲ트머리에 앉아 자신들의 자금 향방을 알고 싶어하는 은행 관계자 35명에 둘러싸였다. 회사에서 정착되기 시작한 변화의 바람을 이야기 해 줄 하나의 자료만을 달랑 갖고서 데이브는 "상황이 호전되기 시작했습니다"라고 발표했다. 그러자 테이블에 둘러앉아 있는 은행 관계자들이 얼굴을 찡그리는 것을 볼 수 있었다. 누군가가 소리쳤다. "지금 제 정신인가요? 대출한 돈이 얼마인 줄 알아요! 약속도 지켜지지 않았어요. 우리는 알라리스는 파산해야 된다고 생각합니다." 그러나 놀랍게도 손에 입증할 자료 하나만을 가지고, 데이브는 좀 더 시간을 벌 수 있게 되었다.

한편, 데이브와 그의 팀은 〈성과 피라미드〉를 안내 자료로 활용하여, 최선을 다하면 이루어진다는 신념(誠則明)을 키워가며, 가장 효과적인 행동을 하고, 계획한 결과를 달성하도록 하는 바람직한 경험들을 만들어내는 프로세스에 모든 매니저들이 동참하도록 하였다. 조직문화 변화의 노력이 집중되자, 경영진은 재빨리 회사의 전 직원을 참여시켰다. 6개월이라는 짧은 기간 만에, 알라리스는 월별 수익을 기록하기 시작하면서 재무 지표가 개선되기 시작했다. 이것은 실제로 실행에 옮기고, 정성을 다하면 실적을 호전시킬 수 있다는 신념을 직원들이 굳건하게 갖도록 노력했다는 것 자체만으로도 중요한 경험이었다. 직원들은 활기가 넘치고 낙관적이었으며 사업 성과를 호전시키기 위해서라면 무슨 일이든 할 수 있다는 열의로 가득 찼다. 데이브는 열정 그 자체를 느꼈다. 조직문화에 공을 들이기 시작했을 때 비로소 재무구조가 변화하기 시작했다는 것을 분명히 깨달았다. 문화를 바꾸는 것은 문자 그대로 알라리스의 게임의 양상을 바꾸는 것이었다.

알라리스의 시장 전략에는 의료장비 공급자 선에서 미리 환자의 안전을 강화하고 의료진들의 의료 사고를 예방할 수 있도록 하는 혁신적인 컨셉과 제품이 포함되었다. 시장이 적극적으로 이러한 개념을 받아들인 후에, 대규모 기관들이 대량으로 주문을 하기 시작했다. 기본적으로 그와 같은 전략을 실행하는데 헤매던 직원들은 이제는 흠잡을 데 없이 잘 실행하고 있었다. 데이브의 가슴을 뛰게 하는 놀라운 변화였다. 조직 구성원들이 자신의 일에 책임을 다하며 적극적으로 비즈니스에 참여하였기에 게임의 양상이 상당히 바뀌게 된 것이었다. 마침내 그는 세부적인 사항보다는 보다 더 큰 그림, 즉 사업 그 자체가 만들어내야 하는 결과에 집중할 수 있었다.

그 당시 고객들이 알라리스에서 구매를 선호한 이유는 환자 안전 분야에서 탁월한 기준을 만들면서 브랜드 입지를 굳혔기 때문이었다. 어느 날 오후, 알라리스 안전 센터의 관리자가 데이브의 사무실로 걸어 들어와 말하기를 "고객이 사장님을 만나고 싶어합니다."라고 말했다. 그러자 그가 생각하기를 "어, 이런! 예감이 안 좋군. 고객이 뭔가 화를 낼만한 것이 없다면 보통 CEO를 찾을 리가 없는데…" 데이브가 회의실에 들어가보니 의학자와 수석 간호사 대표단

이 그를 기다리고 있었다. 간호부장이 먼저 말문을 열었다. "질문이 하나 있습니다." 그 순간 데이브가 생각하기를 "음, 올 것이 왔군." 수석 간호사CNO가 말을 이었다. "알라리스에 무슨 일이 일어난 겁니까? 너무 인상적이어서 우리 조직도 같은 것을 해보고자 합니다. 알라리스와 같은 경우는 본적이 없습니다." 데이브는 고객들 조차도 분명히 알 수 있을 정도로 알라리스의 변화가 완전히 내재화 되었다는 사실을 알게 되었다. 이러한 변화에 대해 칭찬을 아끼지 않았던 그 단체는, 그 날 이후로 알라리스의 최대 고객이자 최고의 고객이 되었다.

데이브가 은행과 재무분석가들에게 조직문화 바꾸기에 대해 실제로 얘기하지 않았던 이유는 계산기만 두드리는 사람들은 그런 소프트한 주제를 무시할 것이라고 생각했기 때문이었다. 사실이건 아니건 금융 전문가들이 새로운 활기로 가득 찬 회사를 방문할 때마다 항상 물었다. "무슨 일이 있었던 거죠?" 알라리스를 방문한 모든 이들은 변화를 목격했다. 알라리스는 재무 성과를 초과 달성하고 샌디에고에서 '가장 일하고 싶은 직장'에 선정됐으며, 모범 경영과 사기 진작으로 정평이 나 있는 제조 공정을 직접 보려는 경영진들이 몰려들었다.

또한, 데이브가 이사들과 조직문화 변화 프로젝트의 공유를 꺼려했던 이유는 적어도 초창기에 그런 어려운 상황에서 문화라는 소프트한 전략에 투자하도록 납득시킬 수 없다고 생각했기 때문이었다. 물론, 알라리스 주가가 31센트에서 14달러로 급등한 이후 2년 동안 열심히 납득시킬 필요가 없었다. 이제 그들은 영웅이 되었다. 이사회가 가장 기뻐하는 건 역시 최종 성과였다.

세계 최대 규모의 의료 장비 회사로 손꼽히는 카디널 헬스가 시가총액 1천 5백만 달러인 회사를 매입하기 위해 2억 달러를 지불했을 때 성과는 극에 달했다. 데이브와 그의 팀이 알라리스의 문화에 공들이기 시작한 날부터 회사를 카디널 헬스에 매각한 날까지 주식 투자 수익률이 무려 7,000% 증가한 것이었다. 오늘날, 이 회사의 첨단 기술과 제품은 연간 150만 명 이상의 환자가 활용하고 있다! 어떻게 이런 일이 가능했을까? 데이브 쉬로터벡과 그의 팀이 시장 판도를 바꾸는 전략을 완벽히 실행하는 기업문화를 구축했기에 가능했던 것이다. 이들은 바라던 성과를 얻었다. 회사의 전략을 실행하고 실적을 향상시킬 수 있는 믿음직한 사람들과 팀으로 가득한 문화를 조성하여 시장 판도를 바꿨다. 이를 통해 얻어진 알라리스의 성과는 업계에서 누구와도 견줄 수 없는 것이었다. 이 책 〈조직문화가 경쟁력이다〉는 데이브 쉬로터벡 같은 인물과 알라리스 같은 회사가 지식과 결단력 그리고 변화를 추진하고 성과를 낳는 방법론을 활용해 문화를 조성할 때, 무슨 일이 벌어지는지를 설명해서 조직 구성원들이 자신의 책임을 중요시하는 문화를 만들 수 있도록 일터에 활기를 불어 넣는 확실한 전략을 소개하고 있다. 전세계 최고 실적의 기업들을 포함해 모든 주요 업계의 회사들로부터 얻은 경험을 통해 '문화를 바꾸면, 시장의 판도가 달라진다'는 것을 입증했다.

기본 아이디어

우리가 대기업이나 중소기업이 문화를 바꾸는데 도움을 줄 때, 다음 공통된 두 가지 질문을 듣게 된다:

1. 조직의 사업성과를 달성하는 방법으로 어떻게 기업문화를 바꿀 수 있는가?
2. 최종 결과를 이끌어낼 수 있을 만큼 얼마나 신속하게 변화시킬 수 있는가?

성과 피라미드와 이와 관련된 방법론의 활용에 그 해답이 있으며 규모와 유형에 상관 없이 모든 조직이 경쟁력 확보에 필요한 문화를 바꾸고 이를 접목할 수 있다. 시작에 앞서, 강조하고 싶은 핵심 아이디어는 다음과 같다.

- 리더들은 조직이 필요한 문화를 만들어야 한다
- 문화가 성과를 결정짓는다.
- 가장 효과적인 문화는 자신의 일에 책임을 다하는 책임문화다.
- 성과 피라미드는 자신의 일과 성과에 책임을 다하는 문화로의 전환을 추진하고 경쟁력을 높여준다.

우리는 이런 기본적인 아이디어가 적용되지 않은 경우는 단 한 차례도 보지 못했다. 이 핵심 아이디어를 이해하고 수용하는 리더들과 매니저들은 조직문화를 관리하는 리더십 역량을 보다 쉽고 빠르게 개발할 수 있을 것이라고 굳게 믿는다. 문화는 성과를 낳는다. 책임문화는 가장 효과적인 문화다. 그리고 이러한 문화를 조성한 기업들은 달성하고자 하는 결과를 얻는다.

리더는 필요한 문화를 만들어야 한다

당신이 문화를 바꿀 수도 있고 문화가 당신을 바꿀 수도 있다. 연구 과정에서 우리는 조직의 각 계층에 있는 사람들을 지속적으로 만나서 기업의 문화에 대해 이야기를 나눴다. 그들의 문화는 기업이 원하는 결과를 성취하려는 시도에 힘이 되어주지 못한다. 그들은 더욱 강력하게 고객에 포커스를 맞추고 시장지향적인 조직이 되기를 원하지만 그럴 수 없다. 그들은 조직의 다양성을 포용하기를 원하지만 그 가치를 만들어 내기 어렵다. 그들은 규율 준수의 필요성을 알고 있지만 지킬 수 없다. 그들은 지속적인 성장, 품질, 생산성, 수익성에 대한 사업 계획을 세우지만 결국 성과 부족으로 안주하고 만다. 문화가 효과적으로 작용하지 않는다면, 문화는 오히려 성과 달성에 험난한 장애물이 된다.

모든 조직은 그들만의 문화를 가지고 있다. 그것은 문화를 구축하고자 하는 방법론적 노력의 결과일 수도 있고. 계획 없이 그저 더 나은 것은 나은 것대로 못한 것은 못한 그대로 발전된 것일 수도 있다. 목적을 갖고 의도적인 과정을 거쳐 생겨났는지에 상관 없이, 가장 중요한 질문을 해보아야 한다. 조직 구성원들이 현재와 같은 방식으로 계속해서 생각하고 행동한다면, 원하는 목표와 결과를 달성할 수 있을 것인가? 상당히 많은 조직의 리더들은 이렇게 메아리 치며 그 질문에 대답할 것이다. "아니오! 우리는 생각하고 행동하는 방식을 바꿔야만 합니다!"

우리의 조직문화가 약속했던 성과들을 만들어 낼 수 있을까? 우리의 문화가 미래에 필요한 성과를 만드는데 필요한 힘을 줄 수 있을까? 그럴 수 없다고 판단된다면, 우리의 조직문화를 바꾸는 것은 선택이 아니라 필수 사항이다. 바로 지금 당장 변화를 시작해야 한다. 조직의 리더로서 결단력을 가져야 한다. "최고 문화 경영자"를 임명하고 싶을 수도 있지만 그럴 경우 최고 경영진에서 가장 핵심적인 책임을 빼앗는 결과를 초래할 수 있다. 문화는 "단 한 번" 이벤트로 바뀌지 않으며 인사부에 던져버릴 수 있는 사안이 아니다. 오랜 세월의 경험으로 비춰볼 때, 최고경영진이 문화를 바꾸는 책임을 짊어져야 한다는 것이다. 효과적으로 변화를 추진하고 오랜 시간에 걸쳐 문화를 유지하는 리더십 역량을 개발하는 것은 리더의 영원한 역할이다. 누구도 예외가 아니다. 문화를 구축하는 일에는 조직의 모든 리더가 관여하게 되고 또 반드시 그래야만 한다.

대부분의 경우, 조직문화관리에 실패한 리더들은 머잖아 시장 판도가 바뀔 때 거의 항상 많은 비용이 들고 위험한 노력을 해야만 따라잡을 수 있기에 지금 나설 수 밖에 없다는 것을 알고 있다. 미국 자동차 산업만 봐도 그렇다. GM의 경우, 지난 몇 십 동안 시장 판도가 극적으로 바뀌어서 한때 최고였던 이 제조회사의 시장 점유율은 50%에서 20%로 곤두박질쳤다. 2009년 6월 1일 (같은 날 GM은 챕터 11 파산을 신청했다) 백악관에서 GM 회장으로 임명한 에드 휘태커는

1부 : 조직문화를 변화시키기 위해 성과 피라미드를 실행하라 **37**

회사가 다시 한번 경쟁에서 승리할 수 있도록 정체돼 있던 GM문화를 바꾸는 난처한 위험을 감수했다. GM 직원들과의 첫 번째 대화 자리에서 휘태커 회장(AT&T 전 회장)은 12주 안에 가시적이고 긍정적인 회사의 변화를 기대한다고 GM 직원들에게 말했다. 관리자들이 GM의 결점과 약점을 즉각 바로 잡을 수 있도록, 실제적인 진전 progress에 책임을 져야 한다고 그는 말했다. 관료적인 의사 결정, 관재인의 관리, 개별 성과책임의 부족 그리고 위험 감수에 대한 두려움 등이 특징인 정체된 문화에 빠져 허우적대는 회사에게는 무리한 요구였다. 휘태커 회장은 GM 문화의 획기적 변화 없이는 파산 직전에서 수년 동안 쌓여온 GM을 이런 암울한 상태로 몰아 넣은 8백억 달러의 적자를 반전시킬 수 없다고 확신했다.

AP 통신 기사는 GM 근로자들에게 휘태커의 메시지를 전달했다: "결정하라. 위험을 감수하라. 발 빠르게 움직여라. 책임을 가져라." 데이브 쉬로터벡과 마찬가지로, 휘태커 회장도 확실하고 신속한 문화 바꾸기의 필요성을 간파했다. 그도 또한 믿음직한 사람들로 가득한 조직이 필요했다. GM 이사회는 CEO라는 자리를 맡아 달라고 부탁할 정도로 휘태커 회장이 하는 일에 만족해했다. 이 거대한 코끼리에게 새로운 비결을 가르치는 부담스런 과제가 성공할 수 있을까? GM에게는 따라잡기 게임이면서도 휘태커 회장이 조직문화 변화 역량을 발휘할 수만 있다면 승리할 수 있는 위치에 있는 게임이다. 문화를 관리하는 방법을 습득하는 것은 사업상의 최선의 성공 요인으로써, 필수적인 경영 기법이며, 다음의 원칙으로 이어진다.

문화가 성과를 결정짓는다

당신의 조직 문화가 당신의 성과를 결정짓고, 원하는 성과는 필요한 문화의 종류를 결정한다. 문화는 성과에 좌우되며 성과도 문화에 좌우된다. 리더는 일련의 원하는 성과에 맞춰 회사 문화를 구축할 수 있다. 원하는 성과로는 시장 점유율, 매출 성장, 우수한 과학 기술, 고객과의 상호소통 용이, 동급 최고 품질 또는 안정적인 수익 등이 있겠다. 일단 목표를 분명히 정하면, 신속하게 움직여서 성과 달성을 위한 바람직한 경험, 신념, 행동을 낳는 문화를 구축해야 한다.

유명한 소매 브랜드인 "로렌-스미스", 약칭으로 L-S(익명성 요청 때문)의 리더들은 성과 지표를 일관되게 활용했다. 회사의 오너는 고위 간부들이 문제 해결과 성과 달성에 책임을 지도록 하였고 만일 문제를 해결하지 못할 경우 "업무 태만"으로 간주하였다. 그러자 사업의 우수함 보고서를 오너의 책상 위에 올리는 것이 하나의 관행으로 마치 "포템킨 방문"과 같은 문화로 발전하였다. "포템킨 방문"이라는 용어는 아름다운 가짜 마을에서 비롯된 것이다. 제정 러시아 시대의 예카테리나 여제가 러시아에 새로이 편입된 크림 반도를 시찰 나갔다. 드네프르 강을 따라 제국 순시에 나섰을 때 총신 포템킨 장군은 실제로는 빈곤하고 황량했지만 번창하고 있는 것처럼 대외적으로 보이기 위해 강변에 영화세트 같은 가짜 마을을 급조했다. 갤리선에서 내리지는 않은 채 이 광경을 바라보며 여제는 흡족한 미소를 지었다. 멋지게 차려입은 신하들과 외국대사들은 여제의 치적을 입이 마르게 칭찬해댔다. 포템킨은 여제의 배가 지나가면 바로 세트를 해체해 다음 시찰지역으로 이동시켰다. 이때부터 '포템킨 방문', '포템킨 마을'이란 말이 생겼다

L-S의 경우, L-S 제품이 판매에 유리하도록 매장에 진열되었는지 조사하는 경영진 감사를 시행할 때, 관리자들은 공항으로 가는 직선 라인에 위치하고 서로 가까이 있는 매장들을 그룹으로 선택하여, 장애 없는 신속하고 평온한 여행이 되도록 하였다. 사전에 계획한 경로에서 이탈하면 영업 사원들의 일자리가 위태로울 수도 있었다. 각각의 예정된 매장 방문에 앞서 사전 경고를 활용해, 구역의 영업사원들은 재빨리 뛰어가 놀랄 만큼 멋지게 상품을 진열해 의도한 방식대로 브랜드가 프로모션 중이라는 것을 보여주고 나서, 결국 매장 방문 몇 시간 이내에 이 디스플레이를 해체했다. 무엇보다 영업 사원들은 방문 기간 동안 곤란한 이슈나 문제를 절대로 제기하지 말라고 들었는데 경영진이 문제를 해결하기 위해 온 것이 아니라 다만 계획대로 모든 게 진행되고 있는지를 확인하려고 왔기 때문이었다. 아주 지독한 경우를 보면, L-S 영업 사원들은 북미 지역 영업 회의의 반경 50마일 이내 모든 매장에서 속임수를 썼다. 사람들은 속임을 당하기 위해 비행기를 타고 미국 전역을 돌아다니는 셈이었다. 모든 일은 술술 풀려갔지만 회사는 무료 상품에 무려 40만 달러를 지불했다! 그 결과는 어떻게 되었을까? 매장 방문 시에 완벽한 평가 결과만이 최고 경영진에게 보고되었다. 그들이 볼 때, 문제는 해결되고 브랜드의 매장 점유는 계획대로 진행되는 것처럼 보였다.

최근에, 35년 동안 L-S에서 근무했던 영업 사원에게 여전히 포템킨 방문을 준비하는지 호기심 차원에서 물어 보았다. 이 베테랑 영업 사원은 껄껄 웃었다. "당연하죠! 어제 단 하루를 준비하려고 지난 2주를 보냈습니다." 어떻게 매년 이런 일이 벌어질 수 있을까? 최고 경영진의 단 한 사람이라도 회계 감사를 하면서, 구역의 모든 20개 매장이 어떻게 만점을 받을 수 있는지 궁금하지 않았을까? 분명히 그렇지 않다. 포템킨 방문은 문화의 일부가 되어버렸다. 만일 이런 비효율성을 뿌리뽑았을 경우, 조직의 문화가 창출할 수 있었던 최고의 성과를 상상해 보라. 최고 수준의 실적으로 경영할 수 있도록 조직 문화를 최대로 활용한다면, 경쟁력이 강화되는 된다. 가장 효과적인 문화는 조직구성원들이 자신의 일에 책임을 다하는 책임문화다.

가장 효과적인 문화는 책임문화(COA)다

조직 구성원들 개개인이 정성을 다하고 서로 격려하며, 최고의 성과를 위해 모두 한 마음으로 살아 숨쉬는 문화를 만들기 위한 전략을 마련한다면 조직은 지속적으로 발전할 것이다. 우리가 전하는 메시지의 핵심은 적합한 방법으로 그와 같이 자신의 책임을 받아들이기 위한 문화를 만드는 것이다. 책임 있는 행동과 사고 그리고 무책임한 행동과 사고는 분명하게 구분되는 선이 있다. 이것은 상위단계 상자 밖에서와 하위단계 상자 안에서의 경계가 분명 구별되는 것을 말한다. 상위단계(상자 밖에서)는 자신의 책임을 회피하거나 변명을 정당화하지 말고 성과 책임에 이르는 단계steps to accountability, 즉 직시하라See It, 인정하라Own It, 해결하라Solve It, 행동하라Do It등을 의미한다. 하위단계(상자 안에서)는 모두가 너무도 익숙한 책임 공방이나 희생자 사이클의 공모이다. 책임을 공유하기 위한 몇 가지 단계는 상위단계 상자 밖에서 일하기라고 부르는 행동과 사고로 이어진다. 한편, 책임 공방과 비난은 하위단계 상자 안에서라고 부르는 행동과 사고를 초래한다. 우리가 상상하는 대로, 개인들이 이 두 가지 전혀 다른 사고와 행동의 유형에 지속적으로 사로잡힐 때, 개인과 조직은 깜짝 놀랄 정도로 실행력의 수준이 전혀 다른 조직 문화를 만들어낸다.

책임accountability을 수용하기 위한 단계를 지속적으로 추구하는 사람들은 항상 책임 있는 자세로 사고하고 행동한다. 마찬가지로, 이 단계를 무시하는 사람들은 책임 공방에 빠져서는, 통제할 수 없는 환경의 희생자가 되었다고 느낀다. 이들은 성과 달성 과정에서 더 이상 앞으로 전진하지 못한다.

하위단계로(상자 안으로) 간다고 해서 잘못된 것이 아니라는 점은 지적해야 한다. 우리 모두는 인간이기 때문에 그럴 수 있다. 사실 우리는 때때로 갈 길을 가로막는 방해물에 분통을 터트려 후련해질 수 있고 통제를 벗어난 것처럼 보이는 상황에 대해 불평을 쏟아낼 수도 있다. 하지만, 여전히 하위단계(상자 안)에서 계속 머문다면, 할 수 있는 것이 아니라 할 수 없는 것에 점점 더 초점을 맞추게 된다. 이러한 경우에, 장애물을 통과하고 원하는 성과를 달성하기 위해 취할 수 있는 행동이 아니라 우리가 직면한 장애물에만 집중하게 된다. 습관적으로 하위단계(상자 안)에서 머무는 사람들은 성과를 낼 수 없다. 대신에 점점 더 좌절하고 무력해진다. 그들은 자신의 업무에서 성취감을 느끼지 못한다. 그들의 조직, 팀, 경력은 휘청거리기 시작한다.

상위단계(상자 밖)에서 머무는 사람들은 자신들이 해결책의 일부이면서 그렇게 되어야만 한다는 사실을 기꺼이 받아들인다. 그들은 성과 달성을 위해 할 수 없는 것이 아니라 할 수 있는 것에 더 초점을 맞춘다. 정성을 다하면 이루어진다는 신념을 갖고 있다. 그들은 장애물을 처리할 때 창조적인 방식을 찾기 때문에 실패의 변명이 아니라 더 좋은 일이 일어날 수 있는 긍정 기회로 여긴다. 상위단계(상자 밖에서)에 있는 사람들은 발전하고 성과를 내고 업무에 만족감을 느낀다. 그들과 그들의 팀, 조직은 전망이 밝다. 간략하게 말하면 우리가 상위단계(상자 밖)에서 더 많은 시간을 할애하면 할수록 성과는 탁월하다. 조직 역시 상위단계(상자 밖)에서 더 많은 시간을 할애할수록 그 성과는 탁월하다.

상위단계(상자 밖)에 있는 성과책임은 책임문화의 초석이 되며 직원들은 조직의 성과 달성에 필요한 방식으로 생각하고 행동하는 책임을 받아들인다. 다른 어떤 문화도 이만큼 성공을 보장하진 못한다. 꾸준하게 실적이 우수한 조직을 면밀히 살펴보면, 이러한 기초 핵심 역량을 마스터한 사람들이 많다는 것을 알게 된다. 마찬가지로 계속해서 실적이 부진한 조직을 보면, 사람들이 하위단계에서

(상자 안에서) 머무는 것을 확인할 수 있다. 성과책임에 대한 우리의 긍정적인 접근 방식을 잘 모르는 사람들은 흔히 조직에서 성과책임을 잘못 이해하고 적용하는 경우가 있다. 누군가 "저거 누구 책임이지?"라고 묻는 소리를 들었던 마지막 순간을 생각해 보라. 탁월한 성과 달성으로 누가 보상 받을 것인가 결정하기 위해서 말했던 것인가? 아마도 그렇지 않을 것이다. 우리가 진행하는 워크숍에서 온 참가자들은 하나같이, 성과책임이라는 것이 일이 잘못됐을 때 발생하는 것이라고 말한다. 그들에게 있어서 성과책임이란 권한이 아니라 처벌을 의미한다. 하지만 대부분의 사람들은 성과책임을 제대로 이해하고 적용하면 드라마틱하게 조직의 성과를 개선할 수 있다는데 동의한다.

 조직의 각기 다양한 부서에서 일하는 직원들이 자신의 일에 책임을 다하는 성과책임을 받아들이기 위해서는 몇 가지 단계를 따르려는 개인적인 선택을 할 때 가능하며, 그러한 개인의 노력을 한데 모아 책임문화가 생겨난다. 각각의 단계는 이전 단계를 발판으로 삼으며 각 단계에서 진정으로 필요한 것을 보여주는 성공사례를 포함하고 있다.

▶ **직시하라**는 모두들 현실을 인정하고 상대방의 관점에서 보려고 노력한다. 새로운 도전 과제가 생길 때마다 상위단계(상자 밖에서)로 진입하거나 머무는 것을 의미한다. 우리가 편견 없이 현 상황을 '직시할' 때, 타인의 관점을 가차 없이 수용하고 열린 마

음으로 솔직하게 소통하며, 피드백을 요구하거나 전달한다. 현실을 직시할 수 있다면 쓴 소리도 듣게 된다. 자신이 처한 있는 그대로의 상황을 인식하는 것이다. 이들 성공사례는 CEO부터 부하 직원까지, 동료에서 동료로, 부서에서 부서로 그리고 동료들 간 조직의 상하 위계 질서에 적용된다. 이 성공사례는 용기 있게 현실상황을 인식하는데 도움이 된다.

▶ **인정하라**는 원하는 결과를 주도적으로 이루기 위해 모두 개인적인 노력을 한다. 개인적인 노력을 들여 자기화하고 성공과 실패 양쪽으로부터 배우고 회사의 사업 목표와 자신의 업무를 한 방향 정렬하여 서로가 받은 피드백에 따라 행동하는 것을 의미한다. 자기 자신이거나 타인을 위해 만들어낸 경험과 현실에 대해 책임이 있다는 것으로 스스로 인정하는 것이다. 앞으로 전진하기 위해 도로를 포장하는 것과 같다. 우리가 현실을 포용하고 '인정할' 때, 진정한 성과책임의 중심에 있다고 할 수 있다.

▶ **해결하라**는 성과를 가로막는 장애물을 협력을 통해 제거한다. 성과 달성의 길목에 도사리고 있는 장애물을 만났을 때 집요한 노력을 필요로 한다. 이 단계에 들어섰을 때, 성과를 달성하고 장애물을 극복하고 발전하기 위해서 "내가 무엇을 더 할 수 있을까"라고 끊임없이 질문을 던진다. '해결하라'에는 자기 중심의 업무에서 벗어나 상호 역할의 경계선 극복, 장애물의 창조적

인 해결, 필요한 위험을 감수할 책임 등이 포함된다. 당신은 이 단계를 그냥 건너뛸 수는 없다.

▶ **행동하라**는 마지막 단계로써 앞선 세 단계의 자연스러운 정점을 의미한다. 모두들 가장 우선순위 업무를 하는데 집중한다. 일단 직시하라, 인정하라, 해결하라의 과정을 거치면, 거기에서 한 단계 나와 '행동'해야 한다. 이것은 행동해야 된다고 말한 것을 실제 실행하는 것을 의미하며 최고 우선 순위에 초점을 맞추고 타인을 비난하지 않으면서 상위단계(상자 밖)에서 머물며 신뢰할 수 있는 환경을 조성하는 것이다. 앞선 세 단계를 모두 실천할 수 있지만 상위단계(상자 밖)에서 머물며 지속적인 성과 달성을 하기 위해서는 가장 중요한 최종 단계인 '행동하라'를 실천해야 한다.

모두가 자신의 일에 대한 책임 곧 성과책임을 수용하는 몇 가지 단계를 실천한다면, 전체 조직은 사람들에게 "해결책의 주인공 되기"를 시작하게 하는 권한을 주는 훨씬 더 긍정적인 접근 방식으로 바뀌게 된다. 책임문화의 다른 특성을 분석할 수 있겠지만 이 단계에서는 단순함을 유지하고자 한다. 책임문화에서 직원들은 도움을 주고 열심히 일해서 문제를 해결하고 성과를 달성한다. 본인의 의지에 따라 실행하는 것이지, 상사가 실행하라고 지시했기 때문이 아니다. 이것은 회사의 관리자와 리더가 의식적이고 신중한 지원을 통해 최고의 결과 지향적인results-oriented 문화를 만들었기 때문이다.

성과 피라미드를 조직문화 변화 추진에 활용함

1등이 되는 것이 모든 것을 의미하는 세상에서, 조직문화 변화 과정을 추진하는 것은 비즈니스 성과 달성에 반드시 필요한 요소가 됐다. 믿기 힘들 수도 있겠지만 문화를 바꾸는 환경을 제때에 조성해서 조직의 현재 핵심 성과를 개선할 수 있다. 〈조직문화가 경쟁력이다〉는 실행하는 방법을 정확히 제시한다. 구체적으로 이 책은 확실하고 신속하게 실행하는데 필요한 도구를 제공한다. 현재 기업문화의 특성에 따라서, 이 과정은 몇 가지 사소한 변화부터 철저한 문화 점검까지 모든 것을 망라할 수 있다.

회사의 직원들이 생각하고 행동하는 방식의 문화에서 부분적인 변화가 필요한가? 대부분의 회사는 그렇다. 실적 개선에 대한 필요성 때문에, 또는 비즈니스 환경의 변화를 예측하거나 환경의 변화에 대한 대응의 차원에서 이러한 변화는 반드시 필요하다. 어떠한 상황이건 간에, 성과 피라미드는 변화를 구체화하는데 필요한 각각의 시간에 실행해야 할 것을 분명히 이해하고 전달하는데 도움이 된다. 아래 그림은 현재 성과 R^1에서 원하는 성과 R^2로의 성과 전환을 보여준다. 새로운 수치의 확대, 경제 악화, 경쟁 심화, 시장 변화 그리고 기준을 상향 조정하는 다른 조건의 수치 때문에 R^2는 R^1과 다를 수 있다. 정의한 대로 문화가 성과를 낳는다는 사실을 기억하자. 현재 문화 C^1이 R^2 성과를 낼 것이라 기대할 수 없다. 도저히 그

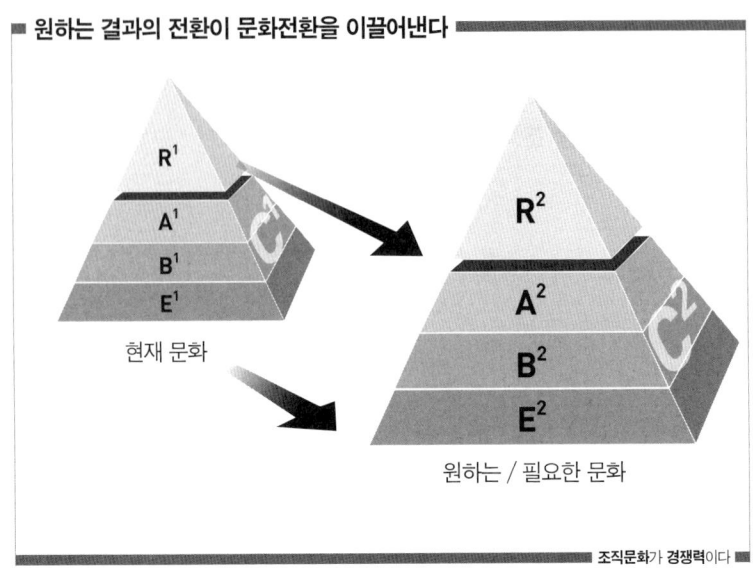

■ 원하는 결과의 전환이 문화전환을 이끌어낸다 ■

현재 문화

원하는 / 필요한 문화

렇게 될 순 없다.

　대부분의 경우에서, 현재 문화 C^1이 나쁜 문화가 아니라는 것을 강조하고 싶다. 그저 R^2를 양산하지 못하는 문화일 뿐이다. 새로운 문화 C^2는 항상 C^1의 강점strength을 토대로 형성된다. 한편, R^2를 달성하려면 일부 조직문화 변화는 새롭고 원하는 성과 달성에 반드시 필요한 방식으로 사람들이 생각하고 행동하도록 동기부여가 필요하다. 흔히 이것은 문화의 총체적인 *변혁transformation*을 의미하는 것이 아니라, 보다 적합한 문화 바꾸기, 즉 *전환transition*을 의미한다. C^1에서 R^2를 달성하려고 노력하는 것은 부질 없다는 것을 명심하자. 낡은 문화가 강력하고 완고한 기존의 태도를 마술처럼 버리고 새로운 성과를 낸다고 기대할 수 없다. 이런 일은 생기지 않는다. 절대로! 새로운 R^2 성과를 달성하려면 이러한 결과를 낼 수 있는 새로운 C^2 문화를 만들어야 한다. 바라던 신념과 행동을 하는 데 도움이 되는 새로운 경험(E^2)을 낳는 사람들의 생각(새로운 B^2 신념)과 행동(새로운 A^2 행동) 방식으로 필요한 전환을 규정해서 실행한다.

문화는 성과를 낼 수 있는 강력한 도구를 리더에게 제공한다. 문화의 힘은 지속적이고 개인의 영향력보다 오래 존속한다는 사실에서 비롯된다. 이 같은 사실은 한 CEO가 고위 간부들에게 다음과 같이 말하는 것에서도 잘 드러난다. "문화가 현실이라는 것을 나는 몸소 깨달았다. 내 경력의 초창기에 나는 이탈리아 지사에서 근무한 적이 있었다. 시간이 흘러서 다른 나라의 새로운 임지로 떠났고, 이탈리아 지사와는 연락이 끊겼다. 5년이 지나 다시 이탈리아로 돌아왔을 때에는 예전 팀에서 낯익은 얼굴을 한 사람도 찾을 수 없었다. 인사 이동이 100% 이뤄진 것이었다. 그러나 회사의 문화는 예전과 똑같다. 사람이 다 바뀌었는데도 문화는 전혀 바뀌지 않았다!" 실제로 그렇다. 모든 직원을 바꾸더라도 문화는 본질적으로 그대로 남아 있다.

전체 피라미드의 활용

문화의 힘과 지속성의 경쟁가치는 관리자들이 비즈니스 결과를 개선하기 위해 평소 활용하는 일반적인 정책이 종종 소용 없음을 말해준다. 새로운 직원, 새로운 기술에서부터 새로운 전략, 새로운 구조에 이르기까지 대부분의 일반적인 해결책은, 그것들이 효력을 발휘한다면 일시적인 행동의 수준에서 발휘된다. 리더들은 너무나 자주 그들의 철학이나 사고방식(즉, 신념)을 바꾸지 않고 사람들이 행동하는 방식만을 바꾸려고 한다. 이럴 경우에 결과적으로 사람들은 그에 따라 순응할 뿐 자발적인 참여나 몰입, 혹은 헌신하지 않으며, 자기의 노력을 충분히 들이지 않고, 진보하지 않으며, 지속적인 성과를 내기가 어렵다.

아래 도표는 실적 개선을 시작하고 피라미드의 상단, 즉 행동과 결과에만 주의를 집중시키는 흔한 실수를 범할 때 생기는 장벽을 보여준다. 상단의 두 개 레벨만 활용하면, 사람들이 행동을 할 때 특정한 방식으로 생각한다는 사실과, 그렇게 생각하는 이유가 있다는

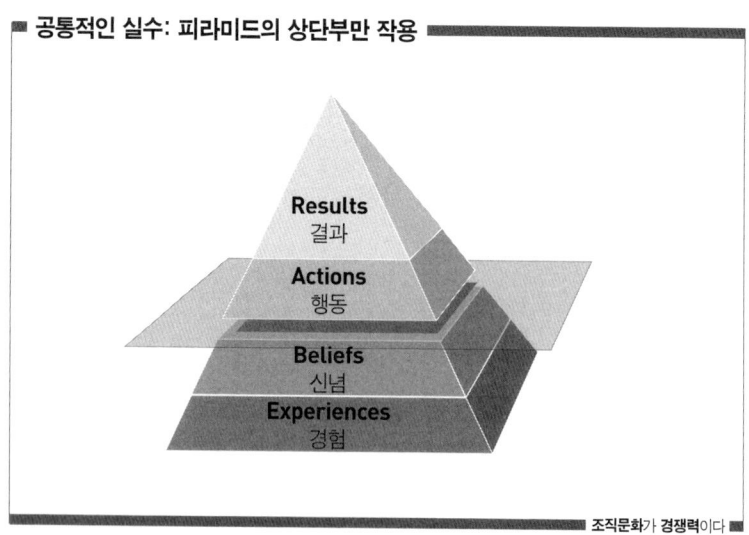

공통적인 실수: 피라미드의 상단부만 작용

사실을 무시하게 된다. 이렇게 함으로써, 실적performance에 가장 근본적으로 작용하는 두 가지 요소, 바로 경험과 신념이 변화되지 않은 채 내버려 두게 된다.

피라미드 하단을 활용하면 더욱 중요하고 오래 지속되는 변화를 가져올 수 있지만 훨씬 더 많은 노력이 필요하다. 조직문화 변화를 추진하려면 리더들은 피라미드의 상단과 하단 모두를 활용해야 한다. 우리는 리더들이 관리가 쉬워 보인다는 이유로 피라미드의 상단만을 활용하는 경향이 있다는 것을 알았다. 리더들은 행동과 결과는 구체적이고 확인이 가능하기 때문에 보다 쉽게 활용할 수 있다고 간주한다. 하지만, 신념과 경험을 활용하는 방법을 배운 사람들은 신념과 경험도 똑같이 구체적이고 확인 가능하다는 것을 알고 있다. 모두가 행하는 법을 배울 수 있지만, 사람들이 실제로 믿는 것을 드러내고, 그들의 행동에 영향을 끼치는 경험을 창조하는 데 반드시 필요한 피드백을 받기 위해서는 많은 용기가 필요하다.

앞서 언급한 대로, 실행과 통합이라는 두 가지 별도 단계의 측면에서 조직문화 변화 추진을 고려하는 것은 유용하다. 첫 번째 실행 단계에서는 문화를 해체한다. 관리팀은 C^1의 강점과 단점을 충분히 알게 된다. 관리팀은 다 함께 문화를 이루는 경험(E^1), 신념(B^1), 행동(A^1)을 조사하고 무엇을 바꿔야 할 지를 세심하게 검토한다.

다음 실행 단계에서 문화를 재구성한다. 이제 관리팀은 현재 비즈니스 환경을 검토하고 조직의 R^2를 규정한다. 또한, C^2를 이루는 경험(E^2), 신념(B^2), 행동(A^2)도 결정한다.

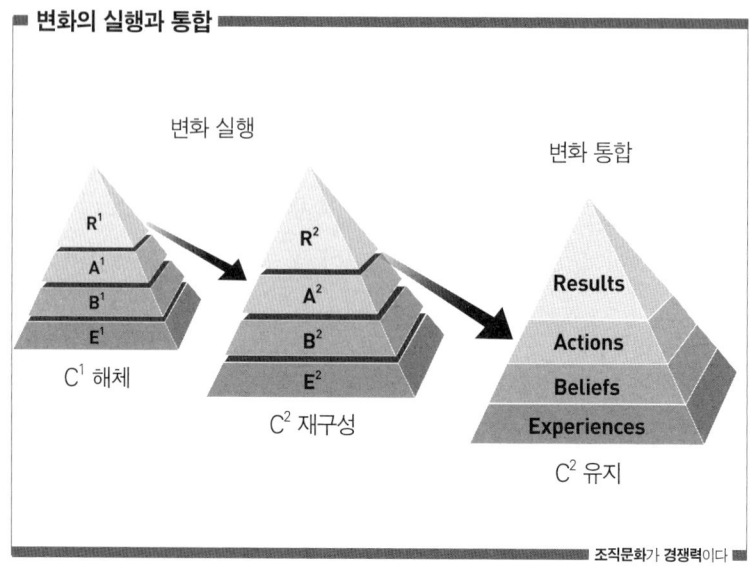

다음 단계는 조직문화 변화를 현재 조직 시스템과 프로세스에 통합하고 C^2 전환을 유지하는 것이다. 이 시점에서 관리팀은 본 저서의 후반부에서 다룰 조직문화 관리 방법을 활용하며, 이 기법은 원하는 전환을 추진하고 강화하는 역할을 한다. 어느 정도 훈련을 받으면 조직의 리더십은 원하는 B^2를 조성하고 강화하는 E^2 경험을 만드는데 능숙해진다. 이 단계에서 리더는 문화를 점검하여 성과, 그리고 성과 달성에 필요한 행동과 신념에 집중할 수 있다.

궁극적으로 문화를 바꾸고 유지하는 과정에서는 조직의 모든 구성원을 참여시켜야 한다. 일단 상승세를 타면, 조직문화 변화가 어느 정도까지 강화된다는 것을 알게 된다. 더 좋은 성과(R^2)는 그 자체로써 기반이 되는 경험이 되어, 조직문화 변화 노력이 중요하다는 신념을 강화하고, 모든 구성원들의 지속적인 관심을 받을 만한 최우선 순위로 분류된다.

책임문화 만들기

경험으로 비춰볼 때, 자신의 일에 책임을 다하는 성과책임은 직원들이 근무 중에 하는 일만큼이나 중요하다는 것을 확인했다. 이것은 모든 구성원이 조직의 성과 달성을 위해 개인적으로 노력한다는 것을 의미한다. 이 책에서 제시하는 이야기들을 통해 책임문화가 그 자체로 굉장히 효과적이라는 것을 알게 될 것이다. 이와 같은 문화 환경에서 사람들은 성과 달성에 필요한 방법으로 생각하고 행동하는 책임감을 느낀다. 이들은 매일매일 이렇게 한다. 문화를 바꾸고 조직에서 달성해야 하는 성과를 창출하기 위해 "내가 무엇을 더 할 수 있을까?"라는 질문을 멈추지 않는다.

제대로 된 문화를 조성하는 것은 선택이 아니라 사업상 꼭 필요한 요건이다. 데이브 쉬로터벡과 그의 관리팀이 알라리스의 문화를 바꾸는 법을 습득한 것과 똑같은 방법으로, 성과를 달성하는 문화로의 전환을 실행하고 통합하기 위한 이해력과 역량을 마스터할 수 있다. 문화전환을 추진하면 경쟁력이 높아지고 이러한 장점 때문에 시장 판도를 바꿀 수 있다. 이러한 과정을 시작하려면 피라미드 꼭대기를 활용하는 것으로 시작해, 원하는 결과를 규정하는 것이 어떻게 조직문화 변화 단계를 결정하는가를 이해해야 한다.

■ 2장 ■

변화를 이끄는 일의 결과를 정의하라

　책임문화를 구축하는 것은 성과 피라미드 상단에서 시작된다. 이것이 〈조직문화가 경쟁력이다〉의 첫 단계에서, 달성하고자 하는 R^2 성과를 분명히 언급하는 이유다. 솔직히 말해서, 성과를 내기 위해 조직의 역량을 향상시킬 의도가 없다면 어떠한 조직문화 구축 활동이나 과정을 시작할 필요가 전혀 없다.

　조직문화 구축에 정성을 들이는 가장 중요한 이유는 뭘까? 바로 문화가 성과를 결정하기 때문이다.

　명망 있는 안경 전문기업 "옵토매트릭스"는 이 같은 우리의 주장이 옳다는 것을 증명해 주는 좋은 사례이다. 수년 동안 건실한 비즈니스 성과를 이루었음에도, 심각한 경제 불황 때문에 시련이 닥쳤다. 회사는 사업실적 개선 준비계획을 수립했지만, 수치는 원하는 수치가 아니었다. 과정 초반에, 옵토매트릭스는 탁월한 필드매니지먼트로 유명한 리더 둘을 데려왔는데 두 사람 모두 실적 개선을 위해서는 조직문화에 중점을 두어야 한다는 믿음이 있었다.

이러한 노력은 여러 경영성과 부문에서 R^2에 맞춘 브랜드 리더십 팀으로부터 시작됐다. 현재 비즈니스 모델 R^1으로는 원하는 비즈니스 성과를 낼 수가 없었고 변화가 필요했다. 문화가 성과를 결정한다는 전제를 시험해 보려는 목적으로, 옵토매트릭스는 매장 5%에서 시범 사업을 시행하면서 본 저서 〈조직문화가 경쟁력이다〉에서 제시하는 원칙과 실무를 적용했다.

이러한 접근에 회의적인 팀원들이 많았기 때문에 문화의 변화로 실제 성과를 바꿀 수 있다는 사실을 이해시켜야만 했다. 완벽하게 분명한 결론을 내려줄 수 있도록, 성공의 기준을 명확하게 정의함으로써 모두가 시범 사업에 동의하였다. 전세계 모든 매장에서 조직문화 변화 노력에 착수한다는 추진 결정을 내리기 전에, 시범 사업을 통해 조직문화 변화가 비즈니스에 상당한 영향력이 있다는 것을 보여줄 필요가 있었다. 팀은 시범 사업 매장에서 실적개선이 2% 미만으로 나올 경우에는 변화를 추진하지 않기로 합의했다. 실적 향상이 2%~5%에 머무는 곳은 추가적인 평가를 하기로 했다. 그러나 5% 이상의 개선을 보일 경우, 자동적으로 조직 문화변화에 전면 착수하기로 하였다. 성공의 기준을 확실히 수립한 후에, 회사는 실적 개선 평가 방법을 상세히 설명했다. 시범 사업이 성공의 기준을 충족시키지 못하면 시간과 자원을 투자하지 않기로 한 것이다. 시범사업 후 두 달이 지나자, 성과는 5%를 넘어섰다. 결과는 재론의 여지가 없었다. 옵토매트릭스는 조직의 문화를 변화시킴으로써 바라던 R^2 성과를 내는 역량을 현저하게 향상시켰다. 시범 사업 매장에서부터, 직원들이 일상적인 업무를 수행하는 방법에 대해 다르게 생각하고 행동하기 시작하면서, 옵토매트릭스의 문화는 빠른 속도로 바뀌기 시작했다. 이러한 시범 사업의 성과를 토대로, 회사는 문화를 바꾸는 전사적 차원의 노력이 시작되었다.

핵심 R^2 결과에 초점을 맞추어 한 방향 정렬하기

핵심 R^2 결과에 한 방향 정렬함으로써 조직문화 변화 추진을 염두에 두고 있는 조직은 유사한 이득을 얻을 수 있다. 핵심 R^2가 기업의 활동, 에너지, 노력 등을 이끌기 때문에 R^2 결과에 한 방향 정렬을 가정할 수만은 없다. 당신은 목적을 가지고 R^2 성과를 만들고 의식적으로 그것을 유지하도록 조직 전반으로 노력해야만 한다.

경영진 열에 아홉은 조직이 완벽하게 한 방향 정렬되어 달성하고자 하는 핵심 성과를 설명하지 못한다는 사실을 안다면 얼마나 놀라겠는가? 가령, 우리와 함께 일했던 미국 남부에서 한창 성장하고 있던 지역 패스트푸드 체인 "패스트그릴"은 전국적으로 대규모 확장 계획을 수립했다. 이를 위해서는 수익 마진을 개선할 필요가 있었다. 계획 수립 회의에서, Grill의 최고 경영진에게 "당신의 조직이 가장 달성해야만 하는 세 가지 핵심 성과가 무엇입니까?"라고 물었더니 모두가 한결같이 "수익 마진입니다."라고 대답했다. 처음에는 이 목표 성과에 맞추어 그들이 한 방향 정렬을 이루고 있는 것처럼 보였다. 하지만, "목표 수치는 어떻게 됩니까?"라는 다음 질문에 대한 대답에서 조화의 기미는 온데간데 없이 사라졌다. 어떤 이사가 "5.5%요"라고 외치자 곧바로 다른 이사가 동의하지 않고 "3.5%"라고 말했다. 그러자 또 다른 이사는 그 즉시 다소 언짢다는 반응을 보였다. "나는 우리가 7.5%에 동의한 것으로 알고 있소."

CEO는 그때까지 의도적으로 토론을 듣기만 하고 있었는데, 우리가 생각하기에 CEO라면 이 문제를 해결하고 성과 수치를 명확히 해 줄 수 있을 것 같았다. 그녀에게 성과 수치에 대해 묻자, "3.5%에서 7.5% 사이예요."라고 아주 자연스럽게 대답했다. 사람들의 웃음소리에도 아랑곳하지 않고 그녀는 말을 이었다. "제 설명을 들어 보세요. 3.5%는 우리가 도달할 수 있다고 말한 수치, 5.5%는 우리가 도달할 수 있다고 생각하는 수치, 7.5%는 최대 목표치 입니다." 믿기 어렵겠지만 비단 패스트그릴의 경영진만 이런 것이 아니었다. 목표 성과에 대한 혼란은 대부분의 조직에서 흔히 볼 수 있다.

패스트그릴은 경영진의 혼란 때문에 실적이 나빠질 가능성이 많아졌으며 효과적인 조직문화 혁신의 기초를 약화시키는 하위단계 (상자 안에서) 행동을 초래하고 있었다. 이러한 혼란으로 인해 사람들은 현재 상태를 유지하려고만 했고, 변화의 필요성을 내면화하는 책임을 포기했다. 어느 방향으로 나아가야 할 지 아무도 확신할 수 없으므로, 혼란은 조직문화 변화 노력의 모멘텀을 사라지게 한다. 조직문화 변화 기간 동안 하위단계로 떨어지면, 직원들은 회사의 실적 개선과 성과 달성을 위해 자신들이 무엇을 더 할 수 있는지를 살펴보지 못하게 된다. 흔히 하위단계(상자 안으로) 이동은 발전을 가로막을 뿐만 아니라 조직문화 변화를 마비시킨다.

패스트그릴의 CEO와 사적으로 이야기를 나누었을 때, 그녀는 모회사에서 패스트그릴이 달성해야 하는 성과를 분명히 전달했었다고 말했다. 사실 모회사는 자신들이 정한 목표를 패스트그릴이 달성하지 못할 경우, 매각할 수도 있다고 말했었다. 모회사는 또한 자신들이 운영하는 다른 레스토랑 체인 브랜드들은 기대 수익을 달성하고 있다는 사실을 강조했다. 그러나 그녀는 패스트그릴의 경영진이 모회사의 기대치를 비현실적이라고 간주하리라는 것을 알았기 때문에, 기대치를 달성하기 위해 경영진에서 조정을 이룰 것이라고 애당초 생각하지 않았다. "달성해야 하는 수익의 수치가 얼마입니까?"라고 물었을 때, 그녀는 "5.5%예요."라고 대답했다. 비록 경영진에서 정확한 수치를 인식하고 있지 못했지만, 그녀는 목표치에 도달해야 한다는 사실을 인정하고 있었다. 그녀는 또한 최고 경영진에서부터 말단 직원에 이르기까지, 모든 가맹점에서 목표 수익을 달성하기 위해 생각하고 행동하는 방식을 바꾸지 않는 한, 수익 마진 5.5% 달성은 불가능하다는 사실에 동의했다.

몇 시간에 걸친 작업 끝에, 패스트그릴의 고위 경영진이 이와 같은 핵심 R^2와 조화를 이룰 수 있도록 하였고, 핵심 R^2의 달성을 위해서 필요한 조직문화 변화를 결정할 수 있었다. 먼저 경영진은 조직에 엇갈린 메지지를 전달하는 것을 중단하고, 설득력 있게 모든 구성원에게 동일한 핵심 성과를 강력히 전달하기로 결정했다. 경영진은 모든 직원들이 일상 업무와 그들이 달성해야 할 필요가 있는 R^2의 접점을 조화롭게 연결할 수 있도록 헌신했다.

수개월이 지나서 우리는 조직의 모든 직급과 가맹점의 모든 직원들이 R^2를 이해하고 받아들였다는 사실을 확인할 수 있었다. 한 가맹점에 무작위 방문을 했을 때에는, 심지어 테이블 서빙에 바쁜 직원도 목표 수익 마진을 이해하고 있다는 것을 알게 되었다. 그들의 업무가 무엇인지를 묻는 질문에 직원들은 다음과 같이 대답했다. "제 업무는 5.5% 수익 마진을 달성하는 것입니다. 마진 달성을 위해서 제가 일하는 방식은 이렇습니다. 제가 일하는 걸 한 번 보세요. 제가 테이블을 치우고 세팅을 하면 시간당 손님이 늘어납니다. 시간당 손님이 늘어나면 우리의 기여도가 상승합니다. 기여도가 상승하면 우리의 수익도 많아집니다. 이게 바로 제가 하는 일입니다." 강력하고, 영향력이 있고, 분명한 이 대답은 패스트그릴이 필요로 하던 조직문화의 전환을 나타내 주고 있었다.

R^2를 구성하는 몇 가지 핵심 성과를 분명히 하고 조정한 후에, 패스트그릴은 말 그대로 시장 판도를 바꾸는 조직문화 전환을 실행했다. 18개월도 채 안 되는 기간 동안, 매출 이익 200% 성장을 기록하고 수익 마진 7.5%를 달성했다. 패스트그릴은 전국적인 확장을 시작하고 업계 최고 브랜드 중 하나로 손꼽히게 됐다. 마침내 패스트그릴은 현금 흐름과 수익 창출에 성공한 포트폴리오를 바탕으로, "패밀리 레스토랑계의 뮤추얼 펀드"로 업계에서 유명한 세계 최고

의 패밀리 레스토랑 브랜드에게 매입될 수 있었다.

성과를 만들어내는 결과 정의하기

내용 전개에 앞서 한 가지만 짚고 넘어가자. 여기서 목표라기 보다는 결과(result, 성과)라는 용어를 사용한 이유는 결과는 무언가를 달성할 예정이거나 이미 무언가를 달성했다는 의미를 담고 있기 때문이다. 반대로, 목표는 무엇인가가 이루어지기를 바라지만 성취하지 못할 수도 있다는 의미를 갖는다. 목표는 희망적이고 방향적인 의미를 지니지만 확실함이 없다.

결과(성과) 달성이라고 하면, 남북 전쟁 당시 게티스버스 전투의 리틀 라운드탑 고지 이야기가 떠오른다. 남부군은 역사적인 3일간의 전투 중 둘째 날 게티스버그 뒤편의 고지를 점령하기 위해 이동했고, 북부군은 리틀 라운드 탑이라는 전략상 요충지에 진을 치려고 이동했다. 남부군은 이 언덕의 정상을 확보함으로써, 북부군 전체 전선에 포병 사격을 가할 수 있는 유리한 시야를 만끽할 수도 있었다. 그러나 이 고지는 북부군 제 20 지원 보병 연대 조슈아 로렌스 채임벌린 연대장의 수중에 떨어져, 핵심 방어 진지로써 북부군의 측면을 보호하게 되었다.

"어떠한 희생을 치르더라도 진지를 사수하라"는 명령, 즉 명확한 핵심 성과를 하달 받은 채임벌린 연대장과 그의 부하들은 측면을 무력화하고 정상을 차지하려는 남부군의 수많은 공격을 물리쳤다. 북부군 전선을 무너뜨리려는 집중 포화와 공격의 물결은 가히 압도적이었다. 처음에 비해 절반으로 줄어든 병력과 얼마 남지 않은 탄약으로 진지를 사수하라는 임무는 불가능해 보였지만, 채임벌린은 최후의 수단으로 돌격을 외쳤다. 이 대담한 전술은 남부군 전선을 무너뜨렸고 북부군의 측면을 지켜냈다. 채임벌린 연대장은 "어떠한 희생을 치르더라도 진지를 사수하라"는 명확한 결과를 이해하고 받아들였다. 명확한 결과는 명확한 행동으로 이어졌다. 선택 사항에 후퇴란 존재하지 않았다.

수많은 경영진이 R^2 결과가 실제적으로 의미하는 바를 전달하는 데에 종종 실패한다. 주목할 만한 사례를 예로 들자면, 멕시코의 한 보험 회사 "유니도"의 경영진은 신청 과정을 간소화하고 생산성을 50% 증대시키는 소프트웨어 프로그램을 개발함으로써 현장 대리점들의 사업 생산성을 증진시켜야 한다는 필요성을 확인하였다.

유니도는 시장 경쟁력 강화를 위해 시스템의 비효율성을 없애고자 했고, 요란한 홍보 속에서 새로운 시스템 작업에 착수했다. 결국, 이 프로젝트에 엄청난 시간과 자금을 투자하게 되었는데 사실 단일 프로젝트로서는 최대 규모의 투자였다.

포스트프로덕션 미팅 시간에, IT 부서에서는 새로운 시스템이 효과적이고 안정적인 방식으로 생산량을 최대 35%까지 증가시킬 수 있다고 자랑스럽게 공언했다. 얼마나 엄청난 성공인가! 그러나 정말로 그랬을까? 이 시스템의 최종 사용자인 영업 관리팀에서는 생산량 증대 목표치인 50%를 달성하지 못했기 때문에 시스템을 실패로 규정했다. 믿기지 않겠지만, 고위 경영진에서는 의도했던 목표 성과 50%를 IT 부서에 알려주지 않았다. 기본적으로 IT 부서는 생산 능력이 목표에 못 미치는 프로그램을 개발하는데 12개월을 들인 셈이었다. 놀랍게도 우리는 이런 종류의 이야기들을 항상 듣게 된다. 이러한 이야기들은 성과 달성에 도움이 되는 방식으로 결과를 정의하려는 의식적이고 신중한 노력이 필요함을 강조한다. R^2를 명확히 하고 전달하는 것이 전부라고도 해도 과언이 아니다.

새로운 결과를 얻으려면 언제 중요한 문화전환이 필요한가?

새로운 R^2를 달성하려면 C^2로의 문화변화가 필요하다. 원하는 성과가 실제로 R^2인 경우, 당신은 미리 그것을 결정해야 한다. 도움이 될만한 아래 네 가지 기준을 활용할 것을 제안한다.

- 어려움 Difficulty
- 방향
- 배치
- 개발

1. 어려움: 원하는 성과를 달성하기 위해 과거보다 더 많은 노력을 들여야 할 경우, 아마도 R^2를 목표로 삼게 될 텐데, 이렇게 하면 흔히 조직 문화의 적어도 일부 측면에서 상당한 전환을 해야 한다. 이렇게 어려움이 증가되는 것은 더욱 어려운 목표, 어려운 비즈니스 환경에서의 비슷한 목표, 더욱 힘든 환경에

서 더욱 어려운 목표로부터 비롯된다. 비즈니스 환경이 바뀔 때에는, 성과 개선은 고사하고 성과 유지조차 점점 더 힘들다. 다음 페이지의 목록 상자에 언급된 내용들과 같은 환경의 변화는 성과를 달성할 수 있는 조직의 역량을 약화시킬 수 있다. 원하는 성과를 R^1 혹은 R^2 중 어느 것으로 보느냐에 따라 엄청난 차이를 만들어낼 수 있다.

2. 방향: 원하는 결과가 조직의 목표에 상당한 변화가 필요하다는 신호라면, 이것도 R^2를 암시하며 주요한 문화변화가 요구됨을 의미한다. 조직의 목표 전환에는 신제품 발표, 신규 시장 또는 기존 시장 진입, 신기술 적용, 새로운 기업 매입, 새로운 전략 실행 등이 있다. 시장 기회에 빠르게 반응하면 방향에서 갑작스러운 변화를 초래할 수 있으며, 변화의 속도는 그것 자체와 그 스스로 R^1을 R^2로 바꿀 수도 있다.

3. 배치: 원하는 성과를 달성하려면 직원 혹은 다른 자원의 대규모 배치 또는 재배치가 필요한가? 그렇다면, 적어도 문화의 일부분에서 진지한 변화가 필요할 수 있다. 조직의 한 부서에서 다른 부서로, 초점의 한 영역에서 다른 초점 영역에 있는 자원의 재배치는 흔히 일을 처리하는 방법에 관한 새로운 방식의 사고를 필요로 한다. 조직에서 자산의 중요한 배치는 모험의 성공, 즉 R^2 성과 유발을 위해 사람들이 생각하고 행동하

	비즈니스 환경에서 공통적인 변화
1	지속적인 가격 압박
2	경쟁 기업과 고객 사이에서 기업 제휴
3	더욱 빠르게 성장하고 움직이는 경쟁기업들
4	가치에 대하여 더욱 집중하는 고객
5	공급 사슬의 통합
6	더 짧아지고 예측이 힘들어진 제품 수명 주기
7	기술 변화의 속도가 빠름
8	혁신의 중요성이 증가
9	증가하는 유동 노동 인력
10	새로운 작업장에 관한 이슈들과 직원들의 기대
11	글로벌화
12	마케팅과 경쟁 구도를 바꾸는 유럽 연합을 비롯한 국제 무역 공동체
13	규제 압박의 증대
14	파트너십과 제휴의 필요성 증대

조직문화가 경쟁력이다

는 방식의 변화가 대부분 항상 필요하다.

4. 개발: 원하는 성과 달성을 위해 조직이 새로운 능력 및 핵심 역량을 개발해야 하는 경우, 아마도 R^2와 부딪칠 가능성이 높다. 새로운 역량을 개발하기 위해서는 리더나 핵심 인재의 역량을 포함하는 조직 구성원의 측면에서, 혹은 시스템과 구조를 갖춘 조직의 측면에서 모두 주요 문화전환을 정당화하는

사고방식의 중대한 변화가 요구된다.

물론 이 변수 중 하나라도 있다면 원하는 성과 R^2를 검토하면서 C^1에서 C^2로의 전환이 필요하다고 제안할 수 있다. 하지만 다수의 변수가 있는 것으로 파악된다면, 원하는 결과가 확실히 R^2임을 나타낼 뿐만 아니라, 성과 달성을 위한 조직문화 변화가 반드시 필요함을 말하는 것이다.

이 시점에서는, 조직이 달성해야 하는 결과를 검토하는 것이 유용함을 알게 될 것이다. 성과가 R^1인가, 아니면 R^2인가? 먼저, 아래 표를 활용해 조직에서 달성해야 하는 상위 세 가지 결과의 목록을 작

■ **결과 평가**

		점수	R^1 또는 R^2
A			
B			
C			

(※ 페이지의 연습 구간)

■■ **조직문화**가 **경쟁력**이다

성해 보자. 이 목록은 달성해야 할 책임이 있는 세 가지 가장 중요한 결과일 것이다.

이제 아래 표 "R^2 결과 점수"를 활용해 우리 자신, 팀, 그리고 조직과 관련해서 결과의 특성을 분석해보자. 결과를 R^1으로 분류하는가? 아니면 R^2로 분류하는가?

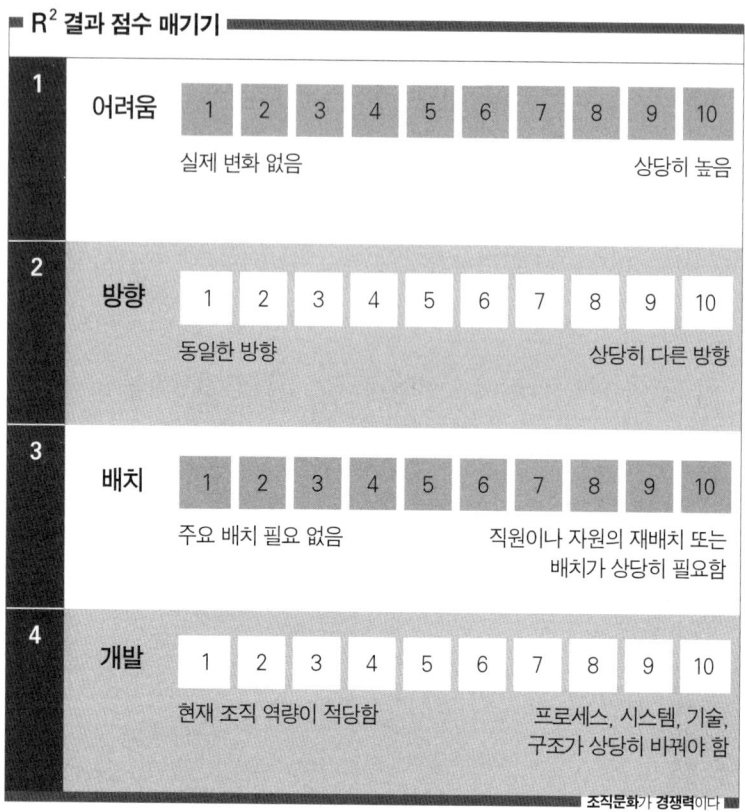

척도를 사용한 네 가지 변수를 기준으로 원하는 성과를 평가함으로써 변화의 중요도에 점수를 매겨 보자. 앞의 표 "결과 평가"에서 결과 A, B, C를 아래 네 가지 영역의 1부터 10까지 해당되는 점수에 표시한다.

아래에 제시된 표에 따라, 각 항목(어려움, 방향, 배치, 개발)에 점수를 추가하고 A, B, C 각각의 원하는 성과의 전체 점수와 함께 65페이지의 "결과 평가" 점수란에 각 성과의 전체 점수를 표시한다. 또한, 전체 점수를 토대로 결과가 R^1 또는 R^2로 분류되는지 기록한다.

점수가 28~40점이면 분명한 R^2를 나타낸다. 결과 달성을 위해서는 문화가 적극적으로 바뀌야 한다.

점수가 16~27점이면 원하는 결과가 아마도 R^2일 것임을 의미하고 필시 결과 달성을 위해 진지한 조직문화 변화 노력이 필요하다.

점수가 4~15점이면 원하는 결과가 아마도 R^1일 것임을 의미하지만 전체 조직의 중요한 전환이 아니라 단발적이고 전략적인 전환이 필요할 수도 있다.

그룹이나 팀의 피드백을 활용해 분석하는 것도 특히 유용하다는 것을 알게 되고 달성해야 하는 결과가 R^2인지, 결과 달성을 위해 상당한 조직문화 변화가 필요한 것인지 그에 대한 공통 의견을 도출할 수 있다. 다른 한 편으로는, 원하는 결과를 포함하는 조직의 도전 과제에 대해 다양한 의견을 밝힐 수도 있다. 각각의 경우, 이 지점으로의 한 방향 정렬을 이끄는 열린 토론은 성공을 보장하는 역량의 측면에서 아주 유익할 수 있다.

조직문화 변화의 가속화; 결과를 품고 시작하라

대부분의 경우, 문화변화와 관련해서 시간은 그 무엇보다 중요한 요소인데, 특히 경영진이 스스로 변화에 뒤쳐진다고 느끼며 조직문화 변화를 더 일찍 시작했어야 한다고 느낄 때 그러하다. 그렇다 하더라도, 우리가 제시한 대로 조직문화 변화를 추진할 수 있으며 R^2

에 시의 적절하게 영향을 미칠 수 있다. 성과 피라미드의 최상층을 실행하고, 문화변화를 가속시키기 위하여 R^2를 구성하는 세 가지 중요한 단계를 고려해야 한다.

1. R^2를 정의하라
2. 조직 전반에 R^2를 도입하라.
3. R^2 달성을 위한 성과책임을 구축하라.

각각의 단계에 대하여 살펴보자.

・・・
1 단계:
R^2를 정의하라

일의 결과가 나타난다는 것은, 직원들에게 행하도록 요구하는 것을 그들이 실행할 때 임을 기억하자. 따라서, 무엇을 요구할 것인지를 심사 숙고해야 한다. 가령, 〈포춘〉지 선정 500대 기업 '넷코'는 유럽 법인의 영업 이익 성과 R^2를 확정했다. 그 수치는 공격적이었고 유럽 전역의 실적 기준을 높였다. 전체 유럽 법인의 프레데릭 회장은 그룹 전체가 도달해야 하는 수치를 이해하고 각국의 총 책임자들에게 이 수치를 전달했다. 하지만 과거의 C^1 문화에 젖어있는 각국의 지사장들은, 프레데릭 회장의 유럽 법인의 수치가 아닌 각자 자국의 수치를 달성할 때에만 보상을 받는다는 사고방식을 갖고 있었다.

연말 통화 거래 예측에서 그룹의 영업 이익 부족액의 추정치가 3천만 달러로 산정되었을 때, 프레데릭 회장은 불현듯 넷코에 공동 성과책임이 충분치 못하다는 것을 깨달았다. 프레데릭 회장은 각국의 지사장들을 불러 모아 회의를 소집했고, 외국환 거래에서의 예상치 못한 손실 때문에 발생한 부족액 추정치에 대해 지사장들에게 말했다. 부족액을 채울 수 있도록 모든 프랑, 마르크, 리라, 파운드를 찾으라고 요청했을 때, 예상대로 미온적인 C^1 반응에 부딪혔다. 지사장들은 환율 문제가 개인의 책임 영역을 벗어난 것이라고 생각했다. 프레데릭 회장은 그러한 반응의 원인을 돌이켜서 생각해 보았고, 결국 자신이 R^2를 충분히 규정하지 않았기 때문에 그룹이 C^1에 그대로 정체되어 있는 것임을 깨달았다.

프레데릭 회장은 각국의 지사장들에게 차례로 요청을 하면서, 그들이 오로지 자기 개인의 성과에만 연연한다는 것을 알게 되었다. 자신의 성과에만 초점을 맞추면서 시간을 지연시키는 이러한 현상, 즉 넷코에서 "늙은 회색 여우 증후군"이라고 불리는 현상이 나타난 것이었다. 지사장들은 올해뿐만 아니라 내년에도 개별 지사의 수치에 도달할 수 있도록 교활하게 자기 지사의 수익만을 보호했다. 이것은 명백히 C^1 사고와 C^1 행동이었으며 R^2를 달성하는 방식과는 분명히 거리가 멀었다. 프레데릭 회장은 지사장들에게 지사로 돌아가서 문제에 집중하고 해결책을 찾을 수 있는지 확인하라고 요구했다.

지사장단과의 2차 미팅에서 프레데릭 회장은 돌아가며 한 사람

한 사람에게 부족액 절감을 위해 무엇을 할 수 있는지를 물었다. 충분하진 않았지만, 곧 판명되었다. 지사장들의 공동 노력은 부족액을 채우기에는 불충분했다. 프레데릭 회장은 비즈니스를 잘 알고 있었기 때문에 지사장들이 그 이상의 공헌을 할 수 있음을 알았다. 회장이 이 점을 지적하자, 지사장들은 목소리를 높였다. "제가 지금 희생을 한들, 최고 경영진에서 알아 주겠습니까? 그리고 내년에 수치를 달성하지 못하면 어떡합니까?"

R^2 자체뿐만 아니라 개인과 유럽 그룹을 위해 왜 R^2를 달성해야 하는가에 대한 난상 토론이 이어졌다. 결국, 그 팀은 전체로서의 그룹이 더 큰 조직 안에서 자원과 신용도 손실의 위험을 감수해야 한다는 현실 상황을 받아들였다. C^1의 중요한 전환 과정에서 지사장들은 부족액 극복을 위해 개인들이 이룬 공헌에 대하여 "팀 메모리"를 만들어 내기로 합의했다.

회의 중간의 짧은 휴식 이후에, 놀랍게도 그룹의 노력에 대한 공헌을 원래 반대했던 지사장 한 명이 부족분을 채우기 위해 낼 수 있는 5백만 달러를 "확인"했다고 발표했다. 다른 지사장들도 재빨리 뒤를 이었다. 마침내 그 그룹은 R^2를 수용했지만, 새로운 문화 C^2가 뿌리를 내리기 전까지는 아니었다. 이후에 R^2에 대한 공동 성과책임은 개인과 그룹 모두의 성과 달성을 위하여 주인 의식을 갖춘 자회사들 간에 전례 없는 팀워크를 이루어냈다.

일부 관리자들은 명확한 R^2 수립을 꺼리기도 하는데, 목표가 모호할 때 목표 달성을 실패하는 위험에서도 벗어날 수 있다고 생각하기 때문이다. 실제로 모호한 결과는 주로 한 방향정렬을 방해하기 때문에 실패를 낳는다. 달성하고자 하는 결과를 명확하게 공표할 때에만 성과책임과 한 방향 정렬을 확실히 만들어낼 수 있다. 조직이 초점을 잃게 되면 사람들은 곧 알아챈다. 조직의 명확한 결과가 없을 때면, 자연스레 회사가 아닌 개인의 문제만을 쫓아가게 된다. 이렇게 되면 사람들은 자신의 직업적 또는 개인적인 측면에서만 성공을 규정하고 ("내 할당만 달성하면 만사 오케이"라는 태도로) 조직의 성과 달성은 나 몰라라 하게 된다.

・・・
2 단계:
조직 전반에 R^2를 도입하라.

조직문화 변화를 추진하려면, 조직의 모든 구성원이 R^2 달성에 초점을 맞춰야 한다. 문화는 한 번에 한 사람씩 변화시키며, 이 변화의 과정은 문화를 구성하는 모든 개인이 R^2에 맞추어 조정해 가는 것에서 시작한다. 모두가 명확히 전달된 R^2를 이해할 때만이 원하는 결과 달성을 위해 생각(B^2)하고 행동(A^2)해야 하는 방식을 맞추어 한 방향으로 정렬해 갈 수 있다. 이러한 조정이 부족하면 아래의 그림에 나와 있는 대로 모든 게 어려워진다. 실행은 매끄럽게 진행되지 않고, 다양한 부서에서 선발된 팀원들은 서로 잘 어울리지 못하며, 커뮤니케이션은 효과성이 떨어지고, 원하는 성과는 달성하기가 점점 더 어려워진다.

반대로 사람들의 행동, 신념, 경험이 R^2에 맞춰 조정될 때, 조직의

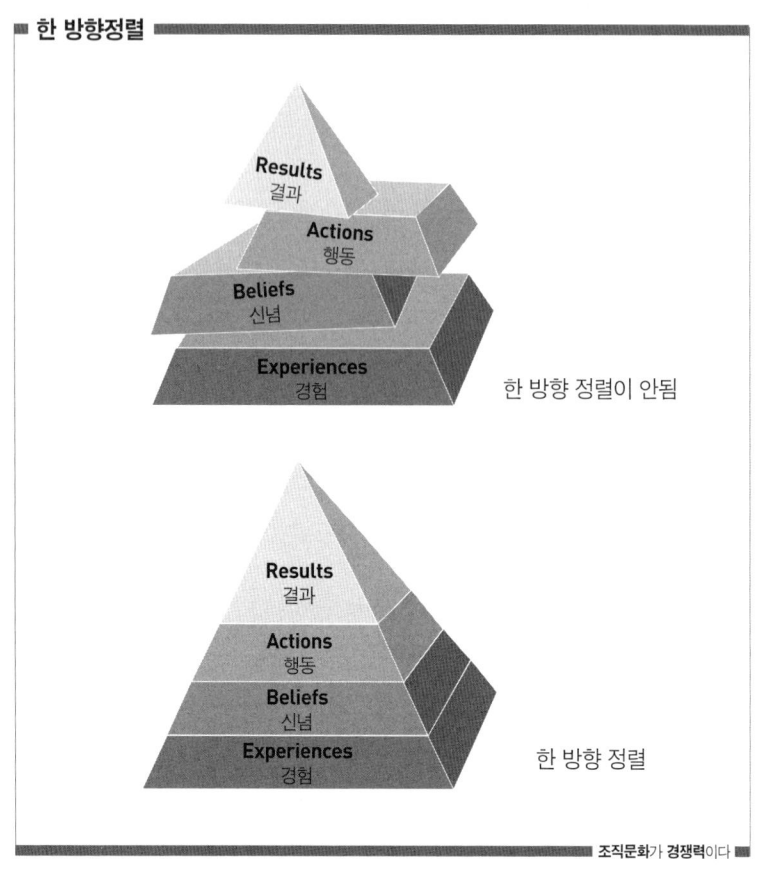

문화는 한 방향 정렬될 수 있다. 이 그림을 보면, 훨씬 강력하게 한 방향 정렬된 문화는 성과에 더욱 효과적, 효율적으로 일관되게 초점을 맞추고 있다는 것을 알 수 있다. 결과에 일관되게 초점을 맞출수록 이러한 성과를 달성하는 C^2 문화를 만들어낼 가능성이 높아진다.

유능한 리더들은 문화를 R^2에 맞추어 조정하는 방식으로 관리하며 한 방향 정렬을 계속 유지한다. 그들은 성과를 낳는 행동에 동기를 부여하는 신념을 불러일으키거나 강화하는 경험을 만드는 것에 대해 말하고 일한다. 마찬가지로, 문화에 맞추어 한 방향 정렬되지 않는 것들에 대하여 말하거나 집중하는 것을 삼가야 한다. 문화를 관리하는 것은 하나의 이벤트가 아니라 과정이다. 조직 전반에 R^2를 성공적으로 접목한 이후라도 이 과정은 결코 끝나지 않는다.

3 단계:
R^2 달성을 위한 성과책임을 구축하라

워크숍을 구성하는 과정에서 우리는 자주 참가자들에게 자신들의 직무를 정의해 보라고 요청한다. 품질 감독관, 지사장, 세금 분석가, 제조 부사장, 수석 영업 부사장과 같은 직책에 대한 장황한 설명을 언제나 듣게 된다. 이러한 대답의 문제는 사람들이 조직에서의 자리만을 확인해줄 뿐이라는 데 있으며, 사람들은 자신의 직무에 대해서도 이러한 방식으로 생각한다. 이와 같은 사고방식은

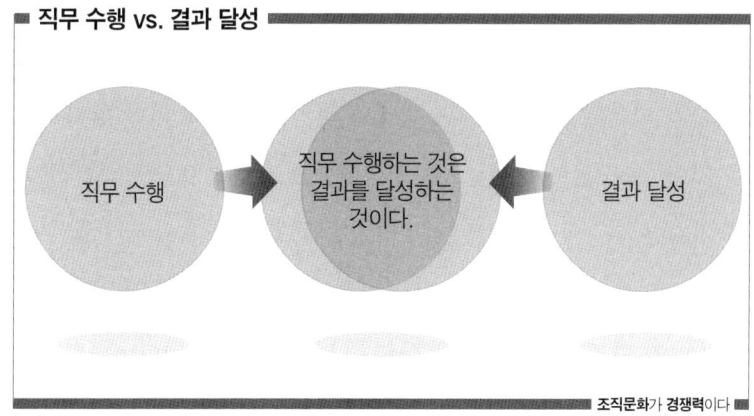

■ 직무 수행 vs. 결과 달성

직무 수행 → 직무 수행하는 것은 결과를 달성하는 것이다. ← 결과 달성

조직문화가 경쟁력이다

성과 달성에 필요한 것이 아니라 직무 수행을 강조할 뿐이다. 반대로, R^2 달성을 위한 성과책임을 효과적으로 창출해 낸다면, 사람들은 자신들의 목적과 역할을 다르게 보기 시작하고, 더 이상 단순한 직무 설명서가 아닌 달성해야 하는 결과의 측면에서 자신들의 직무를 정의한다.

위 그림에서 보는 바와 같이 직무수행과 결과 달성의 간격을 메우는 것은 R^2를 조직 내 모든 구성원의 핵심적인 직무로 만드는 데 있어서 매우 중요하다.

R^2 달성을 위한 성과책임을 구축하는 과정

R^1 달성을 위한 성과책임을 모르고서 R^2 달성을 위한 성과책임을 만들 수는 없다. 결국, R^1은 조직 구성원의 집단적인 경험, 신념, 행동에서 비롯된다. 좋건 나쁘건 간에, R^1 달성을 위한 성과책임을 받아들이는 것은 R^2 달성을 위한 성과책임을 만드는 데 중요한 단계다. 당신의 R^1 성과와 R^1 성과 달성을 위해 했던 것과 하지 못했던 것을 연결하는 능력은, 앞으로 발생할 전환shifts에 집중할 필요가 있는 주인 의식의 기초가 된다. 현재와 과거의 결과에 대한 성과책임을 기대하는 것은 회사의 모든 구성원에게 강력하고 긍정적인 경험을 가져다 주는데, 그 이유는 "우리가 처한 현재의 위치에 대해 우리 스스로가 책임지고 있다면, 우리가 가고자 하는 곳에도 자발적인 책임을 질 수 있다."는 생각을 한층 강화시키기 때문이다.

개인과 조직의 이러한 성과책임 수준은 조직문화 변화의 노력을 성공시키거나 무산시킬 수도 있는 중요한 기초가 된다. 비로서 그 때 리더십은 모든 구성원이 R^2를 확인하고 자신의 것으로 인정하게 할 수 있다. 성과책임을 만들어내는 것은 변화의 노력을 기울이는 동안 기본 원칙을 재설정한다. 더 이상 사람들은 립 서비스에만 그치지 않고, 변화는 나 빼고 다른 모든 사람들에게만 해당되는 것처럼 행동하면서 변화의 필요성을 표면적으로만 수용하지 않는다. 책임을 외부로 돌리지 않으며 대신에 경쟁에서 이기려면 변화의 필요성을 내면화하며, C^2 문화를 조성하고 R^2 성과를 달성하기 위해 "내가 더 할 수 있는 것은 무엇일까?"라고 자문할 때 경쟁에서 이길 수 있다는 사실을 받아들인다.

행동 레벨에서의 R^2

심혈관 기술개발 분야 최고의 기업인 CPI Cardiac Pacemakers Inc에서 강력한 R^2 성과를 통해 어떤 일이 벌어졌는지 살펴보자. CPI는 세계 최고의 제약 회사에 인수 합병된 직후 제이 그라프가 사장으로 취임했고, 그는 CPI 조직문화 변화를 위해 우리에게 도움을 요청했다. 첫 번째 미팅에서 제이 그라프 사장은 CPI를 "꽁꽁 언 도로를 시속 150 킬로미터로 달리며 절벽을 향해 돌진하는" 조직이라고 표현했다. 회사의 매출은 기록적으로 증가했고 매달 실적 기록을 갈아치우며 계속되는 시장에서의 승리에 도취되어 있었다. 그러나 이러한 성공이 무색하게도, 업계의 강력한 두 경쟁사가 2년 후 CPI의 판매 1위 제품의 특허가 만료되는 시기보다 앞서서, CPI

를 뛰어넘을 수 있는 기술 공개를 준비하고 있다는 사실을 CPI 직원들은 모르고 있다는 것이 문제였다. 신제품 출시 없이는 CPI의 매출은 절벽으로 떨어지고 말 것이었다. CPI가 획득한 기술은 성장의 연료가 되었지만, 정작 회사의 제품 개발 파이프라인은 텅 비어있는 셈이었다.

이런 상황에서 제이 사장은 무엇을 해야 했을까? 곧 있을 인수 합병의 기회는 이익을 보장해 주지 못했다. 다음 신제품에 적용된 신기술의 특허를 라이센싱 하겠다던 희망은, 제이 회장이 묘사한 대로 "다음 번에는 인수가 잘 될 것 같다는 마약 주사"와도 같았다. 회사 내부에서의 신제품 개발 전망도 흐렸다. CPI는 수년간 주요 신제품을 생산하지 못했고, 제이의 참모들은 CPI가 신제품을 개발할 역량이 없다고 생각했다. 회사의 제품 개발 공정은 계속해서 매달 3주씩 뒤로 밀렸고, 제이 사장에 의하면 이것은 "매년 실제로 일을 진행한 기간이 12주에 불과함을 의미"하는 것이었다. 그는 말을 이었다. "우리는 4보 전진을 위해 3보 후퇴를 했다."

제이 사장은 정기적인 일류 제품 개발 공정을 구축하기 위해 고된 작업을 수행하는 것이 회사를 분명히 살려낼 것이라고 믿었다. CPI에 팽배했던 신념을 고려할 때, 회사의 상황을 호전시키기 위해서는 상당한 조직문화 전환이 필요했다. 조직문화 변화 없이는 R^2 달성을 바랄 수 없었다. 시간이 흘러가면서 CPI는 필사적으로 문화전환을 추진할 필요가 있었다.

우리가 제이 사장의 팀과 함께 일하는 동안, 그들은 분명하고 설득력 있는 방법으로 조직 전면에 R^1과 R^2 성과 모두를 배치할 필요성을 깨닫기 시작했다. 이사회부터 일선의 조립 라인 근로자까지 모두가 R^1의 현재 상황을 인식했다. 제품 개발 부서가 자체적으로 신제품을 개발하지 못했기 때문에, 수년 동안 실적은 형편 없었고, 사람들은 자신감을 잃어가고 있었다.

계속되는 타운 홀 미팅과 공식적인 교육 세션을 통해, 제이와 그의 팀은 R^1에서 R^2로의 전환이 어떠한 것인지를 설명했다. 조직 내에서의 대화를 통해, 시장 판도를 바꾸어야 한다는 필요성을 사람들은 수긍하기는 했지만, 제이 사장이 구상하는 신제품 개발을 뒷받침할 조직의 역량에 대해 많은 사람들이 회의적이었다. 역사는 비관주의 편이었다. 이러한 상황에도 불구하고, 제이와 그의 팀은 성과 피라미드의 최상층을 활용할 뿐 아니라 앞서 제시한 R^2 성과를 구성하는 세 단계를 적용함으로써 조직문화 변화의 노력을 실천했다.

1. R^2를 정의하라
2. 조직 전반에 R^2를 도입하라.
3. R^2 달성을 위한 성과책임을 구축하라.

아래 그림은 제이와 그의 팀이 R^1에서 R^2 성과로의 전환을 어떻게 설명했는지를 보여준다. 효과가 없는 일과, 문제 해결을 위해 해야 할 일들에 대한 성과책임을 사람들이 받아들이기 시작함으로써, 조직 내에서의 지속적인 대화는 성과가 있는 것으로 입증됐다.

■ CPI 에서 사업 성과 전환

R^1 결과		R^2 결과
시장 상실	TO	시장 주도
신제품 거의 없음	TO	다수의 신제품
매입한 기술에 의존	TO	제품 개발에 의존
일정 상실	TO	일정 달성 / 준수
개발 주기 4년	TO	개발 주기 18개월

R^2를 달성하겠다는 결심을 토대로 한, 경영진의 인식이 매우 중요했다. 경영진은 R^1을 양산했던 성과책임을 받아들였다. 경영진이 앞장서자, 회사의 나머지 직원들도 활동에 참가할 수 있는 권한을 부여 받았다고 느꼈다.

조직이 반드시 이루어야 하는 R^1에서 R^2 성과로의 전환을 설명하는 것은 CPI에 필요했던 전환보다 급진성, 포괄성이 낮은 경우에도, 모든 사람이 전환 이행의 본질을 이해하는 데 도움을 준다.

필요한 성과 전환을 도표로 만들어 놓게 되면, R^2 달성을 위해서 사람들이 생각하고 행동하는 방식을 전환해야 한다는 것이 명백해진다. 본 장의 앞 부분에서 완성한 바 있는, 조직이 달성하기 원하는 성과의 분석을 통해서, 조직이 이루어내야 하는 성과 전환을 설명할 수도 있다. R^1 성과와 조직의 성공에 반드시 필요한 R^2로의 전환의 목록을 만들어 보자.

조직에서 R^1에서 R^2로의 전환이 설득력이 있는가?

■ **성과 전환 확인** ■

	R^1 결과	R^2 결과
A		TO
B		TO
C		TO

조직문화가 **경쟁력**이다

결과를 전환시키기 위해 어떤 대가를 치러야 할지를 고민하노라면, 불안감이 생기는가?

당신은 CPI가 어떠한 성과를 달성했는지 궁금할 것이다. 그들은 R^2를 달성했을까? 그렇다. 그 이상을 달성했다. CPI는 월가에서 가장 성공적인 기업 분할 사례 중 하나로 여겨지는 가이던트에서 성공의 주요 견인차가 되었다. CPI는 이제 보스턴 사이언티픽 심장박동 관리그룹의 일원이다.

CPI는 업계 다른 회사들이 "새로운 제품 개발 기계"라고 부르는 것을 만들어 내어, 14개월 동안 자그마치 14개의 신제품을 생산해 냈다. CPI의 연간 매출은 두 배로 상승했으며, 주가는 9배나 뛰었다. CPI는 수많은 제품 라인에서 전 세계 시장을 주도하는 기업이 되었다.

문화의 전환 속도 덕분에 CPI의 경쟁력이 현저하게 높아졌고, 본질적으로 CPI 자체뿐 아니라 업계 다른 기업들과의 시장 판도가 달라졌다. R^1에서 R^2 결과로의 전환을 분명히 정했기 때문에 경영진은 조직문화 변화의 속도를 높일 수 있었고, 그에 따른 성과의 속도도 높일 수 있었다.

조직문화 변화를 실행하라

우리는 성과 피라미드를 활용하고 구축해서 조직 문화의 변화를 추진하는 방법을 제시하고자 한다. 조직문화 변화를 추진시키기 위한 리더십 역량을 개발하는 것은, 오늘날 모든 리더에게 필요한 능력이다. R^2를 양산하도록 조직 문화를 최적화하는 방법을 알고 있는 리더가 있는 조직은, 다른 기업들이 엄두도 내지 못하는 경쟁력을 만들어낸다. 문화가 성과를 낳고, 제대로 된 문화가 제대로 된 성과를 낳는다는 사실은, 매우 설득력 있는 증거로 입증되었다.

반복해서 말하지만, 문화가 성과를 낳는다. 성과에 변화가 필요하다면, 문화가 변해야 한다. 문화는 항상 그 힘을 발휘하고 있으며 당신에게 득이 될 수도, 해가 될 수도 있다. 현명한 리더들은 *우리가 문화를 바꿀 수도 있고 역으로 문화가 우리를 바꿀 수도 있다는* 사실을 잘 안다. R^2를 규정하고 제대로 실행할 때, 문화(사람들이 생각하고 행동하는 방식)에서 무엇이 바뀌어야 하는지에 관한 논의가 이루어진다. 모든 구성원이 R^2에 맞추어 조정해 나가는 것은 쉽게 이루어지지 않는다. 여기에는 대화, 참여, 논쟁, 리더십이 필요하다. 하지만 모두가 R^2에 투자할 때, 필요한 문화전환 추진을 향해 전진하게 된다. 다음 장에서는 실행을 중단, 시작, 지속해야 하는 행동을 살펴봄으로써 조직문화 변화를 순조롭게 추진하는 방법을 제시할 것이다.

■ 3장 ■
원하는 결과를 창출하는 행동을 하라

2,500년 전, 그리스 철학자 헤라클레이토스는 "같은 강물에 두 번 발을 담글 수 없다."라고 하면서 변화라는 주제에 지혜롭게 접근했는데 마치 오늘날의 끊임없이 진화하는 세계를 예견한 듯 하다. 그 어느 때보다, 리더와 관리자들은 오늘날의 비즈니스 환경에서 끊임없는 변화에 대처해야 한다는 압박에 시달린다. 변화는 일시적인 경감 없이 계속해서 완전한 효력을 발휘하기 때문에, 사람들과 조직의 문화가 비즈니스 성과를 내는 방식으로 변화에 반응하는 법을 습득하는 것이 반드시 필요하다.

'변화'라는 단어는 "다르게 만들거나 다르게 되는 것"을 의미한다. 문화변화에 있어서는, 조직의 모든 구성원이 매일 다르게 행동하고 A^2 행동을 취할 수 있도록 해야 한다. 사람들이 그저 다르게 행동하도록 만드는 것에 그치지 않고 R^2 성과를 도출하기 위해, 적절한 시기에 적절한 일을 하도록 만드는 것이 관건이다. 변화의 목표, 방향, 초점이 없이 성공적인 조직문화 전환을 이뤄낼 수는 없다.

조직문화 전환의 시기에 나타나야 하는 행동에서 가장 중요한 한 가지 변화는, 자신의 일에 책임을 갖는 성과책임을 더 크게 공유하는 것으로의 전환이다. 오늘날 기업들이 성과책임의 위기를 겪고 있다. 위기에 대처하기 위해서 리더와 관리자들은 너무나 자주 자신의 지위와 임무의 권위에 의지하여 구성원들이 성과책임에 자발적인 참여보다는 단지 성과책임을 기대하기만 한다.

모든 조직에서 프로세스와 시스템의 근본이 되는 성과책임은 모든 업무 관계의 기초를 결정한다. 이것은 조직 전반에 걸쳐 기능하는 "신경 중추"이며 모든 것이 매끄럽고 효과적으로 작동하도록 만든다. 하지만 너무 많은 리더와 관리자들이 낡은 지휘 통제 구조와 방법론은 그대로 두고 그 위에 성과책임 체계를 쌓아 올린다. 이들은 순진하게도, 조직 내에서 성과책임이 추진되기를 기대하면서도 정작 사람들이 스스로 동기부여가 되어 몰입한다고 느끼기 보다는 심한 공격에 상처를 입고 있다고 느낀다는 사실은 무시한다.

오늘날 비즈니스 환경의 변화와 정보 전달은 너무 빨리 진행되기 때문에 응답형responsive 체계를 구축하여 사람들이 권한을 위임 받아 상황을 앞서서 주도하며, 신속 정확하고 지략 있으면서도 창조적이 되도록 이끌어갈 필요가 있다. 성과책임은 조직의 실적을 최적화할 때 가장 쉽게 달성할 수 있는 열매다. 직원들을 성과 달성에 완전히 몰입하게 하는 것은 조직문화 변화 추진의 핵심 요소다. 그렇다! 당신은 문화를 신속하게 바꿀 순 있다. 하지만 "당신이 그밖에 무엇을 할 수 있어?" 혹은 "다른 누굴 비난할까?"와 같은 말을 하면서 외부로 초점을 돌리는 습관을 버리기 전까지는, 조직문화 변화의 속도를 낼 수 없다. 조직문화 변화의 속도를 높이는 것은 모든 이들에게 변화의 필요성을 내면화하도록 하고 "A^2 행동과 더 일치하는 행동을 보여주려면 내가 무엇을 더 할 수 있을까?"라고 하거나 "R^2 성과 달성을 위해 내가 무엇을 더 할 수 있을까?"라고 묻는 것을 의미한다. 직원들이 노력을 집중하는 센스와 주인 의식으로 온전히 참여하도록 돕는 것은 문화전환 추진에 있어서 대단히 중요하다. 문화는 한번에 한 사람을 변화시킨다는 사실을 명심하자. 전체 조직의 직원들이 개인적으로 실천해야 하는 변화를 인정하고 책임을 가질 때 실제로 변화가 이뤄지기 시작한다. 그것도 빠르게!

성과책임은 다른 기술과 마찬가지로 개발할 수 있는 기술이며 획득하고 연마하기 어려운 기술은 아니지만, 높은 수준의 의식적인 노력이 요구된다. 상위단계로 상자 밖에 머물려는 의지가 필요하다. 당신은 성과책임이 제대로 실행될 때, 그것이 구성원들의 의욕을 진작시킬 수 있는 가장 빠른 방법이라는 걸 알게 될 것이다.

컨퍼런스보드의 미국 근로자 조사에 따르면 미국 근로자의 절반 이상이 전혀 일에 몰두하지 않고 있다고 느낀다고 한다. 이 조사 결과에 의하면 직무 만족도가 45%라고 하는데 1987년 이후 가장 낮은 수치다. 게다가 25세 이하의 직원 64%가 본인의 직무가 불만이라고 대답했다. 조직의 성과에 집중하고 성과에 대해 주인 의식을 갖도록 자신의 업무에 몰입할 수 있게 한다면 이 수치는 반전될 수 있다. 이것이 바로 성과책임이라는 것이다. 그리고 사람들에게 주인 의식을 갖도록 하는 것이 조직문화 전환에 공을 들이는 조직이 할 수 있는 가장 중요한 A^1에서 A^2 행동으로의 전환이 되는 이유다.

더 큰 성과책임을 감당하는 것으로의 전환은 어떻게 보이는가? 2장에서 소개했던 "옵토매트릭스"가 좋은 예이다. "주디"와 그의 매장 팀은 계획을 상실한 상태였었다. 그에 대한 해답으로 "매장에서 계획을 찾을 수 있다"는 말을 들었는데, 매장을 방문하는 고객들을 대상으로 더 많은 노력을 하면 원하는 매출을 달성할 수 있다는 단순한 의미였다. 하지만 성과는 신통치 않았고 주디는 매장 관리자로부터 심한 피드백을 듣고 심층적인 자가 분석을 하였다. 결국 주디는 행동 (A^1)으로부터 행동 (A^2)로 초점을 전환함으로써, 계획 실행의 실패를 변명하는 행동에서 벗어나 "고객들은 필요한 것을 찾기 전에는 매장을 나가는 법이 없다"는 강령으로 구체화된 행동을 하도록 변화시켰다.

매장 동료들에게 고객들이 물건은 안 사고 그냥 나가는 이유를 물었을 때, 주디는 직원들이 고객들을 떠나게 하는 이유가 일상적인 저항 "그냥 보려고요," "너무 비싸서요," "집에 처방전을 두고 나왔네요," "시력 검사를 못 받아서요." 등과 같은 흔한 핑계에 충분히 대처할 만큼 고객을 정성으로 대하지 않았기 때문이라는 사실을 알게 되었다.

새로운 성과책임을 구축하고 성과 달성을 약속한 후에, 주디는 사람들이 A^1에서 A^2로 취했던 행동에 초점을 다시 맞췄다. "사람들이 우리 고객이 되도록 하기 위해서 우리가 더 잘할 수 있었던 것은 무엇이었는가?"라는 질문에 동료들이 개인적으로 반응하도록 하였다. 동료들의 생각에 더 많은 자극을 주기 위해서 주디는 간단한 질문들을 하기 시작했다. 고객이 "그냥 구경하는 거예요."라고 말할 때 제품이나 매장 배치를 보여주겠다고 고집을 피우는지, 아니면 "그러세요. 필요한 게 있으실지 모르니 저는 이쪽에 있을게요."라고 말하는지, 사람들이 우리에게 "너무 비싸요."라고 말할 때 더 싼 가격의 동일한 제품이나 서비스를 어디에서 찾았는지, 아니면 왜 가격이 너무 비싸다고 생각하세요? 라고 물어보는 것인지, 또 어떤 사람이 "집에 처방전을 두고 왔어요."라고 얘기할 때, "걱정하실 것 없어요. 병원에 전화해서 다시 받아드릴 수 있습니다."라고 대답하는지, 누군가 "시력 검사를 받지 못해서요."라고 말하면, 즉시 시력 검사를 받을 수 있는 이웃의 안과를 추천하는지 등의 간단한 질문들이었다. 그러나 이러한 질문에 대한 대답으로 보아, 아무도 이런 일을 하지 않는다는 결론을 내릴 수 있었다. 그들의 A^1 행동은 R^2 성과를 낼 수가 없었다.

A^2로의 전환에 초점을 맞춘 주디와 그의 동료들은 '직시하라', '인정하라', '해결하라', '행동하라'와 관련해서 다른 무엇을 할 수 있는지를 질문해서 더 큰 성과책임을 받아들이기 시작했다. 그들은 고객에게 제대로 된 질문을 하고, 고객의 안과 의사에게 전화해서 처방전

을 요청하며, 현장에서 시력 검사를 받도록 권해서 예약 없이 찾아오는 손님을 고객으로 바꾸는데 초점을 맞추기 시작했다. 그들이 매장의 성과에 대해 더 큰 성과책임을 가질 때, 주디의 팀은 매장에 동행한 고객의 친구들도 끌어들이기 시작했다. 성과는 어땠을까? 4분기는 계획을 초과했다. 실제로 그들은 더 큰 성과책임을 받아들임으로써 "매장에서 계획을 찾았다." A^1에서 A^2로의 전환에 가장 중요한 이 같은 성과책임을 만들지 않는다면, C^2 문화를 만드는 것이 더욱 어려워질 뿐만 아니라 원하는 만큼 신속하게 바꿀 수 없다.

A^1에서 A^2 행동으로의 성과책임 전환을 설명하는 일반적인 방법의 예시가 아래에 나와 있다.

■ 성과책임의 전환: A^1 행동에서 A^2 행동으로

A^1 행동		A^2 행동
사람들이 변화의 필요성을 외부로 돌린다.	TO	사람들이 변화의 필요성을 자기 것으로 한다.
무엇을 해야 할 지에 대한 지시를 기다린다.	TO	해야 할 일을 찾는데 주도적이다.
행동으로 옮기지 못하는 이유를 하위단계, 상자 안에서 변명을 습관처럼 늘어놓는다.	TO	변명하지 않고, "내가 무엇을 더 할 수 있을까?"라고 묻기 시작한다.
참여하지 않고 충분한 주인 의식을 보이지 않는다.	TO	일이 진행되도록 개인적으로 열성을 다한다.
문제를 파악하는 데에 초점을 맞춘다.	TO	해결책을 찾는 데에 초점을 맞춘다.

분명히 짚고 넘어갈 점은, 문화를 바꿀 때 얼마나 많은 방법으로 하느냐는 중요하지 않다는 것이다. 사람들이 성과책임을 받아들이는 방식을 바꾸지 않으면, 정작 바꿔야 할 필요가 있는 변화를 만들어내지 못한다. 의심의 여지 없이 성과책임은 조직문화 변화의 추진에 있어서 가장 기본적인 구성 요소가 된다.

변화의 세 단계

간단한 모델을 활용해 조직의 세 가지 다른 변화의 단계를 제시하고자 한다. 입력/출력 변화 모델에서 변화의 추동력(입력)은 세 가지 종류의 변화 즉 임시적, 과도적, 변혁적 변화가 일어난다.

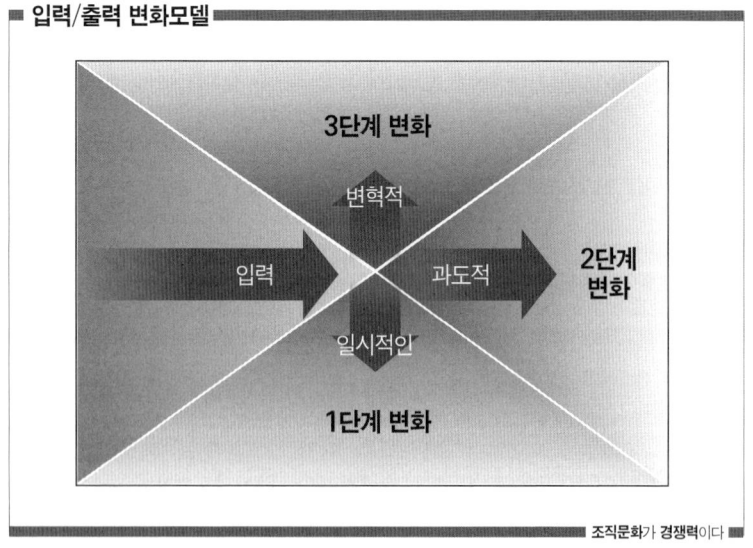

1단계 변화는 일시적인 변화 단계이며, 기존의 패턴에 소규모의 점증적인 수정을 가하지만 오랜 시간 동안 패턴을 유지하지는 못한다. 가령, 교육 워크숍에서 새로운 기술을 습득한 다음에 한동안 실행을 해보다가 이러저러한 이유로 머지않아 포기할 수도 있다. 주요 고객사의 어떤 고위 간부는 워크숍에서 자신이 함께 일하는 사람들로부터 피드백을 받는 기술을 배워서, 그것을 곧바로 활용하였다. 주변의 모든 사람들은 그러한 대화가 이뤄질 수 있고, 고위 간부가 자신의 견해에 관심을 갖는다는 사실에 기뻐했다. 하지만 몇 주가 지나서 그 간부는 그러한 변화를 중단했다. 우리가 이유를 물어도 마땅한 이유를 대지 못했다. 그는 그저 중단한 것이었다.

2단계 변화는 과도적 변화로 기존의 패턴에 소규모의 점증하는 변화를 만들어내고 오랜 시간 동안 지속적으로 이 변화를 적용한다. 한 병원에서 이러한 단계가 일어나는 것을 확인했는데 이 병원은 사람들의 교대 근무 방식에서 변화가 필요했다. 과거에 이 조직의 A^1 행동에서는 월요일부터 금요일, 9시부터 5시까지의 평일 근무 시간대에 대부분 제기되는 문제들을 처리하는 것이 강조되었다. 이제는 환자 케어 시스템을 24시간 상시제로 개선하겠다는 목표를 갖고, "우선 시간대"를 다른 시간대보다 우위에 두지 않고, 서비스 품질에 초점을 맞추는 전환이 필요했다. 품질 강조로의 전환으로 인해 조직의 주요 문화를 뜯어 고치려 하지는 않았지만, 직원들이 고객의 니즈와 관련해서 생각하고 행동하는 방식의 중요한 변화가 수반되어야 했다. 과도적이라는 단어는, 변화라는 것이 일이 처리되는 방식의 근본적인 변화라기 보다는 정도의 문제라는 것을 의미한다.

3단계 변화는 변혁적인transformational 변화이며 사람들이 생각하고 행동하는 방식의 상당한 전환을 필요로 한다. 이러한 변화에는 새로운 패턴의 사고와 행동이 전적으로 요구되기 때문에, 1단계 변화나 2단계 변화보다 더 험난한 도전 과제가 기다리고 있다. 옵토매트릭스 직원들은 3단계 변화가 필요했다. 가장 많은 잠재적 보상을 주고 제대로 시행됐을 때 실적에서 크게 차이가 나게 되는 단계다. 2단계 변화를 적용했던 병원의 경우, 24시간 수준 높은 케어 서비스 제공을 위한 A^2로의 전환은 3단계 변화도 적절할 수 있었겠지만, 어려운 정도와 전환의 실제적인 중요성에 따라 적용 단계는 달라질 수 있는 것이다.

대부분의 경우, 사람들이 생각하고 행동하는 방식에서 3단계 변화를 수 차례 적용하지 않고서는 전체 규모의 문화전환을 완성시킬 수 없다.

모든 행동에는 보상이 있다, A^1 행동조차도

이따금 A^1 행동은 도저히 이해되지 않고, 극단적으로 비생산적이며 심지어 비논리적으로 보이기까지 한다. 대개 조직의 모든 구성원은 이러한 행동에 변화가 필요하다는 것을 알고 있다. 지난 20년 동안 수천 명의 사람을 인터뷰하고 조사하면서, 조직에서 일하는 방식의 효과성과 비효과성에 대해 사람들이 눈 하나 깜짝하지 않고 설명하는 것을 들었다. 성과를 방해하는 사람들의 업무와 업적을 달성하는 사람들의 업무를 그들은 별다른 어려움 없이 꽤 자세하게 설명한다. 이 조직의 리더들은 때때로 다음과 같이 질문한다. 더욱 효과적인 업무 처리를 위해서 다른 방식으로 일해야 한다는 것을 직원들이 잘 안다면, 왜 그렇게 하지 않는 것일까요? 이러한 모순을 어떻게 설명해야 하나요?"

사람들이 지금 그것을 왜 하는지를 이해하는 것은, A^2로의 전환 추진 과정에서 중요한 부분이다. 수 년 전에, 지역 육아 단체의 한 경험 많은 강사는 학생들에게 이렇게 말하며 수업을 시작했다. "이 수업 시간에 기억해야 할 것이 한 가지 있다면 바로 이것입니다. '모든 행동에는 그에 따른 보상이 있다' 입니다." 수년이 지나고 우리는 이 말을 곰곰이 생각하고 다양한 상황에서 적용했다. 이 말은 우리와 함께 통찰력을 공유한 모든 사람에게 전파됐다. 실제로 고객에게 컨설팅을 제공하고 사람들이 이 말에 담긴 원칙은, 지금 하고 있는 걸 하는 이유에 관한 질문에 답할 때 가치를 발하는 것으로 입증되었다. 사람들이 왜 특정한 방식으로 행동하는 지를 설명하려면, 그들이 자신의 행동에 대한 결과가 긍정적인 혹은 부정적인 결과를 초래할지에 대하여 어떠한 신념을 갖고 있는지를 알아야 한다. 사람들이 왜 무슨 일을 하는지를 이해하고자 한다면 그 사람의 신념 즉, 그것을 하거나 하지 않았을 때의 결과로 무슨 일이 발생한다고 생각하는지를 알아야 하는 것이다.

이러한 통찰은 몇 년 전 산속 오두막에서 휴가를 보내고 있었을 때

불현듯 떠올랐다. 오두막에 도착해서는 모두가 다이아몬드 게임에 열중해 있었는데, 알다시피 이 게임의 승자는 구슬 열 개 모두를 시작 위치에서 보드의 반대편으로 제일 먼저 옮긴 사람이다. 그날은 어른 네 명과 필자의 열 살 먹은 아들이 게임을 했다. 게임은 한 시간도 넘게 즐겁게 이뤄졌다. 그 때, 필자의 어린 아들이 아무도 예상하지 못한 행동을 하여 모두를 놀라게 했다. 그 아이는 몇 수에 걸쳐서 모든 게임 참여자들의 최종 위치에 자기 구슬 하나씩을 심어 넣는 것이었다. 모두가 어이없이 바라만 봤다. 불과 몇 수를 놓지도 못했는데, 그 아이 때문에 게임이 더 이상 진행되는 건 불가능해졌다.

　나무라는 투로 아이의 아버지는 아이에게 구슬을 모으라고 시키고는 게임에서 아예 빼버렸다. 어른들이 게임을 끝낸 후에, 아버지는 아들에게 왜 그런 행동을 했느냐고 물었다. 아들은 한 번에 몇 개의 구슬을 점프해서 보드판을 전진했던 초반에는 재미있었다고 말했다. 그렇게 했을 때 모두가 우와! 아! 하면서 칭찬했다. 하지만 게임이 진행될수록 만족스러운 점프를 하기가 점점 더 어려워져서 흥미를 잃은 나머지 결국 아무도 이기지 못하도록 만들어 버렸다는 것이다. 얼마나 영리한 아이인가! 이야기를 듣다가 불현듯, 그 아이는 이기기 위해서 게임하기를 중단하고 지지 않으려고 게임하기를 시작하였고, 그로 인해 게임 양상이 완전히 바뀌었다는 것이 분명히 깨달아졌다. 그 아이는 아무도 게임에서 이기지 못하도록 막는 방식으로 구슬을 놓는다면 절대로 지지 않으리라는 신념을 갖고 있었던 것이다.

비즈니스에서도 이런 일이 항상 일어난다. 조직의 과도기에 직위의 고하를 막론한 모든 직원들이 이기기 위한 게임을 하기보다는 지지 않기 위해 게임을 하는 것을 흔히 볼 수 있다. A^2의 성공적인 실행 과정에서 필연적인 개인의 리스크를 알아채면, 사람들은 C^2를 조성하는 것 보다 자기 보호를 훨씬 더 걱정하게 되고 방어적인 행동을 하게 된다. 다시 말해, 성과책임의 기초를 쌓고 이 책에서 제시하는 문화 전환을 관리하는 것과 관련된 역량을 효과적으로 발휘하는 것은, 사람들의 이와 같은 방어적인 행동을 점검하고 이기기 위한 게임을 하도록 만드는 데에 도움을 줄 것이다.

조직의 문화는 직원들이 어떻게 행동해야 할 지에 대한 신호를 보내며, 직원들은 그 모든 신호에 주목한다는 것을 유능한 관리자들은 알고 있다. 관리자들은 행동(집중된 행동, 적시에 해야 할 일을 하는 종류의 행동)이 결과를 만든다는 것을 이해한다. 행동에 주목하지 않고서 조직 문화에 주목할 수는 없다. 한편 사람들이 자신의 행동을 정당화하려고 할 때, 사람들의 존재방식 즉 사람들이 가진 신념과 사람들이 인용하는 경험에 따라 행동이 영향을 받는다는 것을 이해해야 한다.

동작을 구별하라

어니스트 헤밍웨이는 한때 "동작을 행동으로 오해하지 마라."라고 했다. 그저 동작만으로는 아무것도 성취할 수 없고 행동보다 훨씬 소모적이라는 말이다. 결과 달성 없이 확대된 에너지는 감정적,

육체적으로 당신을 지치게 한다. 조직문화 변화와 관련해서, 많은 조직들이 단지 동작만 하다가 실제적인 변화와 발전을 만들어내지 못하고 시간을 낭비하는 것을 너무나 많이 보아왔다.

조직문화 변화 촉진과 관련해서 흔히 의도한 영향력을 얻는 데에 실패하는 공통적인 사례들을 리스트로 엮어 보았다. 이 중에서 경험해 본 것이 하나라도 있는지 체크해 보기 바란다.

비효과적인 변화 관행 7가지
1. 기업 가치 강령을 배포한다
2. 구조 조정 또는 구조 개편한다
3. 어떤 사람을 채용하거나 해고한다
4. 보상 체계를 변경한다
5. 팀을 구성하고 문화로부터 팀을 분리한다
6. 누군가를 승진 시킨다
7. 방침을 다시 고친다

이러한 관행들은 따로 분리되어 활용될 경우, 문화를 전환하고 사람들의 행동 변화를 유도함으로써 목표 성과를 창출하는 데에 종종 실패한다. 영향력이 적은 노력을 기울이느라 동작만 요란한 경우, 에너지와 시간을 엉뚱한 곳에 낭비하게 하며 목표에서 벗어나게 만들고 결국 실망을 안겨 준다.

사람들이 제대로 된 A^2 행동을 취하도록 영향을 미치지 않는다면, 효과적으로 신속하게 조직 문화를 변화시킬 수 없다. 사람들의 행동이 변화되기를 바란다는 의사 표명만 하고는 뒤로 물러나 앉아 행동이 변화되기를 기대할 수는 없는 것이다. 이는 마치, 10대 아이들에게 태도를 바꾸고 행동을 다르게 하라고 말만 하는 것과 다를 바 없다. 효과를 가져오는 기회란 무엇일까? 위에서 제시한, 조직이 흔히 사용하는 일반적인 관행으로는 사람들의 새로운 사고방식을 자극함으로써 일어나는 변화를 이끌어낼 수 없다. 수많은 리더들이 과거의 실적을 단순히 반복하기만 함으로써, 구조 조정으로 실망하면서 끝맺지 않았는가? 조직의 "새로운 피"가 순식간에 기존 문화에 동화되어 버림으로써, 조직 문화를 변화시키기는커녕 오히려 조직 문화가 그들을 바꾼 경우는 또 얼마나 많은가? 우리의 경험에 비추어 볼 때, 리더들은 조직원의 자리를 바꿀 수는 있지만 그들이 생각하는 방식을 바꾸지는 못한다. 위 리스트에 열거된 기존의 관행들을 적용한다면, 활동을 이끌어 낼 수는 있겠지만 성과를 만들어 내지는 못한다. 우리가 원하는 것은, 이러한 기존 관행들을 활용하는 것이 아니라 사람들이 행동하는 방식에 근본적인 차이를 만들어 내는 방법론을 적용하는 것이다. 이것은 바로 행동 A^1에서 A^2 분석으로 시작한다.

중단, 시작, 지속

사람들의 행동 방식이 변화되도록 하려면 사람들이 그만해야 할 일, 시작해야 할 일, 지속해야 할 일을 분명히 이해하는 것이 필요하

중단/시작/지속: 숍라이트의 분석

R^2 결과

매장의 판매 예산과 지역의 판매 예산에 도달하기 위하여, 매장의 매출에 대한 매장 수준에서의 더 높은 주인의식 고양

예산 수준에 맞춘 인건비

행동의 전환

 A^1 중단

- 장애물이 나타날 때 목표 변경
- 지역 관리자들에게만 해당되는 "오픈도어" 정책
- 한 프로그램에서 다른 프로그램으로 너무 빨리 대체 "우리는 하나의 계획에 충분히 오래 매달리지 않는다."
- 남의 탓과 비난
- 공포 분위기와 부정적인 비난을 통한 관리
- 기업의 본래 철학 상실
- CEO 사무실에서 모든 결정이 이뤄짐

 A^2 시작

- 직원들에게 지역 예산에 대해 커뮤니케이션 한다
- 개별 매장 예산 수준에서 주인 의식을 형성하는 것은, 먼저 매장 관리자수준에서 시작하여 매장 전체로 형성해 나간다
- ROI에 대한 집중을 강화
- 사람들의 신속한 결정을 가능하게 한다
- 낮은 실적에 맞서고 피드백을 제공한다
- 고객에게 더 많은 관심을 쏟고, 고객의 눈으로 매장을 본다
- 저비용 경영 및 구매 방법
- "예산 달성을 위해 내가 무엇을 더 할 수 있을까?"라고 끊임 없이 질문함으로써 매장의 판매 예산의 개인적인 성과책임을 받아들인다

 A^1 지속

- 지역 관리자 수준 아래에서 "오픈도어" 정책
- 주인의식 제도
- 강력한 업무 윤리와 자부심 고취
- 지원실/창고/물류의 강력한 운영

■ 중단/시작/지속: 당신의 분석

R^2 결과	행동의 전환
1	A^1 중단
	A^2 시작
	A^1 지속
2	A^1 중단
	A^2 시작
	A^1 지속
3	A^1 중단
	A^2 시작
	A^1 지속

조직문화가 **경쟁력**이다

다. 여기에서는 식료품 및 의약품 체인 업체인 숍라이트의 "중단/시작/지속 분석"의 예를 소개하고자 한다.

다음 페이지에 제시된 표를 만들기 위하여, 세 명의 숍라이트 경영진과 새로운 문화로의 전환에 관한 솔직하고 열린 대화를 나누었다. "중단/시작/지속 분석"은 A^1에서 A^2로의 전환을, R^2의 맥락에서 설명하는 것으로 시작되었다. R^2의 맥락 속에서만이, 실행에 옮겨야 하는 A^2 행동을 규정할 수 있다.

이 분석을 우리 조직과 팀에 적용해 보자. 먼저, 우선적으로 달성해야 하는 세 가지 R^2 결과를 선정한다. 표를 활용하여 반응을 기록한다.

다음으로는, R^2를 달성하는 데에 방해가 되는 A^1 행동들을 나열한다. 이러한 행동은 사람들이 중단해야 할 것들이다. 효과적이지 않은 것에 대해서는 당신은 최대한 정직하라. 윈스턴 처칠의 의견을 새겨보자. "전략이 아무리 멋지다고 할지라도, 때로는 그 결과를 쳐다보아야 한다." 효과가 있는 것과 없는 것을 솔직히 평가하는 것은 "결과를 창출하지 못하므로 중단해야 하는 행동들은 무엇이 있을까?"라는 질문에 대답할 수 있도록 해 준다.

A^1 행동들을 재빨리 중단하고 그것을 중단/시작/지속 분석에서 열거한 A^2 행동으로 대체할 수 있다면 무슨 일이 벌어질지 생각해 보라. 이러한 행동들이 목록을 작성한 세 가지 R^2 성과를 달성하려는 조직이나 팀의 역량에 어떤 영향을 미칠 것인가? A^2를 만들어내지 못하고 R^2를 달성하는 것을 기대할 수 있을까? 성공적인 조직문

화 전환을 위해 좋은 출발을 기대한다면, 이러한 실천 과정에서 현실 상황을 인식하는 책임을 스스로 가져야 한다. 아울러 조직이 중단하고 시작하고 지속해야 할 일들에 관해 팀 구성원으로부터 솔직한 피드백을 받는 것이 매우 유용하다는 것을 알게 된다.

주의의 말씀

조직문화 전환 시기에 리더들이 흔히 저지르는 전형적인 세 가지 실수가 있는데, 이로 인해 소중한 시간을 허비하게 되고 심지어 매우 좋은 의도마저 퇴색되어 버린다는 사실을 경계해야 한다. 첫 번째 실수는, 변화 관리팀이 A^2 행동을 규정하려고 할 때 발생한다. 두 번째는 초기 단계에서 A^2 행동을 받아들이는 사람들을 지원하지 못하는 데에서 비롯된다. 세 번째 실수는 경영진이 성과 피라미드에서 행동 단계에만 초점을 맞출 때에 발생한다.

A^2처럼 보이는 것을 직원들에게 명령하는 것은 대개는 효과를 거두지 못한다. 사람들이 중단, 시작, 지속해야 할 일을 지적하는 것은 좋은 시작이 될지 모른다. 그러나 경영진의 가장 중요한 업무, 즉 모든 직원들이 스스로에게 "C^2 문화를 조성하고 R^2 성과를 달성하기 위해 내가 중단하고 시작하고 지속해야 하는 일이 무엇인가?"라고 질문하는 환경의 맥락을 조성하는 것에 실패한다면, 대단한 성과는 기대할 수 없다. 제대로 조성된 환경에서 사람들은 이 질문에 빠르고, 창의적이고, 생산적인 대답을 내놓는다.

중단/시작/지속 분석 작업에 모두가 참여한다면, 모두가 A^2에 관한 주인 의식을 가질 수 있고, 무엇이 변화되어야 하는지에 관한 더욱 정확한 리스트를 만들 수 있다. 매일 A^1으로 사는 사람보다 성과 창출 행동에 관한 질문에 대답을 더 잘할 수 있는 사람이 어디에 있겠는가? 행동을 결정하는 과정에 조직을 참여시킬 경우, 조직문화의 변화를 관리하고 추진할 수 있는 역량을 키울 수 있다. 물론 우리가 A^2로의 전환을 이야기할 때는, 일상적인 업무 수준에서의 지속적이고 근본적인 변화를 의미하는 2단계 변화 또는 3단계 변화를 의미한다. 새로운 방식의 행동에 대하여 립 서비스만 하는 허울뿐인 전환이 아니다.

흔히 조직문화 변화를 가로막는 또 다른 전형적인 실수는, A^2를 초기에 수용한 사람들에 대한 지원의 부족이다. 처음에 A^2는 C^1 문화와 반대로 행해진다. 따라서 변화의 챔피언들만이 A^2를 볼 때 그것이 A^2인지를 인식할 수 있으며 다른 사람들은 그러지 못한다. 이들은 A^2를 수용한 사람들이 조직에 맞지 않는다고 생각할 수도 있다. 사람들이 A^2를 인식하도록 도와주고 A^2를 수용한 사람들을 지지해 준다면, 다른 사람들도 조직문화 변화를 지지하고, 가속화 할 수 있는 위치로 올라서게 된다. 결국 "중간 집단"과 "선도자"들이 함께 참여할 때, 조직의 전체 구성원들은 비로소 A^2의 제도화를 "우리가 여기서 일하는 방식"으로 내면화하기 시작한다. 궁극적으로 C^2는 A^2에 동기를 부여하고, A^2를 상기시키며, A^2를 제안하고, 지시하고, 강화한다.

성과 피라미드의 행동 단계에만 초점을 맞출 때 세 번째 전형적인 실수가 발생한다. 결국, 행동에만 좁게 초점을 맞추다 보면 훨씬 징벌적, 명령적인 방식으로 그것 자체가 나타나게 된다. 조직문화 변화를 추진하려면 동시적, 결과적으로 피라미드의 모든 단계를 활용해야 한다. 사람들의 행동에 집중하는 것만으로는 충분하지 않다. 사람들이 생각하는 방식도 고려해야 한다. 외골수처럼 행동에만 집중하면 잘못된 종류의 성과책임을 만들어내 수도 있으며, 이러한 종류의 성과책임은 사람들이 명령만을 기다리는 하위단계로(상자 안으로) 사람들을 이끈다. 이와 같은 성과책임은 조직의 사기를 상당히 떨어뜨린다.

문화는 사람들이 생각하는 것과 행동하는 것 두 가지로 이루어진다. 사람들의 생각하는 방식을 바꾸면, 사람들의 행동하는 방식도 바꾸게 된다. 다음 장에서는 성과 피라미드의 "신념" 단계를 더욱 자세히 살펴보고, 행동과 관련해서 사람들의 신념을 활용하는 방법을 제시할 것이다.

아무도 하룻밤 새에 사람들의 행동을 변화시킬 수 없다. 항상 변화 선도자와 관망자가 있게 마련이며, 일시적이고 비생산적인 "1단계 변화" 이상으로는 실행에 실패하는 사람들도 있다. 행동 변화의 필요성에 완전히 공감하는 사람일지라도, 특히 변화 과정의 초기 단계 동안 C^1 문화의 압박이 조직에 계속해서 영향력을 행사하는 동안에는, 때때로 구태로 되돌아가기도 한다. C^1 문화에는 높은 수준의 "고착성"이 있기 때문에, 문화를 완전히 바꾸려는 노력이 상승세를 타고 있는 때일지라도, 이전 문화의 요소들 중 몇몇은 없어지지 않고 끈질

기게 지속되기도 한다. 지금으로서는, 제대로 된 도구를 사용할수록 효과성은 더욱 높아지고, 당신의 조직은 더욱 확실하고 완전하게 조직문화 변화의 핵심인 A^2 행동을 취하게 될 것이다.

A^1에서 A^2로 전환하기

포춘지 선정 가장 존경 받은 요식 업체인 "노크로스 글로벌"의 대표 브랜드 "에밀리아노스" 레스토랑은, 직원들이 올바른 A^2 행동에 초점을 맞추도록 하는 데에 성공할 때 R^2 성과에 미치는 긍정적인 영향을 경험하였다. 경제 침체의 여파로 레스토랑 전체가 곤경에 처하게 되자, 에밀리아노스의 경영진은 직원들이 무엇을 행하는 지에만 초점을 맞춰 성과 개선을 꾀하는 전형적인 함정에 빠졌다. 경우에 따라 효과가 있는 것처럼 보일 수도 있지만, R^2 성과 달성을 위해 필요한 것이 문화의 근본적인 전환일 경우에는 전혀 도움이 되지 않는다.

에밀리아노스의 경영진은 행동을 밀어붙일수록 상황이 더 악화되는 걸 인식했다. 근무 환경은 수많은 수치, 목록, 그래프로 가득 찬 "활동 문화"가 됐다. 변화 과정에서 직원들이 수행해야 하는 20가지 활동들의 목록을 적은 포스터가 모든 레스토랑의 직원실에 내걸렸다. 임무를 완수하지 못한 직원들의 이름 목록과 함께 내걸리는 이 불통(不通) 목록은, 조직 내의 과도한 정보와 조직이 직원들의 행동에만 지나치게 집착하고 있다는 것을 보여주었다.

최고 운영 책임자는 똑같은 말들을 반복적으로 듣기 시작하면서,

사람들이 어떻게 느끼고 있는지 정확하게 알게 되었다고 말했다. 직원실 게시판 앞에서 에밀리아노스의 관리자는 옆에 선 직원에게 지금 보고 있는 것이 무엇인지 아느냐고 물었다. 그 직원은 전형적인 대답을 했다. "잘 모르겠는데요. 혹시 내 이름이 올라가 있는 건 아닌지 확인하고 있었을 뿐이에요." 경영진이 활동에만 초점을 맞춘 외적인 평가 기준으로 성과책임을 실행한다는 해결책을 내놓자, C^1 문화는 "내가 할 일이 무엇인지 말하세요" 지시만 기다리는 문화로 변질되고 말았다. 경영진이 만든 활동 목록에 순응하느냐가 중요한 평가 요소가 될수록, 직원들은 그 목록이 언제나 자신들의 일자리를 위협하는 존재라고 생각하게 되었으며, 경영진이 자신들을 괴롭힌다고 느끼게 되었다.

어느 시점부터인가 성과가 저조해지자 경영진은 직원들의 행동을 목록에 일치시키는 동기를 부여하기 위하여, 새로운 시스템을 수립하여 한층 더 규정적인 업무 보고, 목표 설정, 커뮤니케이션에 적용하였다. 직원들이 그 매트릭스에 잘 부합되게 행동하면, 근무조 선택의 우선권을 얻었다. 이러한 접근 방식은 직원들의 동기를 부여하기 보다는, 사람들을 서로 싸우게 하였고 강력한 경쟁심을 유발해 팀워크를 해쳤다. 집안 살림을 위해 개인적인 일정을 계획했던 여성들은 "지난 주 일정을 망쳤다"며 불평했다. 이미 충분히 경쟁적이었던 문화는 "잘못된 경쟁"의 문화가 되어 버렸다.

레스토랑 사업과 같은 것은 사소한 것이 중요한 문제가 될 수 있다. 음식 비용이 높아지는 것 하나만도 실적에 상당한 영향을 끼칠 수 있다. 불과 1 퍼센트의 실적하락이 2백만 달러 손실로 이어질 수도 있다. 한 달이라는 시간 동안, 이런 종류의 수치들은 전체 손익을 손상시킬 수 있다. 에밀리아노스의 경영진은 판매전 분배(필요하기 전에 음식 재료들을 측정, 직원이 주방에서 사용하는 것보다 더 정확한 수량 확인)를 통하여 세부 사항들을 관리함으로써 이 비용을 통제하고자 했다. 새로운 성과가 필요할 때마다 업계에서 가장 일반적으로 활용하는 리더십 관행은 "강압적 명령"으로 관리하는 방식이다. 그러나 이러한 방식은 원하는 성과 대신 "행사의 문화"를 낳고 있다는 사실을, 에밀리아노스의 경영진은 곧 깨달았다. 직원들은 체크리스트와 명령에 어긋나지 않도록 근무하는 데에만 집중하다 보니 진정한 취지를 모른 채 일하게 되었고, 정작 그것을 통해 필요한 개인의 주인 의식은 부족했다.

에밀리아노스의 경영진은 엄청난 도전에 직면했다. 그들은 전 세계 매장의 모든 구성원들이 자신들에게 주어진 일만을 행하는 것이 아니라 명령이나 강제 없이도 베스트 프랙티스를 창의적으로, 똑똑하게 따라 주기를 원했다. 경영진이 실제로 원하는 것은 매장 고유의 고객 환경에서 더 낳은 성과를 창출하는 것임에도, 경영진은 활동을 목표로 삼았다. 이것으로 보건대, A^1 행동은 경영진이 가장 변화시켜야 하는 것인데도 불구하고 경영진을 포함한 조직 전체에 고착되어 있었던 것이다. 지역의 책임자들은 매장을 정기적으로 방문하면서 체크리스트의 항목만 재빨리 체크하였는데 이는 당면 과제인 레스토랑 경영 개선에는 도움이 되지 않는 수박 겉핥기 식 활동이었다. 레스토랑에서 실제로 벌어지는 상황들을 확실하게 이해하고, 영업 이익 개선에 도움이 되도록 열린 대화를 하며 실제적인 차이를 만들어낼 수 있는 사람들과 소통하기 위해서라도, 책임자들의 방문에는 체크리스트 이상의 무엇이 더 필요했다. 이러한 것이 바로 경영진의 눈에 A^2 행동으로 보이는 것이다("활동 중심"에서 "결과 중심"의 경영 관리로의 전환). 그것 없이 R^2 성과는 전혀 기대할 수 없다.

　마침내 경영진은 모든 상황에서 직원들이 행동해야 하는 방법을 말해주는 것이 그들에게 별로 득이 되지 않으며, R^2 를 달성하기 위해서는 직원들이 전혀 다른 접근 방식을 선택하고 성과 기반results-based 경영 실무로 전환해야 한다는 것을 깨달았다. 그때 경영진은 조직의 리더로서 모든 직원들이 R^2를 이해하도록 하고, A^1에서 A^2로의 중단/시작/지속 분석을 스스로 경험하는 환경을 만들기 위해 경영진이 해야 할 일을 배우고자 했다.

　새로이 집중하게 된 부분은, 활동에 기반하기 보다는 결과에 기반하는 A^2 행동을 공동으로 개발하는 것이었으며, 이는 레스토랑에서 직원들이 적절한 시간에 적절한 일을 하는 주인 의식과 성과책임을 창출하였다. 경영진은 비효율적인 "지시를 내려주기 관행"을 중단하고 이 책의 전반에 걸쳐 서술되고 있는 "참여engagement 중심의 변화 방법론"을 시작했다. 경영진은 직원들이 취해야 할 행동에 대한 과도한 간섭을 중단한 것만이 아니다. 경영진이 원하는 A^2 행동 실행의 좋은 예가 되는 C^2 문화의 선도자들을 지원하고 칭찬하기 시작했다. 불통(不通)의 행동 목록은 사라졌다. 근무조 스케줄에 관한 시스템도 새로운 방향으로 추진되었다. 지역 감독자들은 각 지점들을 방문하는 동안 직원들이 문제 해결에 참여하도록 장려하였다. A^2 행동은 조직 전체에서 혼선 없이 제 모양을 갖추기 시작했다. 결과는 어땠을까? 경제 불황의 타격이 컸던 요식 업계에서 에밀리아노스는 R^2 성과라는 목표를 실현하기 시작하여 매출 계획을 달성하고 수익 계획을 초과하며 총 매상고 목표를 수월하게 성취했다. 월가는 이들의 건전한 경영 개선에 주가 상승으로 화답했다.

피라미드 구축하기

사람들의 행동에서 바뀌어야 할 부분을 이해하는 것은 조직문화 변화 추진에 있어서 중요한 첫 단계이다. A^1에서 A^2 행동으로의 변화를 결정했다면, 조직이 도달해야 하는 목표로의 여정을 분명히 시작할 수 있다. 사람들이 다르게 행동해야 한다는 것을 C^2 문화란 어떠해야 하는지 청사진으로 제시하는 것은 변화를 추진하는 핵심 원동력이다. 이를 개인 성과책임이 높아진 환경에서 협력하여 실행한다면 변화 과정의 속력을 높일 수 있고 성공을 보증하는 기초를 마련하는 것이다. 과거의 비효과적인 변화 관행에만 의존하는 것을 버리고 직원들이 개인의 변화 과정에 진정으로 참여할 수 있는 접근 방식에 역점을 둘 경우, 성공의 전망은 한층 밝아질 것이다.

이 장을 마치기 전에 한 가지는 분명히 하고 넘어가야 한다. 사람들이 생각하는 방식을 바꾸는 것보다 더 빨리 행동방식을 바꾸게 하는 것은 없다. 정말 없다! 피라미드의 상단에 위치한 결과와 행동에만 집중한다면, C^2 문화의 전환을 추진하는 역량이 제한을 받고 A^2 행동이 조직에서 사람들이 일을 수행하는 방식의 일부가 될 기회가 줄어든다. 다른 무엇보다, 확고한 신념은 반드시 이뤄져야 하는 행동의 변화에 동기를 부여한다. 이러한 신념, R^2 성과 창출에 필수적인 행동을 도출하는 신념을 사람들이 받아들이도록 도움을 줘야 한다. 다음 장에서는 원하는 성과 달성에 적합한 행동을 하도록 동기부여하는 신념을 파악하고 창조해서 새로운 조직문화 변화를 추진하는 방법에 대하여 살펴볼 것이다.

4장

바람직한 행동을 촉진하는
신념을 확인하라

    변화의 시기에, 관리자와 리더들은 흔히 성과 피라미드의 상위 두 단계에 많은 노력을 집중한다. 하지만 성과 피라미드 하단에 위치한 무형의 신념에 초점을 맞출 때 조직문화 변화 추진을 더 크게 성공적으로 끌어올릴 수 있다. 조직의 구성원들이 가진 신념과 그들이 취하는 행동 사이의 관계는 단순하지만 강력한 힘이 있다. 일에 관한 신념은 그들이 하는 일에 직접적인 영향을 미친다. 조직원들이 일상 업무를 수행하는 방식에 관한 기존의 신념(B^1)을 바꾸고 대신 새로이 갖추어야 하는 신념(B^2)을 받아들이도록 도움을 준다면, 그들은 결국 경영진이 원하는 행동(A^2)을 하게 된다. 리더들이 A^2 행동의 더 심층적인 측면과 더 오래 지속되는 측면에 정성을 기울일 때 비로소 효과적인 문화변화의 가장 근본적인 가속장치를 갖게 된다.

　우리가 준비되어있든 아니든 간에, 조직문화 변화의 필요성은 자주 발생한다. 애플의 혁신적인 iPhone 출시로 인해 비즈니스 모델이 급속도로 바뀌었을 때, 무선 통신 분야에 불어 닥쳤던 엄청난 변화를 생각해 보라. 애플의 창업자 스티브 잡스는 최고의 애플 엔지니어들 2백 명에게 iPhone 개발의 임무를 주었다. 마감 기한의 압박으로 인해 지친 애플사의 엔지니어들과 협력사들은 괴로움의 아우성을 질러댔다. 와이어드Wired지의 기사에 따르면 이들은 밤을 지새우는 코딩 세션을 지속하고, 며칠 동안 잠을 보충한 후에 또다시 합류했다. 이런 경우도 있었다. "어떤 제품 관리자가 사무실로 들어가면서 문을 너무 세게 쾅 닫아서 그만 손잡이가 휘는 바람에 사무실 안에 사람이 갇히고 말았다. 한 시간이 지나서야 동료들은 그녀를 발견하였고, 알루미늄 방망이로 문 손잡이를 내려치자 그녀는 풀려날 수 있었다."

　이처럼 신제품을 개발하기까지는 대단한 노력이 필요했지만, 출시한지 불과 1년 후에 iPhone은 애플사 수익의 39%를 차지하는 최고 효자 상품이 되었다. 스티브 잡스는 고루한 무선 통신 업계의 거대 기업들을 새로운 비즈니스 모델에 맞추도록 함으로써, 즉 전화 송수화기에 대한 변화된 생각과 신념으로 시장 판도를 바꾸었다. 그때까지 업계는 와이어드지가 묘사한 대로, "대규모 보조금을 받아서는 가입자를 유혹하고 제조사의 독점 서비스만을 사용하게 하는 싸구려 일회용 미끼"라고 업계 스스로를 규정했다. 고객과 시장 그리고 제품에 대한 신념의 전략적 전환 이후에, 주요 업체들은 제품의 차별화와 고객 확보에서 승리하기 위해 스마트폰을 활용하기 시작했다. 이러한 신사업 모델은 계속해서 진화하고 변하기 때문에, 무선 통신사들은 직원들이 매일의 일상 업무수행 방법에 대한 신념을 바꾸도록 도움을 줘야 할 것이다. 이러한 경영상의 전환을 빠르게 효과적으로 달성하는 기업들은 경쟁력을 창출하게 될 것이다.

또 다른 사례를 들자면, 세인트 루이스 지역에 6개 병원을 소유, 경영하는 SSM 헬스케어의 인사팀에서 자사 직원과 고객들이 갖고 있는 회사에 대한 이미지를 변경하기로 결정한 사례가 있다. 초반에 SSM 헬스케어의 팀 리더들은 B^1 신념에서 B^2 신념으로 확실하게 전환했다. 업무에 초점을 맞추어 지원하는 전통적인 사고 방식 B^1을 중단하고, 보다 전략에 초점을 맞춘 비즈니스 파트너적인 사고 B^2를 시작한 것이다. HR팀은 병원의 전국 네트워크에 걸쳐서 각 사업 부서들과 더욱 파트너적인 협력 관계를 공고히 하여, 비즈니스 성과 달성에 도움을 주고자 했다.

HR팀의 전 직원이 자신의 역할에 관한 새로운 신념 B^2를 받아들인 이후, 변화가 급속도로 진행돼서 우리들 조차도 놀랐다. 이들은 직원 채용 부문을 아웃소싱하고 수당과 보상 관리 부문의 전문성을 창출하였다. 이러한 서비스 제공은 새로운 HR 서비스 센터의 직원들의 업무 영역이었다. HR팀의 남아 있는 인력 자원을 활용하여, 회사 내부의 인사 전문가들을 HR 컨설턴트로 전환시키는 노력에 집중했다. 머지않아 이들은 20명의 컨설턴트로 구성된 새로운 팀을 만들었고, 이들은 '핵심 경영성과 달성에서의 비즈니스 파트너 지원'이라는 유일한 하나의 목표로 뭉쳤다. 신념의 변화에서 시작된 HR 네트워크의 변화는 이제는 목표 주도적 지원 기능이라는 결실을 맺어 내부 고객들에게 전례 없는 가치를 제공하고 있다.

성과 피라미드의 신념 단계에 집중해서 재미를 보고 있는 리더와 관리자들에게서 이와 비슷한 이야기들을 매일 듣는다. 그렇다면 경영진이나 관리팀은 왜 신념 단계에 초점을 맞추는 데 실패할까? 이 질문에 대한 대답은 신념 단계에 관하여 흔히 갖고 있는 5가지 오해에 있다.

신념을 갖고 일하는 것에 관한 5가지 오해

1. 신념을 파악하기란 거의 불가능하다. 사람의 마음을 읽을 수는 없지 않은가.
2. 신념은 눈으로 식별할 수 없다. 진척 상태를 측정할 수가 없다.
3. 신념을 갖고 일하기란 더더욱 어렵다. 무엇을 해야 할 지 알 수 없지 않은가.
4. 신념을 바꾸려면 오랜 시간이 걸린다. 반면에 행동은 훨씬 빠르게 동기부여 할 수 있다.
5. 신념은 공식적으로 지시될 수 없다. 사람들을 납득시켜야만 한다.

제대로 된 방법론과 접근 방법이 없이 신념보다 더 쉽게 행동을 관리할 수 있다고 생각할지 모르겠다. 그러나 오로지 행동에만 초점을 맞춘다면 좌절감, 비생산적인 노력, "무엇을 해야 할지 지시를 내려주세요"의 문화만 생겨날 뿐이다. 새로운 계획, 정책, 절차가 조직 내에 적절히 자리 잡게 되더라도, 특히 문화전환의 시기에는, 오래 지속되는 변화를 불러일으키지 못한다. 성공사례를 성과 피라미드 실행에 적용하면, 흔히 빠지게 되는 오해의 함정을 피할 수 있고 신념으로 일하는 것의 실현 가능성을 발견하게 된다. 일단 성과 피라미드의 신념 단계를 마스터하고 사람들이 원치 않는 B^1 신념을 버리고 바라던 B^2 신념을 받아들이는데 도움을 주는 방법을 습득한다면, 훨씬 빠르고 쉽게 원하는 변화를 이룰 수 있음을 알게 될 것이다.

우리의 고객 중 하나인 "시너지"사 는 최근에 행동에만 초점을 맞추면서 야기되는 좌절감을 경험했다. 매월 이뤄지는 전사적 회의 참석률을 높이기 위한 동기부여 방안을 모색하던 회사는 "행운의 돌림판"이라는 보상 제도를 만들었다. 사전에 임의로 선정된 한 직원이 돌림판을 돌리면, 돌림판이 멈춰선 액수에 따라서, 회의에 단순히 참석했다는 이유로 상금을 주었다. 사람들의 회의 참석 장려를 목적으로 고안된 행운의 돌림판은 그러나, 사람들로 하여금 회의에 참석하지 않았을 때 조차도 돈을 받을 것으로 기대하게 만드는 일종의 특권이 돼버렸다. 회의에 참석해야 하는 사람들은 그들을 위해 상사나 친구들에게 돌림판을 돌려서 이기게 되면 그 돈을 대신 좀 받아와 달라고 부탁하는 일이 다반사였다. 시너지사의 행동에 대한 열중은 행동을 변화시키지 못했다. 사람들은 여전히 회의에 참석하지 않았고, 운이 좋은 불참자는 공돈을 챙길 수 있게 되었을 뿐이다.

피라미드 상단의 두 단계에만 집중하는 관리자들이, 자신들이 바라던 행동의 변화를 얻지 못하게 되는 경우, 그들은 대개 남아있는 한 가지 옵션을 선택하게 된다. 행동을 바꿀 수 없다면, 결과를 바꿔야 한다. "수치를 바꾸는 것"은 명백한 실수처럼 보일 지 모르나 이런 일은 항상 일어난다. 관리자들이 정기적으로 목표 수치를 바꾸는 전술을 쓰지만, 기본 문제 해결에는 전혀 도움이 되지 않을뿐더러 장기적인 조직의 생존 전략도 되지 못한다.

당신의 조직 내부에서 이루어야 하는 신념의 변화를 생각해보라. 먼저, 현재 조직이 달성하기를 바라지만 만족할 만한 진척을 보지 못한 R^2 성과를 생각해보라. 다음의 표에 그것을 기록하라. 만일 바뀌기만 한다면 R^2 성과 달성에 중요한 역할을 한다고 입증된, 적어도 하나의 공통된 신념을 파악해 보라.

이 새로운 신념을 받아들이고 수용하며 동기부여를 받았다고 느낀다면, 사람들은 어느 정도까지 다르게 행동할 것으로 생각하는가? 이 신념은 어느 수준까지 성과 개선을 이끌 것인가? 사람들이 이 신념을 품도록 하는 데에 걸림돌은 무엇인가?

사람들이 갖고 있는 신념은 매일의 일상 업무에 상당한 영향을 미치는데, 이러한 신념은 직접적으로 다루지 않는 한 변화에 강력하게 저항한다. 이것이 바로 소수의 유능한 관리자들만이 성과 피라

원하는 신념을 확인

필요한 **성과** 목록	
현재 **신념** 목록	
성과 달성 능력을 향상시키는 바람직한 **신념** 목록	

미드의 신념 단계에 정성을 기울이는 이유이다.

 직무를 바꿈으로써 매우 즉각적인 신념의 변화가 초래한 사례도 있다. 새로운 안전 목표 달성을 위해, 폭넓은 지원을 받고자 막대한 도전 과제와 맞서서 노력했던 공장 관리팀의 사례를 결코 잊지 못할 것이다. 안전 관리를 자신의 일이라고 생각해 본 적이 없었던 관리팀의 한 기술자가 안전 관리자로 승진했다. 승진과 동시에 그의 태도와 행동이 180도로 완전히 달라졌다는 사실을 아마 믿기 힘들 것이다. 그가 매일 업무의 최우선 순위를 안전으로 전환시킨 것은 너무나 급속히 일어났기 때문에 공장의 화젯거리가 되었으며, 현재의 동료 관리자들로부터는 칭찬을 받는 반면, 예전의 팀원들에게서는 비난을 받았다. 안전 관리에 대한 그의 열정은 상당히 진정성이 있어 보였다. 물론 대부분의 경우, 조직 내에서 직위를 바꾼다고 해서 생각하는 방식까지 바꾸지는 못한다. 직위가 바뀜에 따라 새로운 시각을 갖추는 경우도 있기는 하지만, 경험에 비춰볼 때 대부분의 사람들은 그들의 낡은 사고방식인 B^1 신념을 새로운 직무에 그대로 적용한다.

우리는 이러한 현상 즉, 우리 모두가 공유하는 특징을 신념 편향성belief bias이라고 부른다. 대부분의 상황에서 우리는 모두 B^1 신념을 고수하고 간직하며, 마치 어떤 상황에서든지 우리에게 도움이 되는 멋있는 진리 한 조각이라도 되는 양 확신을 갖고 B^1 신념에 의존한다. B^1 신념에 의문을 품는 일이 거의 없다. 대신에 우리는, 개인적 혹은 조직적인 성과 달성을 위한 역량을 최대화하지 못하는 방식으로 행동하기를 계속하는 습관적인 C^1 문화의 제물이 된다.

위기관리 모드에 돌입했던 조직들의 사례를 보면서, 우리는 신념도 재빨리 바뀔 수 있다는 설득력 있는 증거를 찾을 수 있다. 위기에 닥쳤을 때, 사람의 생존 본능은 B^1 신념을 중단하고 당면한 문제 해결에 반드시 필요한 행동을 유발하는 B^2 신념을 재빨리 받아들이도록 한다. 위기가 끝나면 불행히도, 낡은 B^1 신념 편향성은 다시 돌아와서는 모든 구성원이 예전의 C^1 문화, 예전의 업무로 되돌아가도록 함으로써 앙갚음한다. 성과 피라미드 하단에 효과적으로 집중함으로써 사람들의 신념을 바꾸는 방법을 배운다면, 이러한 회귀의 경향을 극복할 수 있을 뿐 아니라 C^2 문화와 R^2 성과 달성에도 가속도가 붙을 것이다.

모든 신념이 동일한 것은 아니다

모든 신념이 강도와 확신의 측면에서 똑같은 것은 아니다. 이를 염두에 두면서, 우리의 문화 변화 추진의 방법론은 모든 종류의 신념을 바꾸는데 초점을 맞추지 않을 것을 강조한다. 아래의 표에서 설명한 것처럼, 우리가 품고 있는 신념에는 실제로 차이가 있다.

범주 1 신념은 주저하는 신념으로, 높은 수준의 신념 편향성을 반영하지 않으며 대단한 방식으로 사람들의 행동에 영향을 끼치지 않는다. 새로운 정보를 제공 받게 되면, 사람들은 이러한 종류의 신념은 상당히 쉽게 포기한다. 가령, 한 영업 담당자가 고객을 위한 가장 효과적인 프레젠테이션은 자신이 외워서 알고 있는 오래된 마케팅 자료를 활용하는 것이라고 생각한다고 해 보자. 상사와의 전화 통화에서 그는, 새로운 마케팅 자료를 활용하면 고객의 구매 결정에 더 효과적인 동기부여를 할 수 있을 것이라는 정보를 듣게 된다. 이런 경우에 그는 곧바로 오래된 자료가 최고라는 신념을 버리고 새로운 자료가 영업실적 달성에 훨씬 더 도움이 될 것이라는 신념을 수용할 수 있다.

범주 2 신념은 경험에 근거한 강력한 신념이며 쉽게 버리지 않는 것이다. 가령, 조직에 있는 사람들은 "경영진이 듣고 싶어 하지 않기 때문에 진짜로 생각하는 바를 경영진에게 말할 수 없다."라고 생각한다면, 이는 범주 2 신념에 속한다고 볼 수 있다. 오랜 시간 쌓아온 이러한 신념은 강한 개인적 경험을 토대로 하는 강한 의견을 나타낸다. 이러한 신념을 쉽게 바꿀 수 없는 이유는, 사람들이 이것을 진

신념의 범주

높은 수준의 개인적인 노력을 불러일으키지 않는 일시적인 신념	범주 1 신념	더 양질의 정보가 주어진다면, 변화가 상대적으로 쉽게 이뤄진다
오랜 시간에 걸쳐 반복된 경험으로 이뤄진 강한 신념	범주 2 신념	쉽게 바뀌지 않으며, 변화를 위해서는 상당한 경험이 필요하다
옳고 그름에 관한 기본 가치를 수반하는 의미 있는 경험을 토대로 깊게 뿌리내린 신념	범주 3 신념	도덕과 윤리적 가치를 토대로 거의 변하지 않는다

실의 정확한 묘사라고 생각할 뿐 아니라 행동 방식에 관한 강력한 지침으로 여기기 때문이다.

범주 3 신념은 깊게 뿌리박힌 신념으로써 도덕, 윤리, 원칙, 옳고 그른 행동에 관하여 사람들이 갖고 있는 가치 체계의 토대에 존재한다. 사람들은 범주 3 신념을 너무 깊숙이 품고 있어서 극단적인 압박 속에서만 이 신념을 버리거나, 압박 속에서도 포기하지 않을 수 있다. 가령, 생산 보고서에 있는 정보를 의도적으로 위조하는 것이 비윤리적이고 부도덕하며 위법 행위라고 강하게 믿는 사람을 상상해보자. 이 근본적인 신념은 생사를 가르는 위협에 직면하지 않는 한 변하지 않는다. 심지어 협박을 당할 때에도 범주 3 신념은 그것을 바꾸려는 노력을 물거품으로 만든다.

우리는 종종 고객과의 계약 기간 동안 목격했던 생활 속의 예시를 활용해 범주 3 신념의 중요성을 보여준다. 한 원자력 발전소의 경영진은 수리와 유지보수 검사를 받는 동안 정전을 하느라 가동이 정지되는 시간을 최소화시키고자 했다. 가동을 정지할 때마다 회사는 백만 달러의 손실을 봤고, 손실 최소화에 관심이 쏠린 경영진은 정전 시간이 더 짧아지기를 계속해서 요구했다.

정전 시간이 점점 짧아지자 "임시 처방"이 점점 늘었다. 발전소의 대다수 직원들은 임시 처방이 불충분하다고 생각했고 일부 부품을 완전히 교체해야 한다고 주장했는데 이를 위해서는 수리 시간과 비용이 더 많이 들었다. 발전소 직원들은 경영진이 바꾸기 힘든 범주 3 신념을 갖고 있었던 것이다. 안전성을 염려한 직원들은 이 문제를 옳고 그름의 차원에서 인식하였다. 한편, 경영진은 자신들의 정전 시간 최소화 요구가 안전하고 합당하며 실용적이라고 인식했다. 상대의 의견을 바꿀 만한 확실한 증거가 없는 상황에서, 직원들은 직접 자신들의 손으로 문제를 해결하기 위해 결국, 임시 처방을 너무 자주했다고 생각하는 밸브를 사보타주했다. 이로 인해 발전소는 직원들이 수리에 필요하다고 주장했던 기간보다 추가로 4일을 더 중단해야만 했다.

문화를 바꾸기 위해 신념을 바꾸는 것에 대해 이야기할 때, 우리는 대개 "여기에서 우리가 일하는 방법"을 반영하는 범주 1과 범주 2 신념으로 일하는 것에 대하여 말한다. 범주 1 신념은 더 좋은 정보를 제공 받을 때 상당히 쉽게 바뀔 수 있는 반면에 범주 2 신념을 바꾸려면, 그것도 빨리 바꾸려면, 더 많은 기술과 사고가 필요하다. 범

주 3 신념을 바꾸는 것은 고도의 감정과 고통을 수반한다.

근로자와 고용주 간의 "사회적 계약"이 변경되는 전환을 경험할 때마다 우리는 이 같은 감정과 고통을 확인하게 된다. 이러한 전환으로는 인력 축소, 노동 시간 변경, 급여 조정, 신기술 교육의 요구 등을 꼽을 수 있다. 특정 직원들은 이런 변화가 본인들의 권리를 해친다고 생각한다. 리더들은 직원들이 특정한 신념을 얼마나 깊숙이, 강력하게 품고 있는지를 알아야 한다. 신념을 바꾸는데 얼마만큼의 노력, 에너지, 관심이 필요한지를 알 수 있기 때문이다.

문화적 신념: 조직문화 변화의 로드맵

범주 1과 범주 2 신념은 조직 문화의 근간이며, 효율적이면서도 거의 자연적으로 발생하여 매일매일 강화되고 전달되며 저절로 지속되는 과정이다. 이 과정에서 방향성을 최소한도로 제시하고 제한적으로 육성하는 것이 요구될 뿐이다. 신입 직원이 출근 첫날 점심 시간을 가질 때 이 과정을 목격할 수 있다. 동료들과 점심을 먹으며 나누는 대화에서 신입 사원은 "여기서는 실제로 일이 어떻게 진행되나요?"라고 묻게 마련이다. 본질적으로 신입 직원은 조직의 업무 처리 방식을 좌우하는 지배적인 문화적 신념을 알고 싶어한다. "경영진에게 중요한 건 뭐지? 내가 조심해야 할 것은 뭘까? 조심해야 할 사람은 누구지? 절대로 실수해서는 안될 일은 뭐지? 사람들은 어떻게 승진할까? 어떻게 하면 곤란한 상황에 처하지?" 이에 대한 대답으로써 동료들은 조직의 사람들이 대체적으로 공유하는 조직의 문화와 신념을 알려주며, "교전 규칙"에 관하여 그 회사만의 특징적이고 지배적인 개념을 구성하는 신념을 알려준다.

여기에서 대답해야 할 기본적인 질문이 나온다. 사람들이 공유하는 B^1 신념은, 당신이 사람들에게 품기를 기대하는 신념인가? 이 신념이 C^2 문화로의 이동에 영감을 주는가, 아니면 사람들이 C^1 문화로 회귀하도록 만드는 원인이 되는가? 이 특정한 신념이 R^2 성과 달성을 위한 노력의 차원에서 조직을 전진하도록 리드하는가, 그렇지 않은가? 그렇지 않다면, 조직의 문화와 관련하여 중요한 문제를 해결해야 한다는 것이다. 신입 직원이 기존의 문화에 동화되는데 얼마나 짧은 시간이 걸리는지를 생각해 보면 이 문제의 심각성을 이해할 수 있다. 신입 직원이 다음날 다른 동료들과 점심을 먹으러 가서 "여기서는 일이 어떻게 진행되나요?"라는 질문을 했을 때, 똑같은 대답이 반복되는 걸 들을 때, 완전한 문화 적응이 일어난다. 두 번도 안 되는 접촉으로 신입 사원은 C^1 문화를 완전히 받아들이고 지배적인 B^1 신념을 수용하며, 새로운 직원이 새로운 생각을 불어 넣을 것이라는 고용주의 희망을 저버린다.

이것이 문제의 본질로 우리를 이끈다. 조직 문화를 관리하는 것은 사람들이 품어야 하는 신념과 취해야 할 행동을 강화함으로써 문화가 효력을 발휘하게 하는 본질이다. 조직의 일 처리 방법에 관한 조언을 구할 때 사람들이 신입 직원들에게 어떻게 대답해 주기를 바라는가? 조직 문화변화를 강력하게 추진하고자 하는 경영진이라면, 문화적 신념의 표현이 되는 신입 직원의 대화를 고려하여 문화적 신념선언서 작성을 권한다. 이 선언서는 C^1 문화에서 C^2 문화로의 여정에 있어서 로드맵의 역할을 하며, 변화를 위한 최고의 촉매제가 될 수 있다. B^2 신념을 효과적으로 파악하고 실행할 때, 조직문화 변화를 추진하고 게임 체인저로서 성과를 낼 수 있는 조직의 역량을 창출하게 된다.

B^2 신념을 확인하라

조직문화 혁신에 자극을 주고 조직을 새로운 방향으로 인도하려면, 리더들은 회사가 목표한 성과 달성을 방해하는 B^1 신념과 회사가 발전하는 데 도움이 되는 B^2 신념이라는 두 가지 종류의 신념을 솔직하게 그리고 완벽하게 파악해야 한다. 이를 위해서는 개인적, 집단적 수준의 자기 탐구가 요구되며 진정한 현실 상황에 관하여 완전히 개방적인 피드백이 있어야 한다.

이런 식으로 한 번 생각해 보자. 조직의 사람들은 R^2 달성에 도움이 되는 신념과 그렇지 않은 신념을 갖고 있다. 필요한 것은 널리 장려하기를 원하며 필요하지 않은 것은 바꾸기를 원하는 것은 분명하다. 회사의 경영진은 다른 믿음직한 직원들의 도움을 받아서, 'R^2 달성에 방해되는 현재 신념은 어떤 것인가', 'R^2 달성의 추진력이 될 수 있는 신념은 어떤 것인가'와 같은 기본 질문에 대답함으로써 이 두 종류의 신념을 파악할 수 있다.

첫 번째 질문, 즉 'R^2 달성에 방해되는 현재 신념은 어떤 것인가'는 1장에서 소개했던, 조직문화 변화를 실천하는 한 단계로 이끈다. 이 단계는 C^1을 해체하는 단계다. 현재 조직 문화의 구성 요소, 즉 광범위하게 품어 오고 있는 기존의 신념을 이해하는 것은 R^2 달성을 위해 바꿔야 할 것을 파악하는 데 반드시 필요하다.

특정한 B^1 신념은 바람직하지는 않지만, 반드시 부정확한 것만은 아니라는 점을 강조해 둔다. 사람들이 특정한 신념을 갖는 합당한 이유가 있을 수 있다. 그러나 이것은 옳고 그름의 문제가 아니라 효과성의 문제라는 점을 기억하자. 기존의 신념이 성과 달성에 필요한 A^2 행동을 낳을 수 있을까? 사람들이 현재 믿는 바에 관한 연구는, 기존의 인식을 무효로 만들기 위해 실시해서는 안 된다. 더 좋은 모습으로의 변화를 위한 힘찬 첫걸음이 되어야 한다.

B^1에서 B^2로의 분석에서 두 번째 질문, 즉 'R^2 달성의 추진력이 될 수 있는 신념은 어떤 것인가'는, 사람들이 수용하기만 한다면 성과 달성에 도움이 될, 잃어버린 신념을 볼 수 있게 해 준다. 이러한 신념은 사람들이 A^2 행동을 취하게끔 동기부여를 한다. 이것은 또한 누군가 "여기서는 실제로 일이 어떻게 진행되나요?"라는 질문에 대한 대답을 규정한다. 변화되어야 할 것에 직면하려면, 이 평가 단계에서 도움을 줄 수 있는 외부 조력자의 관여가 필요하다.

우리의 고객이었던 어느 조직의 B^1 신념과 그에 따른 A^1 행동의 분석을 예로 들어 보겠다. 이 신념과 이에 수반하는 행동은, 경영진이 변화시켜야 한다고 정한 C^1 문화 요소의 특징을 나타낸다.

이 B^1 신념의 영향을 주목하라. 솔직함의 결여로 결정이 느려지고, 정보의 흐름이 차단되어 발전이 방해를 받으며, 실망감으로 놀

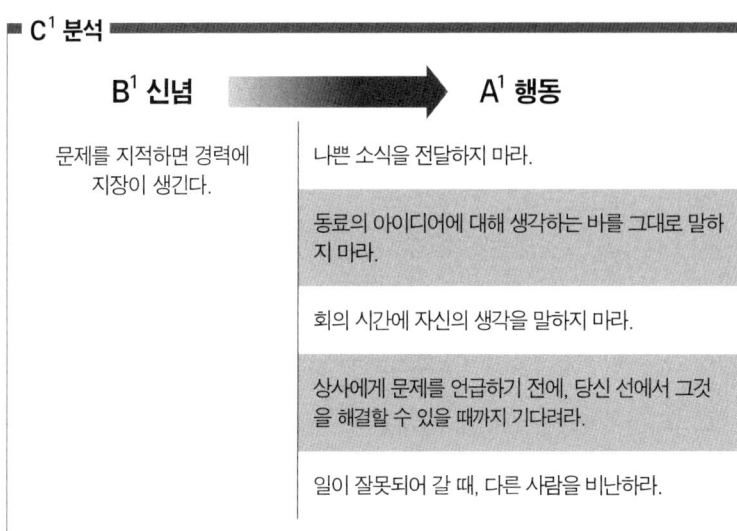

라게 되는 상황들이 빈번히 발생하게 된다.

  사람들은 항상 조직과 관련된 자신들의 신념에 관한 진실을 말하면서 친구나 가족, 심지어 동료들에게 비밀을 털어놓는다. 하지만 경영진 앞에서는 대개 입을 꼭 다문다. 이것은 대개 C^1이 영향력을 발휘하고 거리낌 없이 말하는 위험을 견딜 수 없게 만들기 때문이다. 어떻게 해서든 진실에 다가서서 사람들이 실제로 생각하는 것을 이해해야 한다. 경영진이 이 필요성을 이해하지 못할 경우, R^2 달성에 필요한 행동에 직접적인 영향을 끼치는 방식으로 B^2 신념을 목표로 삼을 기회를 분명히 잃어버리게 될 것이다.

  우리의 예를 참조해서, 우리 고객이 C^2 문화의 핵심적 요소로 파악한 B^2 신념 중의 하나를 검토해보자.

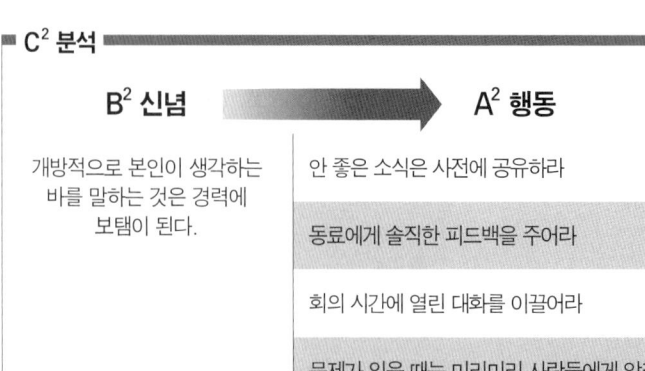

경영진은 B^2 신념을 그들이 조성해야 할 C^2 문화의 핵심 요소로 보았다. B^2 신념이 없이는 R^2 달성을 위해 충분할 정도로 조직의 프로세스에 박차를 가할 수 없었을 것이다.

이제 우리 조직, 그룹이나 팀에서 바꿔야 할 몇 가지 신념에 대해 생각해보라. R^2를 향한 전진을 방해하는 B^1을 파악해보라. 그리고 나서 R^2 달성을 위해 버려야 할 B^1을 대체하는, 당신이 창조하기 원하는 B^2를 결정하라.

우리의 조직이나 팀에서 신념의 변화를 이끌어내지 못할 경우에는 무슨 일이 벌어질까? 반면, 사람들이 이러한 신념을 품을 수 있는 환경을 조성한다면 무슨 일이 벌어질까?

신념의 전환 확인하기

R^2 달성을 위해 버려야 할 현재의 B^1 신념		R^2 달성을 위해 창조해야 할 바람직한 B^2 신념
	TO	
	TO	
	TO	
	TO	
	TO	

조직문화가 경쟁력이다

문화적 신념: 맞춤 사례

인구가 다른 어떤 주보다 빠르게 감소하는 미국의 어느 주에서, 경기 침체의 압박으로 산업 기반은 곤경에 빠져 있었다. 그곳의 지역 의료보험 공급자인 "이스트사이드 헬스플랜"의 경영진은 R^1에서 R^2로의 중대한 전환을 이뤄내야 한다는 사실을, 그것도 신속하게 진행해야 한다는 사실을 알고 있었다.

한동안 이스트사이드는, 다른 여러 지역의 의료 서비스 조직을 소유한 다국적 기업인 모기업에서 관리하고 모니터링했던 고객 만족 측정에 역점을 두었다. 모회사의 고객 만족 프로그램에는 이스트사이드가 얼마나 시기 적절하고 정확하게 신규 회원을 등록시키고 클레임을 처리하며 문의를 해결하는지에 관한 몇 가지 측정치들이 있었다. 이 측정치는 각각의 고객 만족 성과 범주에서 정한 표준을 조직이 얼마나 잘 실행했는가에 따라서 포인트를 주는 방식이었다. 이 때 당시 이스트사이드는 모회사의 포트폴리오에서 전체 의료 서비스 조직 중 하위 25%에 속했다.

조직의 문화가 회사의 실적을 떨어뜨리고 있다는 사실을 모두가 인정했다. 우리가 그들의 조직 문화 평가를 위해서 경영진과 함께 일하기 시작한 후부터, 우리는 조직의 모든 리더들이 특정한 주제를 반복적으로 이야기하는 것을 들었다. "이곳에서는 실제로 업무가 어떻게 진행되나요?"라는 신입 직원의 질문에, 대부분은 다음과 같이 대답할 것이라고 말했다.

- "우리는 손 놓고 구경만 하는 편이야. 이곳 문화에는 성과책임 같은 건 없어. 죽기 전까지는 내 밥그릇을 지킬 수 있다고 믿지. 급한 일은 거의 없어. 편하게 앉아서 지시가 내려오기를 기다렸다가, 지시대로 따르면 그저 그런 성과에도 보상이 있거든."
- "우리는 지하 격납고에서 일한다고 생각하면 돼. 중요한 결정을 내리기 전에 다른 부서들과 논의를 하는 경우는 거의 없어."
- "'그 일은 항상 이 방식으로 처리해 왔어.'라는 사고방식이 자리잡고 있기 때문에 새로운 아이디어가 채택되는 경우는 거의 없어. 우리가 보기에도, 위험은 싫어하고 현상유지만 좋아

하지. 정말로 좋은 아이디어가 떠오르면, 2 단계라고 표시하고는 리스트에만 올려놔."
- "회의 시간은 조용하고, 열정이나 진솔한 대화라는 건 없어. 사람들은 회의가 끝난 후에 복도에서 자기 생각을 얘기하지. 회의 시간에는 웬만해선 얘기 안 해."
- "분명하게 정의된 조직의 성과에 대해서 의견을 일치시키거나, 집중하거나 하지를 않아. 공통된 비전이나 목표가 없지."
- "'그건 제 업무가 아닙니다.'라는 대답은 대다수의 부서에서 자주 들려오지. 문제가 생기면 다른 사람에게 떠넘기면 그만이야."

R^2 성과 달성을 방해하는 C^1 문화의 특징은, 위에 열거된 바와 같이, 업무 처리 방식에 관한 이스트사이드의 강력한 B^1 신념을 보여주었다. 경험에 비춰볼 때 이 같은 상황은, 변화를 준비하는 조직에 나타나는 공통된 사항이다. 모두가 변화의 필요성을 지지하는 것처럼 보이지만, 어느 누구도 기억하기 쉽고 효과적인 방식으로 변화를 규정하는 방법을 모른다는 사실은, 언제나 경영진의 골칫거리이다.

우리는 이스트사이드에서 핵심적인 조직의 문화적 신념에 관하여, 경영진 간에 의견을 일치시키도록 하였으며, 이로써 고위 경영진이 이 문제를 언급할 수 있도록 도와주었다. B^2 신념은 필요한 A^2 행동을 이끌어내고 바라는 R^2 성과를 도출한다. 조직 문화의 신념선언서가 어떻게 C^2 문화의 특징을 정의하였는지를 아래에 소개한다.

■ **문화적 신념: 이스트사이드헬스플랜** ■

즉시 행동하라.	나는 경쟁에서 이기기 위해 매일 긴급하게 업무에 임한다.
관심을 보여라.	나는 회사 차원의 탁월한 성과 달성을 위하여 기업내에 파트너십을 구축한다.
인정하라 own.	나는 성과책임을 받아들이고, "내가 무엇을 더 할 수 있을까?"라고 끊임없이 자문한다.
대화하라.	나는 열린, 솔직한 대화를 촉진하기 위해 노력하고, 듣고, 공유한다.
기본에 충실하라.	이해관계자들을 위하여, 나의 일상 업무에서 혁신적인 해결책을 실행한다.
낭비를 제거하라.	나는 효율성을 최대화하고 일상 업무에서 군살을 빼고 신속하고 탁월하게 업무를 처리함으로써 경쟁에서 이긴다
한 방향 정렬하라.	나는 우리 회사의 성과 달성에 맞추어 일상의 업무 행동을 조정하고 회사의성과 달성에 초점을 둔다.

■ **조직문화**가 **경쟁력**이다 ■

성과책임 프로세스의 문화를 시작하고 이스트사이드의 문화적 신념을 규정한 이후 불과 2년 만에, 이스트사이드의 CEO는 경영진 앞에서 서서 모회사의 고객 만족 프로그램이 시작된 이후 최초로 모든 중요한 기준을 통과하거나 초과하여 최고 점수인 100점을 받았다고 발표했다. 이러한 실적 때문에 모든 자회사 중에서 이스트사이드가 최초로 1위에 올랐다. 이 변화는 불과 2년 만에 이뤄진 것이며, 고객을 위한 헌신에 관하여 회사의 전 직원들이 생각하고 행동하는 방식에 상당한 변화가 있었다.

문화적 신념은 생각하는 방식에 영향을 미친다. 문화적 신념은 여러 신념들 간에 균형이 맞도록 협력한다. 하나의 신념만을 분명히 표현하고, 그 신념만을 널리 알리며, 올바른 행동에의 동기부여가 되도록 기대할 수 없다. 하나의 시스템을 이루어 함께 기능하는 일련의 신념들이 필요하다. 가령, 이스트사이드의 리더들은 직원들이 긴박감을 가지고 "즉시 행동"할 것을 요구하였고, "관심을 보이고" 조직 전반의 여러 부서와 협력해서 일하기를 바랐다. 또한, "주인 의식을 갖고", "내가 무엇을 더 할 수 있을까?"라고 묻는 성과책임을 받아들이도록 하였으며, 아이디어와 의견을 개방적으로, 진솔하게 교환하도록 촉진하는 "대화하기"를 시행하도록 하였다. 이것이 바로 문화적 신념이 효력을 발휘하도록 만드는 방법이다. 문화적 신념은, R^2 성과 달성을 위해 조직의 구성원들이 어떻게 다르게 생각하고 행동해야 하는지에 관하여 상호의존적인 체계를 형성한다. 이것은 서로 조화를 이루게 하고 A^2 행동을 이끌어내기 위해 함께 작동하는 일련의 신념들이다.

문화적 신념선언서를 작성하라

당신이 선택한 B^2 로의 전환은 문화적 신념선언서의 기초가 될 것이다. 가장 중요한 전환에 우선순위를 두고 선언서에 포함하는 것은 성공적인 조직문화 전환에 반드시 필요한 단계다. 우리의 연구와 경험으로 볼 때, B^2 신념을 파악하는 과제에 더욱 의식적으로 열심히 매달릴수록 문화적 신념선언서를 보다 효과적으로 작성할 수 있다. 당신은 자체적으로 문화적 신념선언서를 구성하고 싶을 것이다. 물론 B^2 신념의 목록은 조직의 독특한 니즈를 반영하게 된다. 문화에 관해서만은, 모두에게 들어맞는 치수는 없다는 사실을 기억하자. 모든 기업은 자신만의 R^2 성과 달성에 필요한 행동을 이끄는 자체의 특정 B^2 신념을 파악해야 한다.

어느 한 개인 혼자서 문화적 신념선언서를 작성해서는 안 된다는 것은 두말할 필요도 없다. 중추적인 역할을 하는 이러한 선언서는 그룹 상호작용, 즉 경영진에서 조직이 창출해야 하는 핵심 B^2 신념을 설명하는, 그러한 그룹간 상호작용의 산물이어야 한다. 사람들이 마음에 품었으면 하는 모든 신념들을 종합하여 목록으로 작성하지 말아야 하는 이유는, 그것이 목록의 효력을 약화시키고 구성원 모두가 실제로 핵심적인 신념에 집중하는 것을 방해하기 때문이다. 차라리, 추가할 수 있다면 R^2 성과로 당신의 조직, 부서, 그룹, 혹은 팀을 추진할 수 있는 놓치고 있는 신념을 목록에 포함시키라.

나(I) 라는 단어로 신념선언서를 시작할 것을 권장한다. 문화는 한번에 한 사람씩 변화시키기 때문에, 각각의 모든 리더, 관리자, 사원 개개인들은 문화적 신념을 내면화해야 한다. 조직의 신념을, 마치 자기 자신의 머릿속에 존재하는 생각인 것처럼, 그 생각이 A^2 행동으로 이끄는 것처럼 여겨야 한다. 고객들은 종종 "왜 *우리(We)*로 신념선언서를 시작하지 않느냐?"고 묻는다. *나(I)*는 흔히 *우리(we)* 안에 묻혀 숨어 버리게 된다는 것을, 우리는 경험으로 배웠다. 이에 대한 좋은 사례로, 초창기에 우리와 함께 일했던 대형 제약 회사의 CEO의 경우를 예로 들겠다. 그는 조직에 합류하여, 회사 전체의 성

과책임 정도를 파악하고자 했다. 조사를 하면 할수록, 그는 어떤 단계의 의사 결정에서도 성과책임을 찾을 수 없었다. 어떤 결정을 누가 내리느냐고 물을 때마다 직원들은 누군가의 이름을 말하기는 하였다. CEO에게는 이러한 문화가 어느 누구도, 어떤 한 개인도, 책임을 지지 않는 환경처럼 보였다. 그는 화가 나서 "팀이 결정하는 게 아니라 리더가 결정하는 거야!"라고 외쳤다. 그는 일이 잘못된 경우라도 직원들을 징계하지 않았고, 조직이 문제에 관한 정확한 해답에 도달하는데 공동으로 노력한 팀 구성원의 권리를 박탈하지 않았다. 리더들이 좀 더 권위를 갖고 일을 진행하는 성과책임을 기꺼이 받아들이게 함으로써 그저 의사결정 속도를 높이기를 바랐을 뿐이다. C^2의 중심에 위치하는 생생한 문화적 신념으로 살아가는 것은 조직문화 변화 추진에서 가장 중요한 요소다. 이것이 바로 각 선언서를 나(I)로 시작함으로써, 문화적 신념선언서에 대하여 주인 의식을 확립하도록 하고, 모든 개인 각자가 문화적 신념에 따라 행동하는 성과책임을 맡아야 한다고 강조하는 이유다.

  사람들의 참여를 유도하여 작성된 문화적 신념선언서는 조직문화 변화를 위한 매우 강력한 도구가 된다. 선언서의 신념이 아직 분명하게 형태를 잡은 것은 아님을 인식하면서, C^2를 실현하는 방법을 담은 선언서를 각자 작성해보라.

  사람들이 신입 사원의 질문, "이곳에서는 업무가 어떻게 진행되나요?"를 대답하는데 실제로 사용하는 단어를 활용하라. 1인칭으로 선언서를 작성하고 긍정문으로 만들어라. 선언서는 사람들이 R^2 달성을 위해 생각하고 행동해야 하는 방식을 설명한다는 것을 기억하라. 선언서는 우리가 바라는 상태, C^2 문화를 의미한다.

관리자들이 문화 로드맵을 그릴 수는 있지만, 직원들이 그 로드맵을 자신과 연결시키지 않는다면 그 효과를 기대할 수 없다. 선언서의 초안을 작성할 때, 조직 전체의 모든 임직원을 대상으로 한다는 걸 명심하자. 이 B^2 신념선언서는 모든 직위의 사람들이 서로 다른 A^2 행동을 하게끔 동기부여를 할 것이다. 단어에 가장 정확한 의미를 전달하는 정의, 해석, 설명 없이 선언서 하나만 덩그러니 있을 수 없다는 사실을 기억해야 한다. 신념은 조직의 모든 분야에서 모든 직무에 적용하는 방법에 관하여 대화와 논의를 불러일으키기에 충분할 정도로 작성되어야 한다. 이것이 바로 선언서를 회의실 벽에 걸어 놓거나 전 직원에게 메모로 전달하는데 그쳐서는 안 되는 이유다. 신중하게 선택한 단어에 풍부함을 담아, 각 신념을 이해하고 믿고 인정하도록 도와주는 과정을 활용하여 선언서를 발표해야 한다. 이 주제에 관해서는 10장 "전체 조직을 변화에 참여시켜라."에서 더욱 자세히 다룰 것이다.

신념을 갖고 일하는 것의 위력

신념을 갖고 일하기의 위력에 관한 좋은 사례는, 수 년 동안 실적의 기복을 겪었던 소매유통 대기업 시어스 로벅앤컴퍼니Sears, Roebuck and Co에서 찾을 수 있다. 우리가 좋아하는 이 특별한 이야기는, 시어스가 중대한 실적 호전을 일궈냈던 시기로부터 시작된다. 그 당시 〈포춘〉지의 인터뷰기사에 소개된 대로, 직원 교육 담당 최고 책임자(CLO) 앤서니 루치는 직원들이 회사의 사업과 목표를 잘못 이해하고 있다면서 놀라움을 금치 못하고 목소리를 높였다. 직원들과의 회의에서 루치는 "시어스가 전체 수익에서 얼마나 많은 이익을 유지하고 있다고 생각하는가?"라고 물었다. 평균적인 대답은 세금을 제외하고 45센트였다. 그 당시 이익은 달러당 1.7센트였다. 루치는 "경제 이해력에 문제가 있다는 건 경영진의 잘못"이라고 결론을 내렸다. 루치는 직원들이 회사의 성공에 대해 품고 있는 신념이, 직원들 자신의 업무 방식에 부정적인 영향을 끼치고 있다는 사실을 우려했다. 루치는 다른 질문을 했다. "여기서 급여를 받고 일하는 가장 중요한 일은 무엇이라고 생각하는가?" 절반 이상의 직원들이 "회사 자산을 보호하는 것"이라고 말했다. 직원들은 회사를 "보호하는 것"이 최고의 우선순위라는 신념을 갖고 있었다. 고객을 이롭게 하는 것(주도적인 자세)이 아니라 고객을 감시(방어적 자세)하고 있었다. 이런 신념의 바탕에 행동이 뒤따랐고, 결과도 뒤따랐는데, 그 결과라는 것이 소매 업계에서 고객 만족 점수가 가장 낮은 것이었다.

  루치는 직원들이 재정 문제에 초점을 맞추느라 고객 만족을 놓치고 있다는 사실을 깨닫고는 놀랐다. 루치는 회사란 "측정 가능한 일을 실행하는 것"이라는, 사업의 "겉으로 보이는 측면hard side"만을 강조하면서 실적을 몰아세웠다는 것을 깨달았다. 그는 회사가 다시금 고객에 초점을 맞춰야 한다는 것을 알았다. "세 가지 부문 즉, 매장, 업무 그리고 투자에서 믿을 수 있고 회계 감사 가능한 측정 방법을 만들지 않는 한, 모든 관심은 재정 문제에 집중될 수밖에 없다는 것을 알았고, 매장과 업무에 필요한 견인차를 갖지 못했다."

"보이지 않는soft" 개념을 보다 구체적으로 만들기 위해서, 회사는 820여 개 모든 백화점 매장의 13개 재무 기준, 수백만의 고객 만족 데이터 포인트 그리고 수십만의 직원 만족 데이터 포인트를 분석했다. 분석 결과, "직무와 회사에 관한 직원들의 태도는 고객을 대하는 그들의 태도를 예측할 수 있도록 해 주는 두 가지 지표이며, 결과적으로 고객 충성도와 고객이 시어스를 타인에게 추천할 가능성을 예측하도록 해 주는 지표가 되며, 이 두 지표는 결과적으로 재무 실적을 예측하도록 해 준다."는 결론을 얻었다.

실증적인 데이터를 활용하여, 루치는 직원들의 신념이 행동과 성과를 이끈다는 사실은 증명했다. 그는 또한 한 분기에 다섯 가지 측정 단위(내부 척도 기준)에 따라 직원 만족도 순위의 변화가 다음 분기 고객 만족도 점수의 두 단위 상승(새로운 신념을 토대로 한 직원들 행동의 성과)과 매장 전국 평균을 0.5% 넘어서는 다음 분기 수익 성장으로 해석할 수 있다는 사실을 입증했다. 회사의 리더들은 이 관계를 강하게 믿었기 때문에 회사 최고 경영진 200명의 인센티브 보너스 30~70%를 비재무적인 실적 기준과 연관 짓기 시작했다.

시어스는 기업의 문화를 바꾸고, 영업 담당자들이 매장에서의 일상 업무에 대하여 생각하는 방식을 바꾸도록 노력했다. 이러한 노력은 전사적으로 재무 지식에 관한 신념, 그리고 고객 만족 차원에서 직원들의 직무를 정의하는 것에 관한 새로운 핵심 신념으로 이어졌다. 경영진은 1950년 이후의 비즈니스 환경에서 이루어진 변화에 관한 교육을 하기 시작했다. 가령 트렌드 데이터를 보면, 소비자들은 쇼핑몰 방문을 66% 이상 줄였다. 이와 같은 분석 데이터를 본 디트로이트의 한 지게차 운전사는 "가만, 사람들이 쇼핑몰에 가는 횟수를 세 번에 한 번 꼴로 줄였는데, 우리 회사 매장이 전부 쇼핑몰에 있다면, 매장 리모델링에 그렇게 많은 돈을 써야 할 필요가 있는 건가요?"라고 말했다. 이 말을 들은 루치는 어떻게 했을까? "나는 방 뒤에 앉아 있다가 할렐루야를 외칠 뻔 했어요! 우리는 직원들이 이런 질문을 할 정도로 사업에 대해 충분히 알기를 원합니다."라고 말했다.

관리팀은 전사적으로 긍정적인 변화를 불러일으킬 수 있는 방법에 관한 수많은 새로운 신념들을 받아들였는데, 그 중 세 가지만 들자면 다음과 같다. "정보 접근성은 변화와 개선에 대한 동기를 부여한다." "매장 직원들은 어떤 목표인지를 막론하고 모든 목표 수립의 과정에 참가해야 한다. 이를 통해 주인 의식을 고취시킬 수 있다" "직원들이 무언가를 스스로 성취할 기회가 있다면, 그들은 자부심을 느끼게 되고 바로 활기를 띠게 된다."

루치와 그의 팀은 신념의 변화가 행동과 성과의 변화를 이끈다는 것을 알았다. 통계적으로 그들 자신이 입증했다. 시어스가 조직 문화를 바꾼 지 얼마 되지 않아 실시하였던 〈포춘〉지 조사 결과를 보면, 당시 시어스는 고객 만족 부문에서 206개 회사 중 5위로 향상 하였고 마진도 1.7센트에서 3.3센트로 거의 두 배나 뛰어올랐다. 이 흐뭇한 최종 성과의 개선과 전체 실적의 변화는, 사람들이 신념을 갖고 업무에 임하는 것의 영향과 효과성을 단적으로 보여준다.

피라미드를 구축하라

유능한 리더들은 신념이 사람들의 행동을 이끈다는 것을 이해하고 있다. 조직문화 변화는 사람들이 "여기에서 일이 진행되는 방법"에 관한 B^2 신념을 받아들이게 하는 것이다. 조직의 문화적 신념선언서는 책임문화를 설명한다. 책임문화란, 필요한 성과(R^2) 달성에 반드시 필요한 방식으로 생각하고(B^2) 행동(A^2)하는 책임을, 구성원들이 받아들이는 문화(C^2)라고 정의했던 것을 상기하라. 바꿔야 할 핵심 문화적 신념을 명료하게 하는 것은 새로운 조직문화 전환을 추진하고 원하는 성과 달성 가능성 증대에 도움이 될 것이다.

기업 홍보 부서가 일반 대중에게 발표하기 위해 문화적 신념을 작성하는 것은 아니다. 그보다 경영진은, 단계별로 목표의 일치를 이뤄내고 조직의 모든 단계에서 성과를 창출하기 위한 실용적인 도구로서, 직원들의 참여를 통해 조직문화 선언서를 취합한다. 10장에서는 문화적 신념선언서의 활용을 검토하고 나머지 조직에 선언서를 전달하는 방법과 선언서를 활용해 조직 전반에 걸쳐 문화 바꾸기를 확실히 실천하는 방법을 다룰 것이다.

사람들이 문화적 신념을 믿고 따르는 환경을 만드는 책임은 리더에게 있다. 여타의 리더십 행동들보다 조직의 성공에 더 많은 기여를 할 수 있다는 사실을 우리는 굳게 믿고 있다.

  사람들에게 변화하라고 요구한다고 해서 (물론 이게 좋은 출발이긴 하지만) 신념을 바꿀 수는 없다. 사람들이 B^2 신념을 따르도록 촉진하려면 경영진은 사람들이 신념을 바꾸고 매일의 일상 업무에 관해 다르게 생각하도록 설득할 수 있는 경험을 창조해야 한다. 이것은 아마도 리더십에서 가장 어려운 도전 과제이며 다음 장에서 다룰 피라미드 단계에서 가장 핵심적인 것이다.

■ 5장 ■
신념을 심어주는 경험을 제공하라

성과 피라미드의 기반을 형성하는 경험은 조직문화 변화에 가속도를 붙게 한다. 의식적이건 무의식적이건 우리는 매일 일상에서 주위 모든 사람에게 경험을 나눈다. 조직에서 다른 사람들과 갖게 되는 상호작용은 바람직한 B^2 신념을 강화하거나 아니면 약화시키는 경험을 만들어낸다. 간단히 말하면 당신이 제공하는 경험들은 사람들이 지니는 신념을 만들어낸다.

지난 20년 동안 무수히 많은 고객의 성공적인 문화변화 추진에 도움을 준 경험으로 봤을 때, 리더들은 바람직한 E^2경험을 만드는데 매우 능숙하게 되어야 한다고 확신한다. 이러한 역량을 가진 리더들은 C^1에서 C^2로의 변화 속도를 높이고 책임문화를 개발하기 때문에 R^2 성과를 달성할 가능성이 높다. 성과 피라미드의 기반에 초점을 맞추고 바람직한 경험을 제공한다면 사람들은 자신들이 생각하는 방식을 바꿀 것이라고 확신한다. 사람들이 생각하는 방식을 바꾼다면 문화를 바꿀 수 있고 문화를 바꾼다면 당신의 비즈니스 양상을 바꿀 수 있다.

바람직한 경험이 바람직한 신념을 만들어낸다

신념을 만들어내기 위해 경험을 활용한 좋은 예는 텍사스주 오스틴에 본사를 둔 아이스크림 체인 Amy's Ice Creams을 들 수 있다. 체인점 13곳의 리더들은 문화를 관리하고 성과 달성을 위한 경험을 만들기에 목적을 갖고 집중했다. 체인 소유주 아미 시몬스는 동부 텍사스 태양의 뜨거운 열기 속에서 고객을 놓고 경쟁하려면 아이스크림 판매장은 그저 군침 도는 아이스크림 이상의 뭔가를 제공해야 한다는 개인적인 신념을 갖고 아미 아이스크림의 문을 열었다. 아미는 판매하고 있는 모든 아이스크림 한 숟가락마다 경험을 함께 제공하면서 자신의 아이스크림 판매장을 차별화하고 있다.

잡지 〈Inc.〉의 커버 스토리에서 이 회사를 다룰 때, 이 회사의 직원들을 공연 예술가로 묘사했다. 줄을 서서 기다리고 있는 고객들은 직원들이 아이스크림 수저로 저글링하고 아이스크림 공을 던지고 심지어 냉장고 꼭대기에서 춤추는 모습을 지켜본다. 존 케이스 기자는 "밖에 줄 서 있으면 직원들이 나와서 무료로 샘플 아이스크림을 나눠주고 아니면 노래를 부르거나 춤을 추거나 시를 읊거나 동물 흉내를 낸 고객에게 무료로 아이스크림을 준다. 직원들은 특

수 복장을 하고 소품을 가져와 잠깐 퀴즈를 낸다. 그들은 재미를 만들어낸다." 간단히 말해서, 아미의 직원들은 고객과 동료 직원들을 위해 경험을 창조해낸다. 수많은 여타 성공한 기업들의 문화와 마찬가지로, 이 회사의 문화도 저절로 생긴 것은 아니었다; 리더가 목적을 갖고 창조해냈으며 한 번에 하나의 경험을, 한 번에 한 사람씩 늘려갔다. 케이스가 지적한 대로 아미는 "적합한 사람들을 채용하고 이들이 제대로 된 방식으로 행동하게끔 하여야 했다. 그들의 행동이 창의적이고 지칠 줄 모르며 자기 주도적이어야 했기 때문에 그녀는 직원들이 듣지 않고도 바람직한 방식이 어떤 것인지를 알게 해야 했다." 다른 말로 하면 회사는 사람들이 최고의 창의성을 보여주는 것의 중요성을 스스로 배우는 경험을 통해 아미 아이스크림의 사고방식을 창조하고 유지할 수 있었다. 직원들이 경험을 공통된 신념으로 해석한 이후에, 아무도 무엇을 해야 할지 말할 필요가 없었다. 직원들은 직무의 핵심 요소로 자연스럽게 그렇게 했다. 아미는 직원들에게 무엇을 해야 할지 말할 수만은 없다는 것을 알았다. 그녀는 아미에서 일하는 모든 사람이 아미 문화의 특징인 재미와 게임을 개발하려고 매일매일 열심히 노력해야 한다는 신념의 자양분이 되는 경험을 만들어야 했다.

 이를 성취하기 위해서, 회사는 고용에 앞서 입사 예정인 모든 직원에게 "아미 경험"을 안겨준다. 신청서 대신에, 장래의 직원들은 평범한 흰색 종이봉투를 받아 집으로 가져간다. 유일한 요구사항은 봉투에 이름과 연락처 정보를 적는 것이다. 그리고 유일한 다른 지침 하나는 봉투를 이용해 무엇이든지 하되 일주일 이내에 다시 가져오는 것이다. 아미에 따르면, "전화번호만 적은 친구들은 아미가 그 친구들한테는 맞지 않다는 걸 알게 되겠지만, 흰색 종이봉투로 괴상한 뭔가를 만들어낸 지원자는 회사 환경에 맞는 재미있는 친구가 될 가능성이 많다."라고 한다. 덕분에 아미는 웬만한 건 다 봤다: 화려하게 장식한 봉투, 인형으로 변신한 봉투, 창작 비디오로 가득한 봉투, 한 줌 재로 변해 버린 봉투 등. 처음 시작부터 이 회사에서의 경험은 "여긴 뭔가 다르다"는 신념을 강화한다. 해를 거듭할수록 채용 과정 바로 직전에 겪은 이 단순한 경험은 아미의 문화를 규정하고, 차별화하고 전파하는데 효과적인 것으로 입증됐고 경험이 바람직한 신념의 기초를 어떻게 제공하는지를 창조적으로 증명했다. 이 미치광이 같은 회사의 성과는? 아마도 이미 예상했을 것이다. 아미 아이스크림은 변함없이 현지 시장을 독점하고 있다.

경험이 신념을 창조한다. 제대로 된 경험이 바람직한 B^2 신념을 창조한다. 문화전환의 속도를 높이려면 이와 같은 질문을 스스로 자문해야 한다: 조직에 필요한 B^2 신념을 만들기 위해서는 어떤 경험을 제공해야 하는가? 좋건 나쁘건 간에 우리는 이미 경험(E^1)과 신념(B^1)과 문화(C^1)를 만들고 있으며 의식적이건 무의식적이건 앞으로도 계속해서 만들 것이다.

바람직한 신념을 강화하는 경험을 제공하는 것은 약간의 상상과 노력 그 이상이 필요할 수 있다. 우리는 어느 철강 회사에 대한 우화 같은 이야기를 좋아하는데 이 회사의 이사회는 새로운 CEO를 고용해서 빈사 상태의 문화를 대대적으로 바꾸기를 희망했다. CEO는 문화를 바꾸고 생산성을 개선하겠다는 본인의 직무를 시작했다. 그가 직원들에게 심어주고 싶은 첫 번째 신념은 일터에서 게으름뱅이를 용인하지 않겠다는 것이다. 그는 첫 번째 공장 시찰 시간에 모두가 일 때문에 바쁜 사무실에서 직원 한 명이 벽에 기대 서 있는 걸 우연히 발견했다.

사람들이 본인을 확고부동하고 단호한 상사로 봐주기를 원했던 CEO는 그 게으른 직원을 지목하고 나서 그에게 물었다. "자네 1주일에 얼마나 버나?" 젊은 친구는 놀라 얼굴을 바라보다가 "주당 사백 달러입니다. 왜요?"라고 대답했다. CEO는 "여기서 기다려!"라고 쏘아붙였다. 그는 재빨리 사무실로 갔다가 몇 분 후 다시 돌아와서 젊은 친구에서 현찰로 $1,600를 건네주고 따끔한 충고를 했다. "여기 4주 치 월급이야. 이제 *나가서* 다시는 오지마." 젊은 친구는 걸어나갔고 CEO는 남아 있던 직원들을 바라보면서 자신이 방금 보낸 강력한 메시지에 스스로 만족했다. 그는 구경하던 직원들에게 물었다. "저 멍청이가 여기서 도대체 뭘 하고 있었는지 나한테 말해줄 사람 없나?" 사무실 한편에서 억지로 대답하는 듯한 기어들어가는 목소리가 좁은 방에 울려 퍼졌다. "그 친구 도미노 피자 배달원인데요."

우리가 만들어내는 경험과 그 경험이 사람들이 믿고 있는 것에 미치는 영향을 인식하는 것은 모든 리더들이 갖추거나 빨리 개발해야 하는 역량이다. 경험의 영향을 이해하는 것은 문화전환의 성공적인 노력에서 없어서는 안 될 아주 중요한 요소이다. 많은 리더는 변화 노력 초기에 그들이 만들어낸 경험이 그들이 원했던 방식으로 지배적인 신념에 영향을 끼치지 못한다는 것을 알게 된다. 이런 일이 발생하는 걸 막기 위해서, 다음 네 가지 원칙을 기억하자.

원칙 1: 사람들은 현재 신념이라는 렌즈로 새로운 경험을 구분하기 때문에 현재 신념을 없애기보다는 그것을 입증하려고 노력한다. 우리는 이를 선택적 해석이라고 부른다.

원칙 2: 사람들은 흔히 낡은 신념에 집착하고 마지못해 포기하는데 신념 편향성이라고 부르는 것에 포로가 된다. 선택적 해석과 관련해서, 사람들은 대개 자신이 이렇다는 사실을 깨닫지 못한다.

원칙 3: 사람들은 종종 자신이 만든 신념에 대한 책임을 받아들이지 않으며, 대신에 자신의 경험에 의존한 자연스럽고 논리적인 결론으로써 신념을 보려고 한다.

원칙 4: 사람들이 품고 있는 신념은 쉽사리 바뀌지 않기 때문에 미래의 행동을 가장 잘 가늠할 수 있는 것은 과거의 행동이다.

강철 회사 CEO 이야기처럼 일부 사례를 보면 경험은 실제로 엉뚱한 결과를 낳아서 심어주고자 하는 신념과 정반대의 신념을 불러일으킨다. 책임문화로의 전환이 급속히 진행되는 경우는 우리가 만들어내는 경험의 해석이 중요하다는 사실을 깨달을 때만이 일어난다.

경험의 유형

자신들이 만들어내는 경험의 해석이 중요하다는 것을 모르는 리더들은 조직의 구성원들이 받아들인 바람직한 B^2 신념을 좀처럼 알아채지는 못한다. 따라서 우리가 만들어내는 경험은 세심한 해석이 필요하다고 항상 예상해야 한다. 그렇지 않으면 B^1을 지키려는 편협한 마음은 온 힘을 다해서 살아남아, 사물을 새롭게 보게 하려는 노력을 수포로 돌아가게 한다.

모든 사람들은 똑같은 경험을 각자 다른 눈으로 보는 경향이 있다. 당신은 올바른 해석으로 그들의 경험을 지지해주어야 한다. 그렇지 않으면 사람들이 의도한 것을 정확히 이해할 것이라고 기대할 수 없다. 우리가 만들어낸 모든 경험이 다 똑같지는 않다. 연구 결과를 보면, 리더들이 B^2 신념을 만들기 위해 제공한 경험은 다음 네 가지 경험 유형으로 나뉜다.

B^2 신념을 만들어내는 E^2 경험을 제공하는 데 성공하거나 실패한 수많은 리더를 관찰한 후에 우리는 이 모델을 만들었다. 제공하는 경험의 유형을 이해하는 것은 필요한 해석의 정도를 판단하고, B^2 신념을 만들려는 노력의 일환으로 제공하고 있는 경험의 유형을 다시 생각해야 할지 여부를 결정하는 데 도움이 된다. 잠깐 동안 그 철강 회사 CEO를 생각해 보자. 그가 만들려고 생각했던 경험의 유형

경험의 유형

유형 1 경험	즉시 이해되는, 의미 깊은 사건이 즉각적인 통찰력으로 이어지며 해석이 필요 없음.	분명히 이해 ↑
유형 2 경험	해석이 필요한, 바람직한 신념을 형성하기 위해 해석해야 되어야 할 필요가 있는 경험	
유형 3 경험	하찮게 인식되는, 중요하지 않다고 여기기 때문에 지배적인 신념에 영향을 끼치지 않는 경험	
유형 4 경험	끊임없이 오해되는, 해석의 분량이나 품질에 상관없이 항상 잘못 해석하는 경험	완전히 잘못된 이해 ↓

조직문화가 **경쟁력**이다

은 무엇이었으며? 그가 실제로 만들었던 경험의 유형은 무엇이었을까? 그가 유형 1 경험을 만들려고 생각했다고 말할 수도 있지만 실제로는 유형 4 경험을 만드는 걸로 끝났다고 주장할 수 있다. 매번 이런 일은 일어난다. 하지만 B^2 신념을 심어주는 경험을 창조하는 효과적인 방법을 활용한다면, 이런 일은 일어나지 않을 것이다.

유형 1 경험은 즉각적인 통찰력으로 이끄는 분명하고 의미 있는 사건을 전달한다. 이 경험은 경영진의 해석 없이 바라던 신념을 품게 한다. 가령, 유형 1 경험의 인상적인 사례는 2000년 Y2K 불안 시기에 있었던 일화를 들 수 있는데 그 당시 모든 사람은 프로그램의 날짜 처리 방식 때문에 롤오버rollover 문제의 원인이 됐던 "밀레니엄 버그"가 전세계 컴퓨터 기반 시스템을 파괴할 것이라고 우려했다. 전문가들은 잠재적인 작은 결함의 유효성에 대해 논의했지만, 일부 대형 항공사들은 1999년 12월 31일과 2000년 1월 1일에 비행기를 착륙시켰다. 하지만 중국 정부는 틀림없는 메시지 전달을 위해 중화인민공화국의 모든 항공사 임원들이 그리니치 표준시 1999년 12월 31일 자정에 비행 중인 항공기 좌석에 앉아 있으라고 지시했다. 이것은 중국 항공사 임원들의 해석이 전혀 필요 없는 분명한 유형 1 경험을 단적으로 보여줬다: Y2K 준수는 협상이 불가한 것이었다. 항공사 임원들은 이를 달성하기 위해 어떻게 해서든지 해냈다. 모든 임원은 그들의 생명이 천 년이 바뀌는 자정에 비행기가 안전하게 운행되는 것에 달려 있다는 것을 이해했다.

모두가 동일한 방식으로 대부분의 경험을 해석하지 못하기 때문에 유형 1 경험을 찾기가 어렵다. 중국 정부가 보낸 메시지가 항공사 직원뿐만 아니라 비행 중인 일반인들을 위해 유형 1 경험을 만들었다고 볼 수 있다고 하더라도, 일부 임원들은 실제로 이 경험을 유형 4 경험으로 해석해 정부가 개인의 안전을 위험에 빠뜨렸다고 생각할 수도 있다. 우리에게는 유형 1 경험처럼 보이는 것이 누군가에는 유형 4 경험처럼 보일 수 있다. 이러한 구별을 염두에 둔다면, 문화변화의 속도를 높이려고 노력할 때 제공하는 경험을 효과적으로 재조정하는 데 훨씬 도움이 될 수 있다.

대부분 사람이 유형 1로 간주하는 경험을 제공할 때, 사람들이 목표한 B^2 신념을 받아들이는데 강력한 영향력을 행사하게 된다. 사실 문화변화에 앞장서려고 할 때, 유형 1 경험을 만들어내는 것보다 더 좋은 건 없다. 할 수 있는 모든 기회를 찾아보고 붙잡아라.

유형 2 경험은 사람들이 계획한 B^2 신념을 받아들이기 전에 세심한 해석을 필요로 한다. 앞서 말했듯이, 우리가 제공하는 대부분의 경험은 이 범주에 속하며 대부분 경험들이 어느 정도의 해석을 필요로 하기 때문이다.

"아름다움이란 보는 사람의 생각에 달린 것이다."라는 말처럼, 신념이라는 것도 보는 사람의 마음에 달린 것이라고 말하고 싶다. 다른 말로, 우리가 제공해왔던 경험의 유형을 결정하는 것은 사람들이 선택적 해석을 할 때 우리가 경험을 주고자 했던 사람들이 그려낸 결론에 전적으로 달려있다. 그들은 의도된 신념을 갖고 떠나갔는가, 아니면 그렇지 않은가? 낡은 C^1의 습관, 시각 그리고 신념을 고수하는 편향을 고려할 때, 이러한 해석은 이것들을 바꾸려는 모든 노력을 수포로 만들고 세상에 대한 C^1의 관점에 손을 들어준다. 가령, 다른 사람들이 피드백을 받아들이지 않는 것으로 인식하거나 다양한 분야에서 절대로 협력하고 싶지 않은 리더십 팀은 사람들이 새로운 시각으로 경험을 볼 수 있게 하는 경험을 만들어내기가 어렵다는 것을 알게 될 수도 있다; 사람들은 최근에 눈에 띄는 개방성과 포괄성의 시도를 캐릭터에서 벗어나 이상하고 그저 요행에 불과하다고 여길 수 있다.

이와 같은 자연스러운 신념 편향성을 극복하는 데는 신중한 노력이 필요하지만, 정확히 문제에 접근할 때 극복할 수 있다. 불과 5년 만에 10억 달러 기업으로 급속히 성장한 제조 기업 "텔레네틱스"와

풋내기 시절에 일했던 기억이 난다. 사람들은 텔레네틱스에서 일하는 걸 무척 좋아했다. 고객들은 회사의 제품을 사려고 줄을 섰고 생산은 전망치에만 그친 적이 거의 없으며 제품은 문밖에서 흘러 넘쳤다.

텔레네틱스의 경영진과 함께 일할 때, 생산라인 근로자들과 감독관들을 대상으로 하는 조사를 시행해서 지배적인 C^1 신념을 평가했다. 생산라인 근로자들과 감독관들이 갖고 있는 신념을 알고서 회사의 리더들은 깜짝 놀랐다: "최고 경영진은 품질에 노력하지 않는다."

먼저 관리팀은 분명히 부정확하다는 이유로 이 피드백을 걸러 낸 다음 무시하고 싶어했다 (결국, 최고 경영진이 품질에 노력한다는 것을 알게 됐다) 하지만, 고객들이 품질 문제에 대해 불평을 제기하고 있다는 것을 알았을 때, 관리팀은 조립 라인의 신념에 뭔가 다른 게 있다는 것을 알아챘다. 우리는 도대체 어떤 경험 때문에 이렇게 광범위하게 뿌리내린 신념이 생겼는지를 확인해 보라고 코치했다. 팀 리더들과의 솔직한 대화의 자리를 마련했을 때, 생산라인 근로자들이 분명히 생산 품질 사양 이하였던 품목에 대해 와서 조사해 달라고 생산라인 엔지니어에게 신호를 보내는 호출등을 자주 켰다는 사실을 알아냈다. 하지만 그 엔지니어는 불량으로 보이는 제품을 버리는 게 아니라 문제가 된 품목을 선적하도록 "항상" 녹색등을 켰다. 그 결정은 해석하지도 않고서도 메시지는 분명했다: 납품이 품질보다 훨씬 중요했던 것이다.

이 충격적인 폭로를 추가로 더 조사한 후에, 관리자들은 엔지니어들이 사양을 벗어난 제품을 선적하라는 결정을 자주 내린다는 사실을 알았고 그 이유는 제품의 결함이 "양호"의 문제였기 때문이며 제품의 효능에 영향을 미치지 않았던 컬러 미스매치와 같은 사소한 문제와 대개 관련이 있었다. 문제는 심지어 날짜가 지나고 더는 사용할 수 없는 사양과 관련이 있을 가능성도 있었다. 하지만 생산라인 엔지니어들이 이 제품을 통과시켰기 때문에 조립 라인에 있던 직원들은 문제가 있다는 걸 품질 관리 엔지니어들에게 알려주는 호출 등을 켜지 않았고 이로 인해 실제로 불량 제품들이 선적됐다. 그 결과는: 텔레네틱스는 불량 제품들은 선적했고 고객들은 이 제품들을 좋아하지 않았다.

관리자들은 품질 문제를 해결하고 잘못 생산된 품목을 중단시키기 위해 생산라인 근로자들이 새로운 신념을 받아들일 수 있도록 도와줘야겠다고 결심했다: 품목이 사양을 벗어난 경우, 폐기해야 한다, 반드시! 일부 양호한 제품이 버려지기도 했지만, 불량 제품들을 잡아냈다. 관리자들은 또한 그저 외관상 결함이 있는 제품의 폐기를 막기를 위해, 텔레네틱스는 유효 기간이 지나거나 부정확한 사양서를 검토해야 했다.

우리는 관리자들이 조사결과와 자신들의 결정을 발표하려고 조립 기술자들과 가졌던 미팅을 생생하게 기억하고 있다. 불신감에 사로잡힌 어떤 생산라인 감독관은 자리에 서서 경영진이 진짜로 외관상 불량 제품을 폐기할 의지가 있는지에 대해 의문을 제기했는데 이것은 개정된 사양이 실행될 때까지 새로운 정책을 좌우하는 문제였다. 대답은 이랬다: "맞습니다. 우리가 사양을 다시 작성해야 한다면, 그렇게 할 것입니다. 하지만 그렇게 될 때까지, 텔레네틱스는 기존 사양을 통과하지 못하는 단 하나의 제품도 선적하지 않을 것입니다."

6개월이 지나 조립 라인에서 일하는 직원들은 지난번과는 전혀 다른 경험을 했다. 그들이 의심스러운 품목을 발견할 때마다 주기적으로 호출 등을 눌러서 품질 엔지니어들에게 알리고 엔지니어들은 본인의 역할에 따라 사양 이하의 제품을 폐기하도록 지시했다. 해석은 변함없이 지속됐다: "우리는 사양 이하의 제품은 선적하지 않는다." 회사가 개정된 사양을 비치할 때마다, 엔지니어들은 글자 그대로 사양을 이행하고 사양 개정이 필요하다고 생각할 때마다 시의 적절한 피드백을 전달했다. 얼마 안 가서 텔레네틱스는 제품 품질과 고객 만족이라는 측면에서 괄목할만한 성과를 이뤄냈다: 품질은 다섯 배가 향상됐고 매출은 급증했다.

우리는 6개월 후에 조사를 다시 실시했다. 조사 결과는? 개인적으로 생산라인에서 일하는 직원들은 이제 최고 경영진이 변했고 온전히 품질을 위해 노력한다고 믿는다. 리더십이 피라미드 하단에 초점을 맞추고 직원들의 신념, 행동, 궁극적으로 성과(2년 후에 고객 컴플레인은 5배나 감소했다)를 바꾼 유형 2 경험을 만들어내서 사람들의 신념 변화를 효과적으로 추진했기 때문에 이런 일이 가능했다.

조직 내에서 목격한 유형 2 경험에 관해 다른 고객의 중간 관리자들과 인터뷰를 했다. 그들은 최고 경영진이 스톡 옵션으로 조직 전체 직원들에 보상하는 새 프로그램을 시작해서 훨씬 더 강력한 주인의식을 심어주려고 시도했던 방법에 대해 이야기했다. 계속해서 조사를 해나가면서 최고 경영진 모두가 이 계획에 관여했고 열심히 노력해 회사 전체의 직원들에게 혜택을 줬다는 사실에 자부심을 느끼고 있다는 것을 CEO로부터 들었다. 예상했던 매출이 상당히 증가함에 따라 주가도 틀림없이 오를 것이라고 확신했다. 직원들의 삶을 풍요롭게 하고 고용 기간을 늘리며 회사의 늘어가는 수익에 참여할 수 있게 하는 혜택을 제공하는 것보다 더 좋은 방법이 있을까?

최고 경영진 모두가 새로운 계획 착수에 열정적으로 참가했다. 그들의 발표 이후 냉담한 반응을 느꼈을 때 받은 충격을 상상할 수 있으리라. 관리팀은 믿을 수가 없었다. 직원들은 왜 열정적인 박수로 이 발표를 환영하지 않았을까?

나중에 타운 홀스타일 미팅 자리에서 대부분의 직원들이 스톡 옵션이 어떻게 돌아가고 어떻게 직원들에게 이득이 되는지를 이해하지 못했다는 것이 밝혀졌다. 직원들은 의무적으로 주식을 사야 되는 걸로 생각하고 있었지만, 현재 주가에서 옵션을 행사하려고 한다면, 더 높은 가격으로 주식을 재판매할 수 있다는 사실을 몰랐다. 직원들에겐 경영진이 투자 수익 없이 어렵게 번 돈을 쓰라고 강요하는 것처럼 보였다.

이 에피소드는 전형적인 유형 2 경험이었다. 일단 최고 리더들이 이 경험을 해석해야 한다는 사실을 이해하고 옵션 프로그램에 대해서 설명하기 시작했을 때, 직원들은 이 아이디어를 아주 좋아했다. 회사의 실적에 대한 주인의식을 공유하기 때문에, 직원들은 수익 강화를 위해 직무상 매일매일 할 수 있는 일에 대해서 훨씬 신중하게 생각하기 시작했다. 그들은 경제면을 보고 매일 주가의 등락을 확인했는데 회사의 실적이 좋으면 더 많은 돈을 벌 수 있다는 것을 완벽히 이해했기 때문이었다. 이 이야기의 교훈은? 신념을 심어주는 경험에 관한 한, 의식적이고 신중한 해석의 힘을 절대로 과소평가하지 말아야 한다.

문화전환 초기 단계에서 경험은 훨씬 더 많은 해석을 필요로 한다는 것을 틀림없이 알게 될 것이며 그 이유는 그저 신념을 바꾸려는 노력이 아주 끈덕지게 도전을 받기 때문이다.

신념 편향성은 강력하고 선택적 해석은 현실이다. 하지만 본 저서에 나오는 변화 방법론을 꾸준히 실천한다면, C^1이라는 렌즈를 통해 사물을 바라보는 경향을 극복할 수 있기 때문에 C^2의 측면에서 훨씬 빠르고 손쉽게 새로운 경험을 해석하는 데 도움이 된다. 그 즉시 E^2 경험은 문화의 지배적인 신념을 선호하는 B^2 신념으로 대체하도록 조직에 있는 사람들을 이끈다.

유형 3 경험의 경우, 그들은 지배적인 신념을 바꾸지 않으며 그 이유는 좋고 나쁘건 간에 사람들이 정상적인 사물의 패턴에 맞춘 이벤트로 여기고 신념을 멀리하기 때문이다. 아래의 예시를 생각해 보라:

문화변화 기간에 공통된 유형 3의 경험

1. 비전과 가치 선언서 벽에 걸기
2. 회사 화보에 기사 작성
3. 회사 웹사이트에 공고 및 업데이트
4. 매주 급료 수령
5. 관리팀 발표문 작성

일반적으로 사람들은 이런 경험들을 가슴으로 받아들이지 않으며 가슴으로 받아들이지 않은 경험은 사람들이 새로운 B^2 신념을 받아들이도록 설득하지 못한다. 다른 E^2 경험과 더불어 이러한 경험들은 변화를 촉진하는데 어느 정도 역할을 할 수도 있지만, 유형 3 경험에 시간이나 자원이 불필요하게 투입되는지 빈틈없이 지켜봐야 한다. 대신에 C^1에서 C^2로의 전환을 촉진하는데 실제로 도움이 되는 유형 2 경험에 자원을 투입하라.

유형 4 경험의 경우, 아무리 열심히 노력해도 사람들은 우리가 원하는 방식으로 경험을 절대로 해석하지 않는다. 유형 4 경험은 원치 않는 C^1 신념을 강화시켜 대개 문화를 약화시킨다. 특히 문화전환을 위해 노력하는 동안 이러한 경험을 제공하지 않기 위해 최선을 다해야 한다. 한 고객이 유형 4 경험의 위험에 대해서 재미난 이야기를 들려줬다. 창립 100주년이라는 회사 역사 최초로 "CGS"는 상당한 예산을 삭감해 고위 간부급 인력을 대폭 줄였다. CGS의 최고경영진은 오랫동안 알아왔고 함께 일해왔던 사람들을 해고한 적이 없었다.

　이 와중에 CEO는 회사 간부 120명을 불러 최고 경영 회의를 소집했는데 여기서 그는 회사 전용기로 또 다른 제트기를 구매하겠다고 발표했다. 그는 신중하게 논리를 펼쳤다. 구매하면 조직의 목표 달성을 위해 필요한 거래 체결 과정의 속도를 높일 수 있다고 주장했다. 참석한 사람들은 발표를 듣고 충격에 빠졌다. 이 CEO가 이러한 결정 배후의 논리를 아무리 철저하고 세심하게 설명하더라도, 전혀 귀에 들리지 않았다. 이 전형적인 유형 4 경험은 '리더십을 신뢰할 수 없다.' '최고 경영진은 직원들에 관심이 전혀 없다.' '고급 간부들은 자기 자신들만 챙긴다'는 조직 전반의 C^1 신념을 강화시켰다. 이것은 절대로 일어나서는 안 될 유형 4 경험이었다.

　계획한 경험을 만들기 전에, 다른 사람들로부터 피드백을 받아 유형 4 경험을 피할 수 있는 경우도 있다. 다른 사람의 관점을 빌리는 것은 사람들이 경험을 어떻게 해석하는가에 대한 이해에 도움이 되기 때문에 필요한 조정을 하거나 아예 폐기할 수도 있다. 행동하기 전에 질문하고 귀 기울여라. 한편, 유형 4를 불가피한 선택으로 여긴다면, 두 눈을 크게 떠서 진행하고 반응을 예상하며 이에 대비하고 적절한 조처를 해서 강화하고 싶은 B^2 신념에 대한 경험의 부정적인 영향을 최소화해야 한다.

당신의 경험은?

　경험은 행동을 이끄는 신념을 만들고, 결국에는 원하는 결과를 만들어낸다. 사람들이 B^2 신념을 강화하는 방법으로 E^2 경험을 일관되게 해석할 때, R^2 성과는 훨씬 빨리 찾아온다. 아래와 같은 실습을 활용해 조직에서 제공해야 하는 경험에 관한 생각에 자극을 줄 수 있다.

아래 차트를 참조해서 조직이나 팀을 위해 창조하려는 B^2 신념을 파악하라. B^2 신념이 R^2 성과 달성에서 중요한 역할을 할 것인지를 확인하라. B^2 신념을 강화할 것으로 생각하는 유형 1 경험(가능한 경우)이나 유형 2 경험을 파악하라. 구체적으로 각 유형의 경험을

■ B^2 신념을 심어주는 경험을 제공하라 ■

당신이 만들고 싶은 핵심 B^2 신념

경험의 유형	B^2 신념을 심어주기 위해 제공할 수 있는 경험
유형 1 경험 의미 깊은 사건이 즉각적인 통찰력으로 이어지며 해석이 필요 없다.	
유형 2 경험 바람직한 신념을 갖기 위해 해석해야 하는 경험	

■ 조직문화가 경쟁력이다 ■

만들기 위해 무엇을 할 수 있는지 생각해 보라.

잠시 생각을 한 후에, 만들어야 할 경험을 파악하는 것은 세심한 계획 수립이 필요하다는 결론을 내리게 될 것이다. 이것은 대개 사실이다. 제공하는 경험이 목표를 달성할 수 있도록 올바른 단계를 밟을 때 훨씬 쉬워질 수 있다.

E^2 경험 제공을 위한 4단계

B^2 신념을 만드는 경험을 확실히 제공하기 위해 네 가지 중요한 단계를 밟을 수 있다. 만약 이들 중 한 단계를 건너뛴다면 어떤 지점에서 당신은 변화시키고자 하는 낡은 C^1 문화를 강화시키는 경험을 만들고 있다는 걸 알게 될 것이다. 이들 네 단계는 처음에 올바른 경험을 만드는 데 도움이 되며, 당신이 원하는 방식으로 사람들의 사고에 영향을 끼치지 못하고 있다는 걸 발견할 때마다 접근 방식을 수정하는 데 도움이 된다.

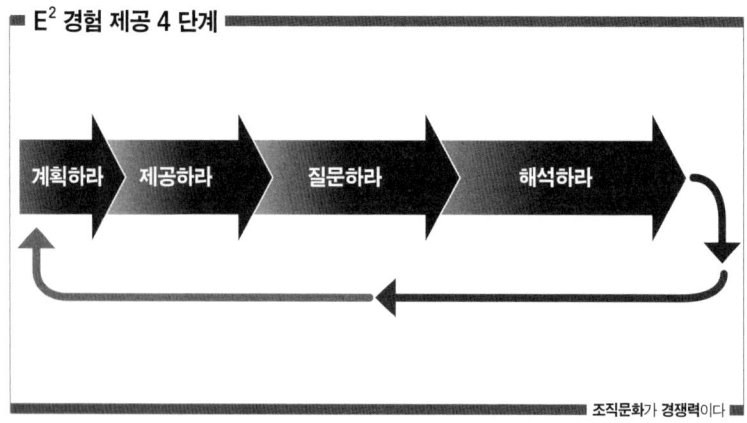

■ E^2 경험 제공 4 단계

이 단계는 순환해서 진행된다는 것을 주목하라. B^2 신념을 확립하고자 노력할 때, 당신은 E^2 경험을 계획하고 제공하며 그것에 대해 피드백을 요청하고 그 경험을 해석하고 나서 문화에 B^2 신념을 심고자 애쓰는 동안 계속해서 순환, 반복되고 있다는 것을 확인하게 될 것이다.

・・・
1 단계:
경험을 계획하라

경험을 동시에 만들 수 있는 수많은 기회를 찾을 때, 팀 또는 팀원으로서 미리 E^2 경험의 계획을 수립하는 방법을 더욱 중요하게 배워야 한다. 계획을 수립할 때 몇 가지 필수적인 질문을 스스로 해보라.

E^2 경험 계획 수립

1. 내가 어떤 B^2 신념을 강화해야 하는가?
2. 경험을 제공하려고 의도한 대상은 누구인가? 그들은 경험에 대해 누구에게 이야기할 것인가?
3. 내가 제공하는 구체적인 경험은 무엇인가? 유형 1인가, 아니면 유형 2인가?
4. B^2 신념을 강화시키기 위해 내가 경험을 어떻게 전달해야 하는가?
5. 가장 좋은 시간은 언제인가?

6. 누가 내 계획에 대해서 본인의 생각을 전달할 수 있는가?

자신의 조직과 문화변화 노력을 이것에 맞추기 위해 이 목록에 몇 가지 질문을 추가할 수도 있다. 전달하려는 경험을 신중하게 계획을 세운다면, 바람직한 C^2 문화를 만드는 데 반드시 필요한 E^2 경험의 기초를 수립하기 위해 직원들이 당신에게 필요로 하는 것을 하는 데 도움이 된다.

・・・
2단계:
경험을 제공하라

다음 순서는 계획을 따르고 경험을 제공한다. 이것은 성취하고자 하는 것의 특성과 범위에 따라 약간의 연습이 필요할 수 있다. 또한, 경험은 어떤 식으로든지 조작할 수 없다는 것을 명심하라. 당신의 노력은 진정한 변화의 신호탄이 되는 진짜 경험을 제공하려는 진실한 노력이어야 한다. 당신이 좋은 영향을 끼치려는 사람들은 멀리서도 불성실한 노력의 낌새를 잘 알아맞히기 때문에 그런 일이 벌어진다면, 계획은 수포로 돌아간다.

누군가가 경험을 어떻게 전달하는지 지켜볼 수 있게 준비하는 것도 나쁜 아이디어는 아니며 그 대상은 아마도 새로운 경험을 전달하는 팀 구성원, 당신이 신뢰할 수 있는 사람, 그의 존재가 방해가 되지 않는 직원이 될 것이다. 물론 이 사람은 계획의 세부 내용을 알고 있어야 하며 몇 가지 특정 사안을 찾아야 한다. 활용 가능한 질문

목록은 아래에 나와 있다.

관찰자 질문

1. 내가 계획했던 것을 실행했나?
2. 내가 제공했던 경험은 어떤 종류라고 생각하는가? (1, 2, 3, 4) 이유는?
3. 실행 방법에 대해서 전달할 수 있는 피드백은 무엇인가?
4. 사람들이 어떻게 반응했다고 생각하는가?
5. 경험이 B^2 신념에 의도한 영향력을 발휘했다고 생각하는가?

이와 같은 질문을 활용해, 관찰자는 문화변화에 반드시 필요한 B^2 신념이라는 목표에 훨씬 효과적으로 전진하는 데 도움이 되는 자신의 생각을 전달할 수 있다. 1대 1 경험을 제공하거나 멀리 떨어진 곳에서 사람들에게 "가상" 경험을 제공하고 있는 경우, 이들을 초대해 가능한 한 많이 과정에 참여시켜라. 이들의 참여로 새로운 E^2 경험을 제공하는 당신의 능력을 향상시키는 것에서 상당히 큰 차별화를 만들 수 있다.

3단계:
경험에 대해 질문하라

이 단계는 아주 중요한 단계다. 확인하지 않으면 목표에 도달했는지 알 수가 없다. 대부분의 우리들은 사람들이 이성적으로 합당하게 우리가 사물을 보는 방법에 맞춰 행동한다고 당연히 기대한다. 하지만 B[1] 신념을 고수하고 렌즈를 통해 사물을 바라보는 사람들의 편향성을 기억해야 한다. 이 편향 때문에 항상 선택적 해석이 생기고 사람들이 기대한 것과는 다르게 경험을 해석할 가능성이 높아진다. 이러한 현실을 고려할 때, 피드백은 그것을 올바르게 이해시키는데 반드시 필요한 요소다. 기억하라: 당신이 생각하는 모든 것이 실제라고 믿지 마라!

당신이 제공한 경험에 대해서 물을 때, 그에 대한 피드백을 주었던 사람들은 자신들의 솔직함에 후회하고 그들이 말한 것이 나중에 부메랑이 돼서 돌아오지 않을까 생각할 수 있다. 경험에 대해 질문하는 경험 자체도 사람들의 신념에 영향을 끼친다. 사람들이 제공받은 경험을 정말로 어떻게 해석하는가를 알기 위해서는 그들이 만들어 가고 있는 경험과 신념에 대해 물어보아야 한다. 질문할 때마다 명심할 주의사항은 아래와 같다.

"질문하라"의 주의 사항

1. 방어적이지 마라.
2. 사람들이 정말로 생각하는 바를 궁금해하고 귀를 기울여라.
3. 수없이 많은 질문으로 말을 끊지 마라.
4. 할 수 있는 한 많은 사람으로부터 할 수 있는 한 많은 생각을 전달받아라.
5. 사람들이 말하는 바에 편견을 품게 하는 질문을 하지 마라.

마지막 주의 사항: 만들었던 경험에 대한 피드백을 요청하는 것은 그 자체로 경험이 된다는 사실을 잊지 마라. 제대로 됐다면, 바람직한 신념을 확실히 강화할 수 있을 것이다. 다른 한편으로 피드백을 통해서 예상대로 일이 진행되지 않았다면, 차례차례 네 단계를 다시 밟아라.

・・・

4단계:
경험을 해석하라

E^2 경험을 제공하는 과정의 마지막 단계는 당신이 받은 피드백에 따라 행동하고 사람들이 바람직한 B^2 신념을 만들어 가는 방법으로 제공했던 경험을 해석하는 데 필요한 추가 몇 단계를 밟는 것이다. 사람들의 경험을 해석하는 것이란: 1. 사람들이 갖기를 바라는 B^2 신념을 사람들에게 말하는 것. 2. 경험을 통해서 어떻게 그 신념을 강화하려고 했던가 설명하는 것. 3. 혼동을 분명히 설명하거나 사람들이 제기할 수도 있는 질문에 답하는 것. 말하라; 설명하라; 명확히 하라. 물론, 사람들이 전달한 피드백에 항상 주의 깊게 귀를 기울여야 하며 그 이유는 당신이 제공하는 경험의 해석을 위해서 무엇을 해야 할지를 정확히 이해하는 지침이 되기 때문이다.

만약 사람들이 당신의 해석을 받아들이게 하기 어렵다는 생각이 든다면, 어쩌면 유형 4 경험을 제공했을지도 모른다. 역할 수행 실패 때문이 아니면 그 밖에는 할 일을 선택할 수 없으므로 이런 일이 발생하면 그저 사실을 인정하고 사람들을 올바른 방향으로 인도하는 새로운 경험을 제공해서 4단계를 차례차례 시행한다.

문화는 한꺼번에 사람을 변화시키고 사람의 신념을 변화시키려는 노력은 그만한 가치가 있다는 것을 기억하라. 사람들이 여러 가지 신념을 변화시키는 유형 1 또는 유형 2 경험에 참가할 때, 사람들은 게임 체인저가 돼서 새로운 신념과 C^2 문화를 촉진하는데 앞장선다. 그들은 새로운 경험에 대한 지각과 통찰력을 다른 사람들과 공유할 것이다. 무엇보다 우리는 새롭고 긍정적인 무언가를 습득할 때, 다른 사람에게 말하고 싶지 않은가? 주변 환경에서 새롭고 멋진 무언가를 봤을 때, 다른 사람들도 그것을 보기 원하지 않는가?

네 단계를 활용해 E^2 경험을 전달하는 것은 당신의 노력이 B^2 신념을 낳게 하는 데 도움이 된다. 제공하는 모든 E^2 경험이 세밀한 계획 수립에서 비롯되지는 않겠지만 이런 접근 방식이 문화를 C^2로 전환하는 능력을 한층 높여준다는 것을 알게 될 것이다.

매니저 팀부터 시작한다

최고 경영진이 조직문화를 바꾸기로 결심했을 때, 경영진의 문화도 바꿔야 한다는 것을 거의 예외 없이 확인하게 된다. 성과를 내기가 더 어렵고 비즈니스 환경은 계속 변하며 관리 초점을 새롭게 해야 하기 때문에 경영진 자체의 C^2에서 더 많은 조정, 투명성, 성과책임이 필요하다. 이것은 조직 전반의 변화 노력이 경영진에게 E^2 경험을 제공하는 것으로 시작해야 한다는 것을 의미한다.

어느 유럽 회사의 한 경영팀이 다음과 같이 했다. 소형 가전제품 제조업체 "Mécaniser"는 독창적인 경쟁업체 때문에 골머리를 앓고 있었다. 최고 경영진에 대한 평가를 보면, 파편화된 팀은 개인의 역할에만 초점을 맞췄고 한심한 실적을 자기 합리화하는 비난에만 몰두하고 있었다. 신임 회장 "클라우드 길라우메"가 문제를 바로 잡기 위해 조직에 영입됐다. 클라우드 회장은 변화의 필요성을 강조하면서 팀의 새로운 E^2 경험을 만들려고 시도했다. 경영팀 회의에서 그는 열린 자세로 실적 문제를 대했고 단호하게 전략적인 결정을 내렸다. 그의 접근 방식은 팀과 조직이 어떻게 변해야 하는지에 대한 새로운 B^2 신념을 만들었고 상황이 신속하게 변하기 시작했다.

사실상, 클라우드는 첫해에 상당한 실적 개선을 이룰 정도로 Mécaniser의 문화를 충분히 바꿨다. 하지만 "따기 쉬운 열매"가 떨어지고 성과를 달성하기가 점점 더 어렵다는 것을 알게 되자 상승세가 멈췄다. 클라우드는 도움이 없이는 조직을 경영하는 방식을 기본적으로 바꿀 수 없다는 것을 이내 깨달았다.

그때가 바로 조직문화 변화와 다음 해 R^2 계획 달성을 위해 해야 할 일을 평가하는데 Mécaniser 팀을 도와달라고 클라우드가 우리에게 요청한 때였다. 계획한 수치는 엄청난 도전 과제였으며 전략적 방향의 온건한 변화의 신호를 보내고 중요한 자원 배치가 필요하며 그 당시 존재하지 않았던 내부 프로세스 개발이 반드시 필요했다. 클라우드와 경영팀은 일부 진전을 이루기는 했지만, 경영팀을 시작으로 문화를 바꾸지 않으면 계획을 달성할 수 없다는 것을 알았다.

또한, 클라우드는 주목을 받았던 그룹을 위해 초기에 경험을 의도적이면서 성공적으로 만들긴 했지만, 그 그룹을 한데 모으고 더욱 능률적인 팀으로 만들어야 한다는 것을 알았다. 그들은 Mécaniser의 경영 문화를 정의하고 R^2 달성을 위해 조직이 받아들여야 하는 핵심 B^2 신념을 담아낸 문화적 신념선언서을 개발하고자 함께 노력했다. 문화적 방향성이 명확했기 때문에 클라우드는 전체 경영팀의 문화적 신념선언서를 뒷받침하는 새로운 E^2 경험 창출에 착수했다. 그 자신이 새로운 B^2 신념을 훨씬 완벽하게 제시하는 방법에 대한 피드백을 받은 후에, 클라우드는 경영팀에 전달할 수 있는 유형 2 경험을 파악했다: 그는 그룹 내에서 협의와 협력을 통한 의사결정 과정을 수립하기 위해 더욱 신경을 써서 귀를 기울였다.

클라우드가 자신의 팀과 이러한 생각을 공유한 후에, 유형 2 경험이 "우리 모두 하나이며 그룹으로 성공하거나 실패할 것이다."라는 신념을 힘차게 이끌어냈다는데 모두가 동의했다는 얘기를 듣고 기뻐했다. 경영팀은 글라우드를 탁월한 전략가로 항상 인정하면서도 그가 전략적 결정에 참여할 기회를 경영팀에 거의 주지 않는다고 생각했다. 그는 정례 회의 시간에 투입되는 인원을 늘리고 다른 팀 구성원들의 관점을 진심으로 이해하고자 노력함으로써 회사 경영에 관한 더욱 강력한 팀 위주의 접근 방법을 만들려고 애썼다. 이 피드백을 들고자 하는 클라우드의 단순한 의지는 팀원들이 문화적 신념에 담겨 있는 C^2 문화를 만들려고 클라우드가 애쓰고 있다고 이해하게끔 오랜 시간 동안 효력이 있는 E^2 경험을 선사했다.

또한, 팀은 경영진이 Mécaniser 전반의 다른 사람들에게 널리 퍼진, 팀으로서 제대로 기능하지 못한다는 B^1 신념을 클라우드가 처리할 필요가 있다는 것을 알았다. 그들은 B^1 신념을 바꾸기 시작한 전체 조직을 위해 유형 2 경험을 만들 수 있었을까? 그들은 경영팀이 조직의 성공을 위해 협동 작업했던 B^2 신념을 어떻게 강화하고 촉진할 수 있었을까? 경영진이 이것을 핵심 과제로 본 이유는 그때까지 다른 Mécaniser 팀은 경영진의 인도를 항상 따르면서 역기능 팀과 비협조적인 의사결정으로 당시 회사 전반의 문제를 설명했기 때문이다.

클라우드와 그의 팀은 직원 식당에서 같이 점심을 들면서 전달하는 E^2 경험을 시작하기로 했다. 과거에는 경영팀 어느 누구도 직원 식당에 가지 않았으며 경영팀으로서 단체로 가지도 않았다. 전체 경영진이 단체로 식당에 들어가 함께 테이블에 앉아 식사하는 모습을 상상해 보라. 점심시간에 이 단합된 모습이 많은 관심을 불러일으켰으며 그날의 화젯거리가 됐다. 더 중요한 것은 보는 이들에게 경영진이 서로 좋아하고 함께 하는 것을 즐기는 것처럼 보였다는 점이다. 바람직한 사람들을 위한 몇 가지 믿을 수 있는 언급을 통해 경영팀은 또한 분명한 해석을 다음과 같이 전달했다: "우리는 팀으로써 열심히 일하기를 바라며 모두가 이것을 알아줬으면 합니다."

팀은 또한 그들 자체의 새로운 추가 E^2 경험이 필요하다는데 동의했다. 우선 그들은 직원 회의 좌석 배치부터 바꿨다. 과거에는 클라우드가 팀을 마주보고 테이블 상단에 앉았다. 이 좌석 배치는 회의

용으로 활용했던 작은 방에 가장 적합한 것처럼 보였지만 가시적인 위계질서 없이 경영진이 테이블 주위에 앉을 수 있고 서로를 마주 볼 수 있는 다른 방으로 진작에 왜 안 옮겼을까?

다른 경험들과 함께 이 E^2 경험은 경영진과 조직 모두에 새로운 B^2 신념을 심어놓기 시작했다. 서로를 위해 Mécaniser의 리더들이 만들어내고 지속적으로 강화한 경험은 문화적 신념에서 설명한 경영팀 문화와 R^2 달성 위한 진보로 이어졌다.

피라미드 구축

조직문화 변혁을 위해서나 혹은 보다 견고한 문화로의 전략적인 전환을 위해서는 바람직한 B^2 신념과 일치하는 새로운 E^2 경험 창출을 시작해야 한다. 우리는 종종 "문화적 신념의 실천과 관련해서 변화가 필요한 가장 중요한 사람은 누구인가"라고 묻는다. 물론 정답은 "나 자신"이다. 문화는 한꺼번에 사람을 변화시킨다. 당신이 전달할 수 있는 가장 중요한 E^2 경험은 문화적 신념을 실천하는 경험이며 매일매일 업무를 추진하는 방식에 활용하고 있다는 것을 입증한다.

문화적 신념을 실천하는 성과책임을 받아들이고 E^2 경험을 만드는 것은 문화변화 추진을 위해 다른 무엇보다도 더 많은 것을 강화하고 촉진해야 했다. 이 핵심 B^2 신념을 모델로 삼을 때, 함께 일하고 있는 모두에게 이것이 바로 우리가 여기서 일을 진행해야 하는 방식이라는 신호를 보내게 된다. 이렇게 한다면 B^2 신념을 촉진할 뿐만 아니라 변화의 리더로서 당신의 신뢰성을 충분히 이해시킬 수 있다.

본 장에서는 성과 피라미드(결과, 행동, 신념, 경험)에 담긴 조직문화의 네 가지 요소를 활용하는 방법과 문화변화의 속도를 높이는 데 이것을 적용하는 방법에 대한 설명으로 결론을 맺었다. 2부에서는 실용적인 도구, 정보, 테크닉을 소개할 것이며 이것은 변화의 통합, 문화 C^1에서 C^2로의 전환 추진 그리고 결국 R^2 성과 달성에 도움이 될 것이다.

■ 2부 ■

문화변화 속도를 가속화하기 위해 C^2 성공사례를 통합하라

〈조직문화가 경쟁력이다〉의 2부는 조직의 모든 단계에서 C^2 성공사례best practices를 적용해 문화전환의 속도를 높이고 R^2 성과를 달성하는 방법을 제시할 것이다. C^2 성공사례를 조직의 기존 시스템, 구조, 실무에 접목한다면 C^2 문화는 강화되고 책임문화를 조성하고 유지하는 방법에 가속도를 낼 수 있다. 통합에 관한 우리 고객들의 사례와 성공사례 제안이 시장 판도를 바꾸는 성과 달성을 추구하는 과정에서 매우 유용하다는 것을 확인하게 될 것이다.

6장

빠른 성공을 위해 문화를 한 방향으로 정렬시켜라

성과 피라미드와 문화적 신념을 당신의 조직문화에 성공적으로 통합해 R^2 결과를 지속적으로 달성할 수 있는 핵심을 제시하는 것으로 2부를 시작하고자 한다. 지속적인 통합은 프로세스의 모든 단계에서 한 방향 정렬되어야 한다. 먼저, 최고 경영진들은 조직이 달성해야 하는 핵심 R^2 성과, 사람들이 조직 전반에서 생각하고 행동하는 방식에서 일어나야 하는 C^1에서 C^2로의 근본적인 전환, 핵심 R^2 결과 달성에 가장 필요한 문화전환을 표현하는 B^2 문화적 신념 등에 맞춰 본인 스스로를 한 방향 정렬시켜야 한다. 그리고 나서 구성원들은 핵심 문화관리 도구를 활용하는 방법과 조직의 경영 실무에서 이 기법을 완전히 통합하는 방법과 관련해서 한 방향 정렬해야 한다.

모든 팀 구성원의 행동, 신념, 경험이 개인에서 개인으로, 조직의 부서 간에 한 방향 정렬될 때 만이 문화변화의 속도를 높이는 데 성공할 수 있다. 문화를 완벽하게 한 방향으로 정렬할수록 모두가 더 열심히 R^2 결과 달성에 집중하게 된다. 조직문화 변화에 유능한 리더들은 문화를 성과에 한 방향 정렬시키는 방식으로 문화를 관리하고 유지하도록 노력한다. 그들은 R^2 달성에 필요한 행동의 동기를 부여하는 신념을 만들거나 강화하는 E^2 경험을 전달하는 일들에 대해 말하고 이를 실천한다. 리더가 문화적 신념을 실천하지 않는 사람을 승진시키는 것은 C^2로 가는 여정에서 거대한 포트홀(도로에 움푹 팬 곳)로 조직을 끌고 가는 것과 같다. 이 포트홀 때문에 조직이 한 방향 정렬에서 벗어날 수도 있다. 너무 많은 포트홀 때문에 트랙에서 멈춰 설 수 있다. 이것이 바로 조직의 모든 단계에서 한 방향 정렬을 만들어내고 유지해야 하는 이유다.

한 방향 정렬에 맞춰 조정하라

사전에서는 *한 방향 정렬(alignment, 조정)*을 서로와 관련된 어떤 부분들을 조정해서 제대로 위치시키는 것이라고 정의되어 있다. C^1에서 C^2로의 변혁의 속도를 높이고자 노력할 때, 문화의 부분들을 조정해서 서로와 관련해 제대로 위치할 수 있도록 세심한 주의를 기울여야 한다. 경험, 신념, 행동이 정렬되지 않는 한 의미 있고 급속한 문화전환이 이뤄지지 않으며 R^2 성과를 강화할 수 없다.

성과 피라미드의 다른 부분들이 한 방향 정렬이 되지 않을 때, 사람들은 그것을 안다! 사람들은 자기 자신의 아젠다를 추구하고 본인의 영역을 보호하며 스트레스 수준은 높아지고 의사결정이 끝나고 나서야 비판하며 거의 모든 것은 천천히 바닥을 헤매고 특히 문화가 변질된다.

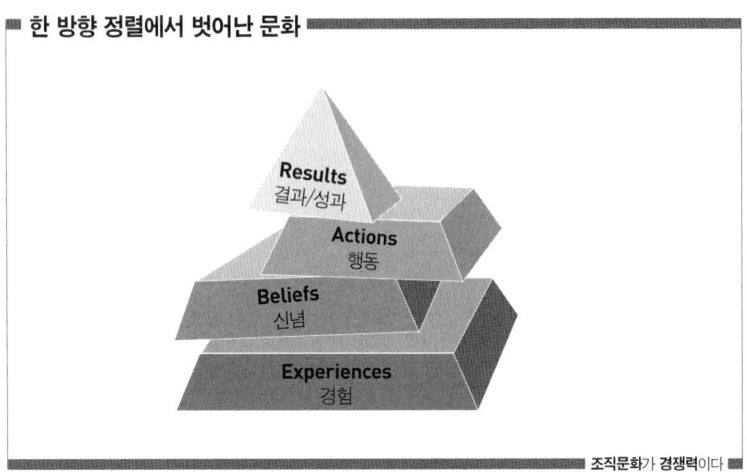

우리는 기준점으로써 성과 피라미드를 활용해, 조직문화 변화를 위한 모든 노력에 적용하는 한 방향 정렬에 대한 정의를 개발했다.

한 방향 정렬은 분명한 결과에 대한 집단적 추구 과정에서 공통된 신념이며 협력적인 행동이다

이 정의는 달성하고 싶은 R^2 성과와 관련해서 모든 부분이 제대로 위치할 수 있도록 성과 피라미드의 부분들을 정렬시키는 것이다.

모든 부분이 조정되고 모두가 같은 방향으로 움직일 때, 문화변화에는 가속도가 붙는다: 모두가 같은 곳에 머물고 사람들이 스트레스를 덜 느끼며 의사결정은 더욱 효율적으로 이뤄지고 신뢰의 속도만큼 모든 것은 속도를 낸다.

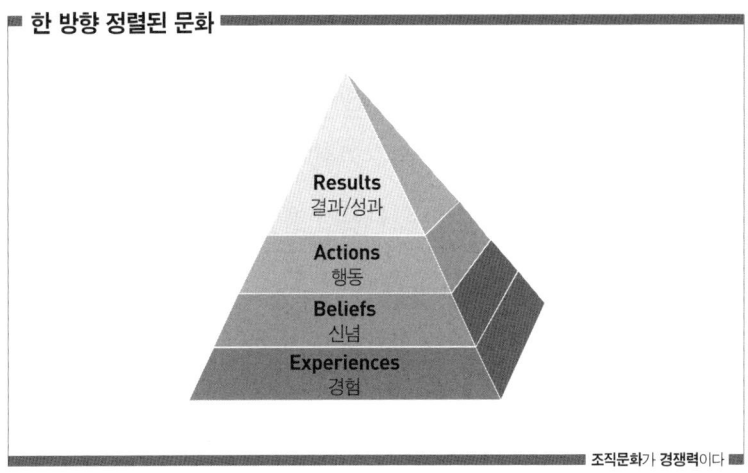

책임문화로 가는 프로세스에서 문화변화의 속도는 R^2와 문화적 신념에 맞춰 만들어내고 유지하는 한 방향 정렬의 수준에 직접적으로 관련이 있다.

시간이 지나면서 한 방향 정렬을 유지하라

문화를 관리하는 것과 마찬가지로 한 방향 정렬을 유지하는 것은 일회성 이벤트가 아니라 과정이며 지속되어야 한다. R^2와 C^2에 맞춰 전적으로 한 방향 정렬이 될 수 있지만, 어느 지점에서 R^2는 R^3로,

C^2는 C^3로 이동해야 한다. 문화를 관리해서 R^x를 달성하는 방법을 배우는 것은 문화를 전환시키고 R^x 성과를 달성하고자 노력할 때 배우고 숙달해야 할 리더십의 필수적인 역량이다.

장기적인 성공을 위해 지속적으로 문화를 관리해온 인상적인 사례는 2장에서 소개했던 CPI의 2부 이야기로 시작한다. 그 당시 CPI를 "절벽을 향해 꽁꽁 언 도로를 시속 150 킬로미터로 돌진하는" 회사로 묘사했던 기억이 날 것이다. 신제품을 개발할 수 없었기 때문에 사람들은 "종이 가방처럼 너무 약해져서 새로운 방식을 개발할 수 없었다"고 농담을 하곤 했다. 하지만 제이 그라프의 리더십에 따라 본 저서에서 설명하고 있는 책임문화로 가는 과정의 도움을 받아 CPI가 극적으로 시장 판도를 바꿔서 조직 자체가 "신제품 개발 기계"(R^2)가 되었고 매출이 2억 5천만 달러에서 10억 달러 이상으로 증가하는데 불과 몇 년밖에 걸리지 않았다는 사실도 기억할 것이다. 혁신이 대규모로 이루어졌기 때문에 회사는 심장리듬 치료 분야에서 전체 산업을 규정하는 데 이바지했다. 한 순간에 CPI는 엘리 릴리의 의료기기 자회사에서 분사해 새롭게 설립한 Guidant 기업의 중추가 됐다. 회사 분할 당시에, CPI의 이름을 Cardiac Rhythm Management Group(CRM)으로 바꿨고 새로운 Guidant 기업 매출의 대부분을 차지했다. 회사가 책임문화로 가는 과정을 처음으로 채택했을 때, CPI의 재무담당 최고 책임자였던 프레드 맥코이는 놀랄 정도로 성공을 거둔 이 회사의 CEO가 됐다.

프레드는 과거의 성공에 필적하고 이를 능가해서 회사의 성장과 수익성을 지속하는 방법을 찾아내야 하는 어려운 과제에 직면했다. CRM Group은 심장 리듬 시장에서 최고 제품 개발 엔진으로써 역할을 계속해서 수행했다. 회사는 경쟁업체들보다 훨씬 더 빠른 속도로 제품을 출시했다. 사실 12개월도 안 된 제품의 매출이 CRM 전체 매출의 60% 이상을 차지했다.

한편, CRM의 동급 최강제품 개발과 임상 개발 엔진은 심장 관련 제품을 시장에 신속하게 출시했지만, 무언가 달라졌다. CPI는 제품과 제품 특성에 과도하게 의존하게 됐다. 실제로 리더들은 "만들기만 하면 고객이 찾아 올 것이라고" 생각했다. 하지만 지속적인 제품 공급에도 회사는 첨단기술이 만들어줄 것이라고 예상했던 시장 점유율을 따내지 못했다. 고객들은 신제품 이상의 것을 원했다; 고객들은 거래하기 쉬운 회사를 원했다. 분명히 CRM은 Guidant가 했던 방식으로 고객들과 환자들을 끌어 모으기 위해서는 보다 더 많을 것을 해야만 했다.

이를 위해 프레드는 그의 리더십 팀이 제품 개발 과정에서 구축했던 탁월한 역량을 회사의 다른 모든 부서로 확대해야만 한다는 것을 알았다. 그의 첫 번째 과제는 회사의 모든 구성원을 R^2에서 R^3로의 전환에 맞추도록 하는 것이 목표였다. 조직은 전에도 이런 일을 했었기 때문에, 프레드는 경영팀의 숙달된 역량을 활용해 새로운 목표에 맞췄고 회사가 목표를 달성하는 데 도움이 되는 것들의 목록을 작성했다. CRM의 R^1에서 R^2로의 전환, 이제 R^3의 전환은 문화 변화와 더불어, 회사가 경쟁력을 유지하고 시장의 최정상에서 머물고자 노력할 때, 오랜 기간 동안 조직이 여행을 떠나야 하는 것과 같은 여정을 요약해서 보여주고 있다.

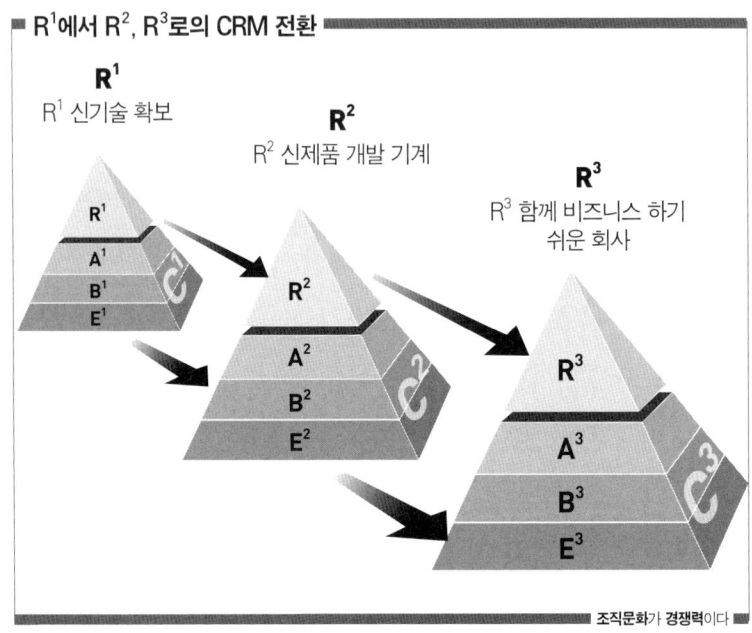

■ R^1에서 R^2, R^3로의 CRM 전환

R^1 R^1 신기술 확보
R^2 R^2 신제품 개발 기계
R^3 R^3 함께 비즈니스 하기 쉬운 회사

문화는 당신이 한 차례 무엇인가 실시하고 내버려 둘 수 있는 것은 아니다. 문화는 달성하고자 노력하는 결과(R^x)와 관련해서 항상 관리해야 한다. 반복해서 말하면, 문화를 관리하는 것은 일회성 이벤트가 아니라 과정이며 성과 피라미드에서 모든 부분 간에 한 방향 정렬을 유지하는 것은 지속적이고 세심한 주의를 필요로 한다.

CRM의 C^3 전환은 전체적인 변혁이 아니라 문화의 전술적 전환을 반영했다. 그들은 과거 전환에 성공했기 때문에 다시 할 수 있다는 확신이 있었다. 그들은 조직 내의 모든 직원이 제품 개발 그룹과 동일하게 강화된 경쟁력을 바탕으로 근무할 수 있도록 제품개발 과정에서 구축한 승리의 문화를 모든 다른 부서까지 확장할 필요가 있었다. 마케팅, 생산, 품질 보증 및 다른 모든 부서는 각각의 분야에서 경쟁력을 갖추어야 했다.

프레드는 성공해야 하는 B^2 신념의 변화를 반영할 수 있도록 과거에는 잘 기능했던 문화적 신념을 조정하고자 경영팀과 함께 노력했다. 178 페이지 차트는 문화적 신념이 과거와 조정 이후에 어떻게 보이는지를 설명하고 있다.

CRM 팀은 신념을 업데이트해서 R^3 달성을 위해 회사가 필요로 했던 C^2에서 C^3로의 전환을 파악하고 설명했다.

적절하게 한 방향 정렬에 대한 새로운 센스를 가지고, 경영팀은 또다시 문화관리 도구(집중적인 피드백, 스토리텔링, 인정)를 실행해서 변화에 가속도를 높였다. 조직의 모든 부분은 R^3 달성을 위해 무엇이든지 실천할 수 있는 활기가 넘쳤으며 "함께 비즈니스 하기 수월한" 조직이 됐다. 새로운 역량을 쌓았기 때문에, CRM은 의사와 환자의 입장에서 특별한 가치를 창출하고 유지했으며 어렵고 급속히 성장하는 경쟁 시장에 온전히 참여해 불과 5년 만에 또다시 매출액 두 배를 달성했다

Boston Scientific은 전체 거래가격 270억 달러에 Guidant를 매입했다. CRM은 전체 가격에서 200억 달러에 달했다. Lilly에서 분사할 당시부터 10년 후 Boston Scientific이 매입할 때까지

CRM 문화적 신념

R^2 문화적 신념

고객 지향
고객의 니즈에 포커스를 맞추고 우리 제품과 서비스에 만족하는 것을 확실하게 할 수 있도록 내 능력 안에서 모든 것을 한다.

지속적인 개선
나는 매일매일 내 역량을 향상시키고 책임의 영역을 넓히고자 노력한다.

위험 감수 / 혁신
나는 팀이 목표를 향해 전진하는데 책임져야 할 위험을 감수하며 나는 문제 해결과 장애물 처리를 위해 혁신적인 접근 방식을 취한다.

성과책임
나는 내가 하겠다고 말한 것을 실천할 책임을 진다.

직원들의 역량 개발
나는 지원적이고 긍정적인 코칭과 피드백을 통해 다른 사람들이 발전하는 데 도움이 되고자 노력한다.

커뮤니케이션
나는 본인과 팀의 진척 상황에 대해 앞서서 적극적으로 보고하고 우리 목표로 나가는 발전 과정에서 피드백을 주고받는다.

회사 목표에 헌신과 일관성
나는 CPI의 회사 목표에 헌신하고 이 목표 달성에 반드시 필요한 것과 일치하는 방법으로 행동한다.

R^3 문화적 신념

고객 감동
환자와 고객이 먼저이다. 내 모든 행동을 통해서 나는 그들의 신뢰를 얻는다.

삶의 연장과 향상
나는 우리 치료법의 전달과 채택을 위해 정성을 다한다

선구자적 솔루션
나는 기존의 사고를 뛰어넘는 획기적인 솔루션을 창조한다.

성과책임 받아들이기
나는 현 상황을 직시하고 인정하고 해결하고 행동한다

잠재능력을 최대한 발휘하게 함
성장에 방해가 되는 것들을 제거하고 그들의 잠재능력을 발휘시켜라!

탁월함을 축하
나는 우수함을 인정하고 박수를 보내며 축하한다.

승리
승리하는 것은 나의 습관이다. 승리 덕분에 나는 챔피언 팀의 자리에 오른다.

Guidant의 주가는 주당 3.62 달러(주식 분할 조정)에서 80.10 달러로 급등했다. Guidant와 CRM은 의료기술 회사 역사상 최고 중의 하나로 손꼽히는 성과를 올렸다. CRM 출신들은 여타의 성공적인 의료기술 기업들에서 전문가와 임원 자리를 계속해서 이어가고 있다.

CPI/CRM 이야기가 전하는 대로 일단 문화를 한 방향으로 정렬하면, 오랫동안 유지하기 위해 노력해야 한다. 이것은 명확하고 집중된 노력이 필요하다. 문화를 "심고" 나서 그것을 잊어버릴 수는 없다. 문화를 한 방향으로 정렬하고 유지하는 것은 오늘날 복잡하고 치열한 경쟁 환경에서 변화 관리를 위해 매일매일 활용해야 하는 리더십의 중요한 기술이자 능력이다.

한 방향 정렬에서 벗어나게 하는 힘

회사의 문화는 그 자체로 한 방향 정렬이 유지되지 않는다. 개인, 팀, 조직 심지어 문화 그 자체를 항상 한 방향 정렬에서 벗어나도록 위협하는 변함없는 힘이 작용한다. 이 동일한 힘은 사람들을 하위 단계로(상자 안으로) 내려보내고 회사를 C^1 문화로 회귀하게 하는 강력한 중력적인 인력을 발휘하고 있다. 리더들과 조직은 거의 매일 직면하는 몇 가지 중요한 힘을 확실히 인식해야 한다.

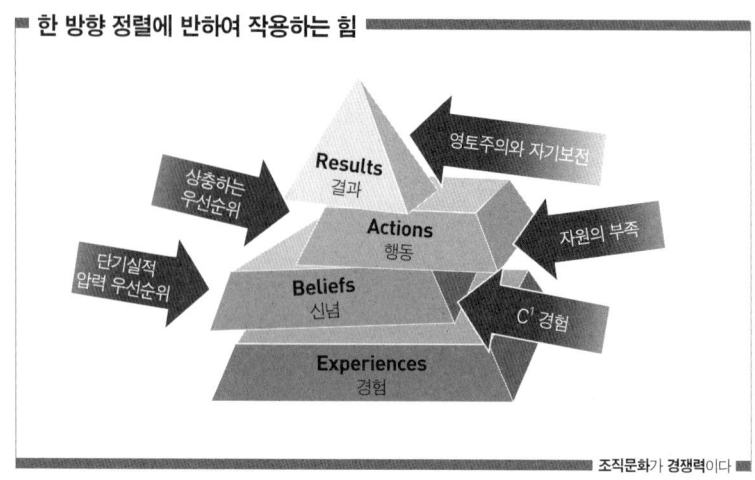

■ 한 방향 정렬에 반하여 작용하는 힘

조직문화가 **경쟁력**이다 ■

　낡은 B^1 문화를 강화하고 조직을 잘못된 방향으로 밀어 넣을 수 있는 집요한 C^1 경험을 극복하기 위해서는 이러한 위협에 경계를 게을리해서는 안 된다. 이러한 힘들은 결코 없어지지 않기 때문에 많은 시간과 노력이 필요하다. 이러한 힘들이 팀과 조직을 한 방향 정렬에서 벗어나게 하거나 그렇게 할 태세를 갖춘 것처럼 보이는 때를 인식하는 법을 배워야 한다. 한 방향 정렬이 부족한 신호의 목록을 생각해보라.

　조직에서 한 방향 정렬이 되지 않는 위험은 결코 사라지지 않으며 어쩔 수 없는 현실이지만 이에 대해서 할 수 있는 일들은 분명히 있다. 먼저 사람들과 조직이 언제 한 방향 정렬에서 벗어나는지, 또한 정렬이 안 되는 문제가 새로운 문화를 만들고자 하는 모든 노력을 더디게 만드는지를 인식해야 한다. 이러한 현실을 염두에 두고 경계를 게을리해서는 안 되며 한 방향 정렬이 안 되는 것을 인식하고

■ 한 방향 정렬이 안 되는 신호

🚫	사람들이 결정해야 할 때 침묵하고 의견을 내지 않는다.
⚠️	사람들이 취하는 행동에 대해 계속해서 놀라는 이유는 합의한 방향과 일치하지 않기 때문이다.
⬅️	모든 권한을 동원해 조직을 발전시켜 나가야 할 때 이슈에 대한 명백한 진전을 보지 못한다.
❓	회의 시간에 사람들은 해결됐다고 생각하는 문제를 계속 끄집어낸다.
👉	사람들은 불평하고 변명만 하고 발전이 없다고 다른 사람을 비난한다.
💤	정해진 행동 과정을 실행하는 데 있어서 주인의식과 열정이 부족하다는 것을 알게 된다.
Y	사람들이 이미 정해진 결정이나 방향에 대해 동의하지 않는다고 목소리를 높인다.

■ 조직문화가 **경쟁력**이다 ■

신속하게 문제를 바로잡도록 노력해야 한다.

변화의 사례

한 방향 정렬을 통해 필요한 "임계량"을 확보하는 것은 문화변화 과정에 참여한 모든 관리팀이 먼저 염두에 두어야 한다. "임계량"이라는 단어는 핵 연쇄 반응을 만들고 유지하는 데 필요한 해당 물질의 최소량을 의미한다. 핵반응을 일으키는 것은 해당 물질이 아니라 그 물질의 정확한 분량이다. "문화 연쇄 반응"을 일으키기 위해서는 변화 과정에 주인의식을 갖고 R^2와 문화적 신념에 몰두하는 사람들의 임계량을 만들어야 한다.

변화 과정에 주인의식을 가진 사람들의 임계량은 조직에서 변화 노력에 지속적인 활기를 불어넣고 전진하는데 충분한 한 방향 정렬과 긍정적인 모멘텀을 만든다. 변화 선도자는 모든 노력의 성공에 중요하므로 이들을 키우고 육성해야 한다. 임계량과 진정한 참여를 위해서는 조직의 핵심 인물들을 합류하게 해야 한다. 당신은 누가 핵심 인물인지 알고 있다. 그들은 무슨 일이 일어나는지를 "보면서 관망하는" 사람들에게 자극을 주는 초기 E^2 경험을 만들어낼 사람들이다.

이 문화 연쇄 반응을 시작하려면 강력한 변화의 사례를 만들어야

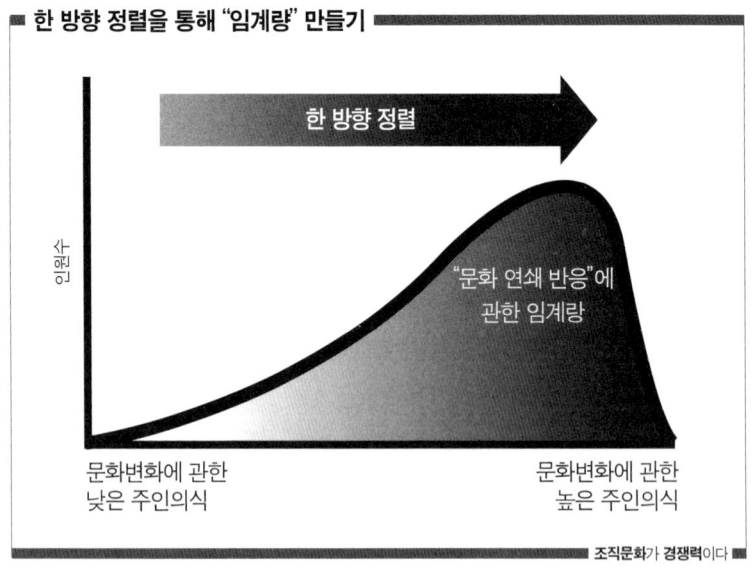

한다. 모두가 R^2의 기본 논리를 이해하고 싶어 한다. 변화의 사례는 R^2의 배후에서 문화를 *왜* 바꿔야 하는지, 왜 *지금* 그래야 하는지에 관한 전후 관계를 설명하는 이유를 말해준다. 변화의 사례가 강력할수록 필요한 주인의식과 지원을 더 많이 구축할 수 있다. 가장 강력한 변화의 사례가 항상 성공사례를 구체화한다는 것을 우리는 알고 있다.

변화의 성공사례

1. 실제적으로 만들어라
2. 청중이 활용할 수 있게 만들어라
3. 단순하고 반복적으로 만들어라
4. 설득할 수 있게 만들어라
5. 대화식으로 만들어라

'실제적으로 만들어라'라는 것은 변화의 사례가 비즈니스 환경의 현실, 경쟁 위치, 이해관계자들의 요구사항을 확실하게 해야 한다는 것을 의미한다. 청중에게 중요한 것과 관련해서 비즈니스 사례를 언급하는 것은 어느 정도 연구와 준비가 필요할 수도 있지만, 그 작업은 상당한 도움이 될 것이다. 복잡하지 않게 단순성을 유지하면 처음에 듣는 사람들도 다른 사람들을 대상으로 쉽게 반복할 수 있다. 물론 이해시키는 데 필요한 사실, 수치 그리고 주안점을 포함해야 한다. 가장 설득력 있는 변화의 사례는 R^2와 관련된 모든 사람을 위해 달성하는 것에 관한 분명한 그림을 보여준다.

변화의 사례를 제시할 때 독백이 아니라 대화로 만들어라. 변화의 사례에 관해 조직에서의 대화를 빨리 시작할수록 변화 선도자들이 합류하기가 훨씬 수월하다. 대화는 또한 필수 임계량을 만드는 데 도움이 된다. 변화의 사례에서 대화를 통해 많이 듣는다면 조직의 한 방향 정렬이 진행되고 있다는 확실한 신호로 볼 수 있다. 조직의 대화에서 불쑥불쑥 튀어나오는 걸 듣지 못하는 경우, 회의에서 다른 사람들이 자발적으로 얘기하는 것을 듣지 못하는 경우, 사람들이 왜 조직이 변해야 하는지를 서로서로 상기시켜주지 않는 경우, 강력한 변화의 사례와 관련된 하나 이상의 성공사례를 아마도 활용하지 못한 것이다. 이런 일이 발생할 경우, 뒤로 물러나서 다시 시도하라. 그렇지 않을 경우, 문화변화 과정은 원하는 만큼 매끄럽게, 신속하게 진행되지 않을 것이다.

빠르게 주인의식이 형성되면 문화전환의 속도를 높이고 신념 변화에 필요한 경험을 강화하며 적절한 행동을 유발하고 바라던 성과를 달성하게 된다. 다음에서 설명하고 있는 한 방향 정렬 단계를 밟는 것은 변화 초기에 조직적 정렬을 만들어내고 임계량을 쌓는 데 도움이 된다.

리더십 한 방향 정렬 과정

오랫동안 우리는 리더십 한 방향정렬 과정이라고 부르는 모델을 개발했다. 문화를 전환하려는 노력 초기에 이 과정을 활용해 변화의 사례를 개발하고 C^2를 정의하며 문화적 신념선언서를 작성하고 있다. 모델은 한 방향 정렬을 시키는 데 도움이 되는 여섯 가지 핵심 요소로 구성되어 있다.

아래에 나와 있는 리더십 한 방향정렬 과정의 여섯 단계를 적용해 개인, 팀 또는 전체 조직과 더불어 핵심 결정사항에 맞춰 확실히 조직이 한 방향 정렬할 수 있다.

• • •
1 단계:
참여 – 적합한 직원들을 참여시켜라.

한 방향 정렬을 하려면 적합한 직원들을 의사결정 과정에 참여시

■ 리더십 한 방향 정렬 ■

1. 참여	적합한 직원들을 참여시켜라
2. 성과책임	누가 결정을 내릴 것인지 확인하라
3. 토론	사람들이 거리낌 없이 말하고 듣게 하라
4. 주인의식	자신의 의사결정을 촉진하라
5. 커뮤니케이션	메시지가 일관되게 하라
6. 팔로우업	한 방향 정렬을 위해 확인하고 점검하라

켜야 한다. 문화변화의 방향 수립과 관련해서, 적합한 직원들에는 주로 중간관리자들과 대부분 임원진이 포함된다. 과정에 참여해야 하는 사람이 구체적으로 누구인지를 결정할 때와 참여할 때 문화전환 과정 초기에 내려야 하는 몇 가지 핵심 결정사항이 있다.

참여에 대한 초기 주요 결정

1. 기존 C^1 문화의 초기 평가에 누구를 참여시킬 것인가?
2. 누가 R^2를 정의하는 데 도움이 될 것인가?
3. 누가 변화의 사례를 만드는 데 도움이 될 것인가?
4. 누가 문화적 신념선언서를 작성하는 데 도움이 될 것인가?
5. 누가 문화전환 과정 실행 방법을 고안할 것인가?
6. 누가 전체 조직문화 변화에 대해 전달하고 어떤 식으로 전달해야 하는가?
7. 누가 변화 과정의 리더로서 추가 지도를 받아야 하는가?

적합한 직원들을 선정하고 참여시킨 후에 스스로 자문해 보아야 한다. "올바른 결정을 내리기 위해서 우리는 누구로부터 들어야 하는가?" 가령, 대형 식품점 체인의 부서장이 책임문화로 가는 과정(본 저서와 관련해서 제공하는 교육과 컨설팅 과정)이라고 불리는 3단계 과정에서 두 번째 트랙을 실행했다. 이 부서장은 필요한 지원input을 제공했다고 생각하는 열한 명의 사람들을 파악했고, 내부 "직원 참여도" 조사에서 최고 점수를 만든 매장의 관리자도 포함됐다. 이들 모두는 초기 문화전환 과정의 의사결정, 특히 문화적 신념 선언서 작성에 참여했다. 참여시킬 사람을 정한 후, 주요 결정사항을 수행하는 책임을 나눌 때 매우 중요한 직원들 중 몇 사람을 포함시키는 것도 고려해볼 수 있다.

• • •
2 단계
책임 – 누가 결정을 내릴 것인지 확인하라

한 방향 정렬하려는 노력의 하나로 의사결정 과정에 참여하는 사람들은 누가 결정을 내리고 어떤 식으로 결정을 내리는지 알고 있어야 한다. 책임문화로 가는 과정은 합의 주도의 의사결정 모델이 아니라 리더 주도의 의사결정 모델을 통해서 가장 효과적으로 작동한다는 사실을 우리는 확인했다. 위원회가 의사결정에 책임을 지도록 해서는 안 된다; 리더들이 책임을 가지도록 해야 한다. 우리 생각으로는 문화전환에 관한 한, 리더 주도a leader-led 모델이 가장 효과적인 접근 방법이다.

미리 책임 있는 의사결정권자를 파악한다면 문화적 신념을 개발할 때 한 방향 정렬을 강화하고 속도를 높일 수 있다. 그렇지 않을 경우, 팀은 그 과정에서 길을 잃고 오도가도 못하는 상황에 빠질 수 있다. 문화적 신념 개발 과정에서 모든 팀 구성원들의 집중적인 참여를 자극하는 협력적 접근 방식을 실행하도록 도움을 주는 동안에, 우리는 모든 참가자가 문화적 신념의 숫자와 신념선언서의 최종 표현 양쪽 모두와 관련된 마지막 말이 조직 리더의 책임이라는 것을 이해하는 것이 도움된다는 것을 알았다. 주의 깊은 리더들은 아주 필요할 때에만 균형을 깨려고 할 것이다. 문화전환의 속도를 높이는 것은 팀이 참여하는 환경에서 리더 주도의 노력이라고 할 수 있다.

・・・
3 단계:
토론 - 사람들이 거리낌 없이 말하고 듣게 하라

　문화전환 과정에서 한 방향 정렬을 시키려면 사람들이 진행 중인 문화변화 대화에 참여할 때 자신이 생각하는 바를 말할 수 있도록 격려해야 한다. 팀이 결정을 내리지 못할 때, 리더들은 올바른 결정을 내리는데 도움을 주어야 한다. 결정에 앞서 사람이 실제로 생각하는 바를 말할 때 리더들은 필요한 지원을 얻게 된다. 이러한 종류의 대화를 장려하기 위해서 참가하는 모든 사람이 비즈니스 환경에서 변화, 현재 문화의 문제점, 현재 신념을 이끄는 경험 등에 대해 솔직히 말할 때 자신의 목소리가 들린다고 느낄 수 있도록 노력해야 한다.

　열린 토론, 자유로운 표현, 서로 존중하는 논쟁을 통해서 사람들은 필요한 변화에 관해 솔직하게 말할 수 있다. 가장 효과적이 되려면 실제 논쟁이 문화전환에 관한 대화에서 이뤄질 수 있도록 긍정적인 대립을 기꺼이 받아들이는 환경을 조성해야 한다. 이것은 189 페이지에서 제시하는 몇 가지 간단한 기본 원칙을 따를 때, 훨씬 쉽게 할 수 있다.

모두가 기본 원칙을 따르게 하고 진행중인 열린 대화를 장려한다면 문화전환 기간 동안 한 방향 정렬을 이뤄내고 그것을 유지하는 과정에 속도를 높일 수 있다.

• • •

4 단계:
주인의식 - 자신의 의사결정을 촉진하라

아마 이런 표현을 들어봤을 것이다. "모든 일이 끝나도, 행동보다 말이 더 많았다." 일단 결정을 하고 행동의 과정을 선택한 후에 집단

긍정적인 대립의 기본 규칙

1	성격이 아닌 이슈에 포커스를 맞추고 인신공격을 하지마라
2	자신의 의견과 사실을 구별하라
3	자신의 "숨겨진 의제"가 무엇인지 인식하라
4	논쟁에 앞서 타인의 관점을 다시 말할 수 있도록 하라
5	중간에 끼어들지 말라
6	누군가 "침묵하고 있다"고 생각될 경우, 확인하고 그가 어떻게 생각하는지를 물어라.
7	"복도" 대화 금지: 회의 시간에 당신의 관점을 공유하라
8	토론 과정에서 갖추어야 할 모든 예의를 갖추어라
9	목표는 팀으로써 발전해야 한다는 것을 기억하라 – 의견 차이를 떠벌리지 말고 결정에 대한 전폭적인 지지를 보여줘라

조직문화가 **경쟁력**이다

에 있는 모든 사람이 결정을 수용하고 자신이 그 여정을 선택한 것처럼 장려하도록 해야 한다. 비록 전적으로 동의하지 않는다고 할지라도 마치 자신의 결정인 것 같이 인정하는 것이 최종 결과이다.

리더들은 191페이지 차트에 나와 있는 대로 자신의 한 방향 정렬을 설명하고 네 가지 방법 중 하나로 문화전환을 추진한다.

지지자Support 범주에 있는 사람은 C^2 문화로의 이동 결정의 논리에 동의하지만, 그와 관련해서 실제 행동을 취하지는 않는다. 한편, 이들은 변화 노력에 저항하지는 않는다. 옹호자Advocate 범주에 있는 사람들은 문화전환의 필요성에 대해 이야기하고 심지어 전환이 이뤄져야 한다는 절박감도 공유한다. 그들은 C^2로의 이동 결정에 철저히 지지하지만, 이 과정에서 전진하거나 앞장서서 시작하는 것이 더딜 수도 있다. 후원자Sponsor 범주에 있는 사람들은 변화 노력에 시간과 자원을 할애하고 대담한 노력으로 먼저 나서서 리더십 역할을 수행한다. 마지막으로 챔피언Champions은 시장 판도를 바꾸는 노력을 하여 책임문화로 가는 과정을 추진하고 전체 조직의 의제에 중앙 전면으로 나선다.

전환이 성공하려면 조직은 한두 명 이상의 챔피언이 필요하다. 사실상 성공적인 문화전환은 조직 전반의 모든 부서와 모든 직위에 있는 챔피언들이 열정적으로 목표를 추진하기 때문에 일어난다. 그들은 집중적인 피드백 제공을 위해 연락을 취하고 문화적 신념의 예를 들기 위해 집중 스토리텔링을 이용하며 R^2 핵심 성과에 대해 지속적으로 이야기하고 변함없이 집중 인정을 활용해서 문화관리

문화전환을 촉진하는 네 가지 방법

지지자	전환의 필요성에 동의하고 저항하려고 애쓰지 않는다
옹호자	전환의 필요성에 대해 공공연히 이야기하고 이제 이뤄져야 한다는 절박감을 공유한다
후원자	전환을 해야 할 일을 최우선순위로 삼아 시간과 자원을 할애하는 사람
챔피언	아래와 같이 문화전환 성공을 위한 책임을 보인다 • 일상 활동이 문화적 신념임을 분명히 제시한다. • 집중 피드백을 지속적으로 주고받으며 문화적 신념에 맞춰 집중 스토리텔링, 집중 인정에 몰입한다. • 함께 일하는 사람들을 위해 새로운 경험을 의식적으로 구축한다.

조직문화가 경쟁력이다

도구를 사용한다. 챔피언은 문화라는 바위를 앞으로 끄는 데 필요한 참여를 진작시킨다.

• • •

5 단계:
커뮤니케이션 - 메시지가 일관되게 하라

유능한 리더들은 "대화하고 또 대화하고" 진심으로 한다! 팀 구성원들이 문화적 신념선언서를 작성한 후에 문 밖으로 나갔을 때, 각자는 올바른 신념, 행동, 성과의 강화를 위해 영향력의 범위에서 일관된 경험을 만들고자 열심히 노력해야 한다. 대개 경영팀은 무엇을 커뮤니케이션 해야 할 지와 언제 커뮤니케이션 해야 할지를 한 방향으로 정렬하는데 충분한 시간을 할애하지 않는다.

효과적으로 조직에 문화전환을 알리는 것은 명백한 단계인 것처럼 보일지라도 그것을 잘하기 위해서는 의식적이고 신중한 노력이 필요하다. 당신의 커뮤니케이션은 공동의 변화를 가능하게 해야 한다.

…

6단계:
팔로우업 - 한 방향 정렬을 확인하고 점검하라

관리자들이 자신이 하겠다고 말한 것을 실행하는 책임을 충분히 받아들이지 않는다면 조직문화 변화는 성공할 수 없다. 문화전환이 성공하려면 계속해서 한 방향 정렬을 확인하고 점검해야 한다. 경영진과 함께 정기적인 점검을 계획하는 것은 문화전환 성공에 필수적이다. 대개 이러한 회의는 현재 진행되고 있는 것과 사람들에게 그것에 대해 어떻게 느끼고 있는지에 관해 열려 있는 솔직한 대화가 필요하다. 한 방향 정렬 항목은 팀 회의에서 정렬을 점검할 때 좋은 출발점이다.

효과성을 최대로 끌어올리려면 집단 환경에서 사용할 자체 항목을 개발할 것을 권한다. 이 항목은 팀의 한 방향 정렬을 지속적으로 모니터하고 가장 필요한 경우 수정하려는 노력을 지시하는 데 도움이 된다. 리더십 한 방향 정렬과정은 효과적이고 신속하게 이를 실행하는 데 도움이 된다. 이 기본 원칙을 명심하자: 경영진 스스로와 조직을 문화전환에 맞춰 보다 효과적으로 한 방향 정렬할수록 조직은 시장 판도를 바꾸는 문화전환을 향해 더 빠르게 전진할 수 있다.

한 방향 정렬은 과정이지 일회성 이벤트가 아니다. 그것은 끊임없

■ 한 방향 정렬 항목

- ✔ 우리는 생각하고 행동하는 방식을 전환하려는 절박함에 한 방향 정렬했는가?
- ✔ 우리는 문화적 신념에 맞춰 한 방향으로 정렬했는가?
- ✔ 우리는 사람들이 행할 것이라고 기대한 행동에 정렬했는가?
- ✔ 우리는 변화를 주도할 때 팀으로서 만들고 있는 경험에 맞춰 정렬했는가?
- ✔ 우리는 조직을 위한 새로운 경험을 만드는 과정에서 우리 각자 개인적 노력에 한 방향 정렬했는가?
- ✔ 우리는 변화를 위한 자신의 책임을 나누기로 동의한 방법에 한 방향 정렬했는가?
- ✔ 우리는 무엇을 말하고 어떻게 말하고 있는지의 측면에서 변화에 관해 커뮤니케이션 하는 방법에 한 방향 정렬했는가?

■■■■ 조직문화가 **경쟁력**이다 ■■■

이 달성하고자 노력해야 하는 것이다. 문화전환의 시기에 경영진이 R^2, 변화의 사례, 문화적 신념, C^2 문화, 문화변화 방법론에 완전히 맞춰 정렬하는 것보다 더 강력하게 성공적인 결과에 영향을 미치는 것은 없다. 이 한 방향 정렬 자체는 변화 과정에서 가장 중요한 가속장치 중 하나다.

당신이 문화를 바꿀 수도 있고, 문화가 당신을 바꿀 수도 있다. 문화를 관리하기로 결정할 때, 먼저 사람들이 가야 할 방향으로 이동하는 데 필요한 한 방향 정렬을 만들어내고 유지해야 한다. 한 방향 정렬은 모두가 배우고 숙달해야 하는 리더십 능력이다. 한 방향 정렬이 존재하지 않는 때를 알아차리고 나서, 그것을 정렬시키고 유지하는 당신의 능력을 향상시키는 것은 문화전환 과정의 시기뿐만 아니라, 성과 창출에 포커스를 맞춘 리더십의 모든 측면에서 큰 힘이 된다. 다음 장에서는 문화전환의 속도를 높이고 R^2 달성에 도움이 되는 세 가지 문화관리 도구를 소개하겠다.

7장

세 가지 문화관리 도구를 활용하라

비즈니스 판도를 바꾸는 문화 구축을 위해 성과 피라미드 활용에 있어서 조직이 한 방향 정렬을 이뤄내는 법을 이해하고 있다면, 변화 노력에 박차를 가하는 세 가지 필수적인 문화관리 도구, 즉 집중 피드백, 집중 스토리텔링, 집중 인정focused recognition의 활용을 시작할 수 있다. 이 도구는 문화적 신념을 조직문화에 통합하고 C^2와 바라는 R^2 성과 달성의 속도를 높이는 데 도움이 된다.

우리는 C^1 문화의 강력한 변화 저항을 다루는데 도움을 주고자 이 도구를 고안했다. 이 도구가 우리 고객에 어떻게 도움을 줬는지에 대한 예는 Chili's와 On The Border로 유명한 식당 브랜드 Brinker 인터내셔널의 성공적인 조직문화 변화의 노력에서 찾을 수 있다. 최고 경영진과 함께 몇 개월을 일하고 난 후에, 두 브랜드의 최고 리더들과 관리자들 1,500명과의 회의를 거쳐 전적으로 프로젝트에 임할 시간이 왔다. 현장 리더들과 레스토랑 관리자들이 각각의 브랜드에서 문화전환 노력을 주도하는데 도움을 주고자 회의를 개최했다.

효과가 있다고 이미 확인한 비유법을 써서, Chili's와 On The Border의 COO, 켈리 발라드는 PGA 투어에서 일어났던, 시장 판도를 바꾼 잊지 못할 순간을 재연해서 그들의 문화전환에 필요한 일치단결된 노력의 시각적 이미지를 창조했다.

회의 시작에 앞서, 켈리는 튼튼한 무대 위에 680 킬로그램이나 나가는 바위를 내려놓도록 준비했다. 전 세계에서 온 관리자들이 저녁 만찬 자리에 모인 후에, CEO 더그 브룩스는 무대에 올라와 Brinker 인터내셔널의 미래 비전과 R^2 성과의 역사적인 배경을 설명했다. 그가 연설하는 동안, 모든 청중은 이 거대한 바위에서 눈을 뗄 수가 없었다. 저거 누가 갖다 놨지? 왜?

다음날 리더들이 Brinker의 핵심 성과 달성을 위한 C^1에서 C^2로의 조직문화 변화를 구축하는 것에 관해 이야기를 시작했을 때도 리더들의 눈은 바위에 쏠렸다. 그들은 Brinker 문화가 무대에 있는 바위가 같다고 지적했다: 무겁고 움직이기 힘들다! 다음 둘째 날도, 바위는 Brinker 팀이 마주하고 있는 무거운 도전과제를 계속해서 상기시켜주는 역할을 했다.

회의 마지막 날, Brinker의 회장이 무대에 올랐다. 우리는 문화를 바꾸고 성과책임을 만들고자 하는 모든 리더십 팀이 반드시 대답해야 하는 가장 중요한 단 한 가지 질문을 하라고 회장에게 제안했다: "당신은 이것에 관해 진지합니까? 바위를 움직이고 C^2 문화를 만들어 핵심 R^2 성과를 달성하는데 진지합니까?" 회장은 자신의 팀을 향해 고개를 돌리며 외쳤다. "정말로!"

1999년 피닉스에서 열린 PGA 투어에서 일어났던 상황을 재현하려고 회장은 바위 뒤로 가서 5번 아이언을 잡고서 (청중들은 이것을 볼 수 없었다), 골프공이 바위 뒤에 떨어졌고, 그리고 그것을 그린에 올려놔야 하는 다음 샷이 완전히 막힌 상황이라고 Brinker 팀에 설명했다. 볼을 옆으로 치우거나 바위에서 드롭을 하는 페널티를 받지 않고도 기적적으로 경기를 계속할 수 있다면, 그 상황은 절실히 필요한, 바로 게임의 판도를 바꾸는 순간이 될 것이다.

회장은 대부분의 골프 선수들이 돌, 나뭇가지, 잎과 같은 작고 하찮은 장애물만 옮길 수 있다고 생각한다고 설명하고 나서 실제로 골프 규칙에는 선수들이 다른 사람의 도움을 받아 페널티를 받지 않고도 바위와 같은 거대한 장애물도 치울 수 있다고 분명히 말했다. (PGA가 규정을 바꿨던 피닉스 오픈 이후에도 이 규정은 상당한 논란거리가 됐다.) 피닉스 오픈을 가슴에 새기고서 회장은 청중을 둘러보며 지금 무대로 올라와 바위 밀어버리기를 도와줄 "Brinkerheads"가 있느냐고 크게 소리쳤다. 팀원 12명(그 중에는 NFL의 수비 대형에서 볼 수 있는 것 같은 근육질도 있었다.)이 무대로 뛰어 올라와 바위 뒤에 회장과 나란히 섰다. 결연한 모습의 팀원들은 상황을 조사하고 전략적으로 바위 뒤에 똑같은 방면에 자리를 잡은 다음 어깨를 밀어 넣었다. 다 함께 "하나, 둘, 셋!"을 외치자 그들은 온 힘을 다해 밀기 시작했다. 바위는 움직이기 시작했고 오래지 않아 상상의 그린에서 깨끗한 샷을 날릴 수 있을 정도로 바위를 치워버렸다. 회장은 앞으로 나와서 청중의 머리 위를 향해 거품공을 쳐서 경기를 계속했다. 청중 모두가 혼연일체가 돼서 열렬한 기립 박수를 쳤던 광경을 절대로 잊지 못할 것이다.

바위를 움직여라

우리는 종종 이 바위를 은유법으로 써서 C^2 조성, 책임문화 구축, 바라는 R^2 성과 달성에 필요한 단합된 노력을 제시한다. 450 킬로그램의 바위처럼 C^1은 움직이기 어렵다. 이것은 무겁고 다루기 어려우며 잡기조차 어렵고 움직이게 하려면 집중된 에너지가 많이 필요하다. 모두가 동의한다고 해서 바위를 움직일 순 없다. 반대로 C^1 문화는 바위처럼 모두가 나란히 서서 C^2를 향해 밀어붙일 때만이 움직인다.

바위를 굴려야 할 방향을 정하는 것은 바위의 정확한 방면에 힘을 모으기 위해 모두에게 필요한 명확성을 제시한다. 사람들이 바위 주변에 여기저기 흩어져서 거대한 바위를 움직이려고 시도하면서 의도하지 않게 서로를 향해 밀고 있는 것을 상상해보라. 때때로 문화변화 노력도 이 모습과 비슷하다. 어디로 가는지(R^2)를 정확히 모른다면, 아무리 최고의 재능을 갖고 열정적으로 헌신하는 직원이라도 바위의 다른 쪽에서 허우적댈 것이다. 변화 노력에 참가한 우수한 인재들은 온 힘을 다해 밀 수 있지만 서로를 향해 밀고 있다면 결국 자신들의 노력에 싫증이 나고 좌절해서 문화라는 바위를 옮기고 R^2를 달성하려는 자신의 노력을 결국 포기하게 될 것이다.

바람직한 움직임의 방향은 조직의 핵심 성과(R^2)에 따라 정해지며 결국 문화라는 바위가 어떤 방향으로 움직여야 할지를 결정한다. 문화적 신념선언서는 모든 사람이 변화 과정을 시작하고 일을 진행하는데 에너지와 노력을 어디에 쏟아야 할지를 알려준다; 이것은 모두가 바위의 어떤 쪽을 밀어야 할지를 결정한다. 언제 시작하고 일의 진척을 위한 모멘텀이 무엇인지를 아는 것은 변화 과정의 성공에 핵심적인 요소다. 핵심 R^2 성과와 문화적 신념도 마찬가지다.

"바위 움직이기"의 어려움에도 불구하고, 조직문화는 올바른 문화관리 도구를 조직의 개인과 팀의 일상 업무에 접목할 때 움직일 수 있고 실제로 움직이게 될 것이다. 우리가 고안한 세 가지 문화관리 도구(집중 피드백, 집중 스토리텔링, 집중 인정)은 문화적 신념에 맞춰 매일매일 지속적이며 강력한 집중을 만들어낸다. 이 도구는 문화라는 바위를 움직이게 하고 오랫동안 올바른 방향으로 움직임을 유지하게 하는데 필요한 수단을 제공한다.

문화관리 도구 활용법은 2장에서 소개했던 고객 옵토매트릭스의 경험을 토대로 자세하게 소개할 것이다. 이 사례는 여러 현장과 여러 직위와 관련된 까다로운 소매업계 환경과 소매업에 불리한 경제 상황(문화변화가 상당한 도전 과제를 제시했다고 주장할 수도 있는 모든 복잡성) 등에서 이 도구의 활용을 자세히 보여준다.

옵토매트릭스의 문화적 신념은 문화관리 도구를 실천하려는 노력의 중심점이다. 기억나겠지만 문화적 신념은 성공적인 문화변화에 반드시 필요한 기본 틀을 제공하며 제목과 선언서로 구성되어 있다. 가령, "브랜드를 실천하라: 나는 내가 하는 모든 것에 옵토매트릭스 브랜드 필터를 사용한다." 문화적 신념의 제목은 아주 중요하다. 본질적으로 제목은 모든 사람이 필요한 방향으로 문화를 움직이려는 성과책임을 받아들일 때 잡을 수 있는 문화라는 바위의 "핸들"이 된다. 이 핸들 덕분에 움직임이 훨씬 수월해진다. 문화를 변화시키는 것에 진지한 리더라면 문화적 신념선언서의 제목과 전문을 외워야 한다. 초기에 문화적 신념의 주인의식을 입증할 때 제목과 전문을 외우지 못한 리더들은 마찬가지로 직원들에게 외우라고 지시하기도 한다. 문화적 신념을 기억하는 것은 분명히 당신의 책임이다.

문화적 신념선언서의 전문은 제목을 넘어서 신념을 확대하고 명확히 설명하는 역할을 한다. 가령, 누군가 "브랜드를 실천하라"라고 말하면, 전체 선언서는 모두가 개인적으로 "옵토매트릭스 브랜드 필터를 통해 앞장서고, 생각하고, 행동해야" 한다고 말한다. 문화적 신념선언서는 C^2를 조성하고 조직의 핵심 성과를 달성하기 위해 어떻게 생각하고 행동해야 하는지를 사람들에게 상기시켜 준다.

조직의 문화를 바꾸지 못하는 무능력 때문에 좌절했던 리더들을 우리는 알고 있다. 이 좌절감은 항상 바라던 변화를 이루는 데 반드시 필요한 도구가 부족했다는 사실에 기인한다. 적절한 도구가 없다면 리더들은 의미 있는 변화를 성취하는데 어려움을 겪을 것이다. 리더들은 팀을 통해서 변화 과정의 속도를 높이고 비즈니스의 판도를 바꾸는 방식으로 성과를 진척시킨다. 이 도구들을 하나하나 자세히 살펴보자.

집중 피드백 도구

피드백은 가능성 또는 당위의 여부에 상관없이 변화를 위한 도구로 좀처럼 활용되지 않는다. 하지만 조직의 모든 단계에 걸쳐 효과적으로 활용된다면 C^2로의 전환 속도를 상당히 높일 수 있다. 이를 달성하기 위해서 피드백은 C^2 문화적 신념에 맞춰 집중해야 한다. 우리는 이것을 집중 피드백이라고 부르는데 감사하는appreciative 동시에 건설적이어야 한다. 감사하는 집중 피드백을 통해서 직원들은 당신이 문화적 신념의 표명을 높이 평가하는지를 알게 된다. 이것은 문화라는 바위를 앞으로 움직이게 하는 데 필요한 생각과 행동을 강화한다. 시의 적절한 방법으로 감사하는 집중 피드백을 제공하는 것은 C^2 행동을 분명히 설명할 뿐만 아니라, 바람직한 A^2 행동을 강화하는 데 필요한 반복을 지속하게 한다.

건설적인 집중 피드백은 사람들이 B^2 신념을 더욱 충분히 표출하기 위해 할 수 있는 일에 관한 긍정적이고 솔직한 제안과 지침을 전달한다. 이러한 종류의 피드백은 시의 적절한 방법으로 사람들이 개선할 수 있는 것을 파악하는 데 도움이 되기 때문에 직원들의 새로운 C^2 문화전환 성공에 반드시 필요하다. 이 피드백을 받지 못한 사람들은 C^1이라는 진흙탕에 빠지게 된다. 건설적인 집중 피드백이 부족하면 모든 문화변화 노력이 교착 상태에 빠져 결국에는 사라져 버리고 만다.

옵토매트릭스의 부서장, "빌 존스"는 회사의 문화전환 초기에 이 교훈을 배웠다. 빌의 동료들은 그를 개인 차원에서 문화변화를 진심으로 받아들인 직원으로 봤지만, 그는 업무를 제대로 수행하지 못했고 바라던 성과도 내지 못하고 있었다. 피드백 도구의 잘못된 활용 때문에 개선의 여지가 줄어들었고 옵토매트릭스 문화의 극적 전환을 위한 진심 어린 개인의 노력을 전혀 반영하지 못했다. 그의 상사가 집중 피드백을 빌에게 주지 않았다면 문제는 더 악화될 수도 있었다. 빌의 상사가 우리에게 말하기를, '빌은 건설적인 피드백을 전달할 때 항상 '쿠션'을 사용했어요. 빌이 매장 관리자들과 나눈 대화에 귀를 기울여 보면 빌이 최소 다섯 번 전달한 피드백을 누그러뜨리는 걸 들었어요. 결국, 피드백은 소용이 없었죠. 이것을 보고 난 후에 빌에게 피드백을 주면서 다양한 예시를 언급하고 그것이 성과에 어떤 식으로 영향을 끼치는지를 보여줬습니다."

빌의 건설적인 피드백에 관한 범주 2 신념은 바꿔야 했다. 건설적인 집중 피드백은 솔직하고 분명하며 완벽해야 한다. 그것은 누군가의 약점이나 실수의 불만을 단순히 표현하는 비평이 아니다. 차라리 건설적인 피드백은 사람들이 잘못하고 있는 점을 지적하고 문화적 신념을 훨씬 효과적으로 보여줘서 더 좋은 방향으로 변화할 수 있는 방법에 대한 제안을 전달한다. 이것은 C^2의 성공적인 달성에 도움이 되겠다는 목표를 가진 사람들을 약화시키는 것이 아니라 오히려 강하게 만드는 것이다.

자신의 상사로부터 문화적 신념에 맞춘 적절하고 건설적인 집중 피드백을 받은 후에, 빌은 변하기 시작했고 그의 실적도 나아지기 시작했다. 그의 상사는 계속 말을 이었다. "빌은 내가 전달한 피드백을 주저 없이 받아들였고 '쿠션'을 벗어 던졌던 메시지와 이야기를 나한테 보내기 시작했어요. 불과 십 주 전이었어요. 빌은 그 십 주 중에서 팔 주의 계획을 달성했고 십오 주 동안 100% 이상을 이어갔는데 12월과 1월 모두 계획을 달성했어요." 빌의 180도 전환은 문화적 신념에 맞춘 집중 피드백이 어떻게 긍정적으로 A^2 행동과 R^2 성과에 영향을 끼치는지 보여주고 있다.

집중적인 피드백 언어

집중 피드백은 어떻게 들릴까? 회사의 문화전환에 참여한 두 명의 옵토매트릭스 현장 리더 "젠"과 "로버트" 사이에 문화적 신념에 맞춘 집중 피드백 세션을 엿들었다면, 아마 이런 이야기를 들었을 것이다:

"로버트! 당신이 '집중하라(옵토매트릭스의 문화적 신념)'를 보여주고 있다고 나는 생각해요. 당신은 개발 방문 과정에서 중요한 직무를 수행하고 있어요. 당신은 핵심 성과를 달성하지 못하는 근본 원인을 파악하고 달성하지 못한 관할 구역을 담당하는 부서장들 사이에 능력 차이가 있다는 걸 재빨리 알 필요가 있습니다. 그리고 제대로 된 사람을 키우는데 시간을 정확히 투자하는 겁니다."

"당신이 '집중하라'를 훨씬 더 많이 보여줄 수 있었다고 나는 생각해요. 부서장의 두 자리가 당장 공석이 될 것 같아요. 다음 2주 안에 두 명의 부서장을 고용하는 데 필요한 시간에 비해 현재 함께 일하는 직원들을 키우는데 투자하는 시간을 따져 봐야 한다고 생각해요. 이들을 고용하고 댈러스 회장에 보내려면 꽤 힘들 거라는 걸 알아요, 하지만 그게 바로 회사가 정말로 필요로 하는 것입니다."

이 실제 집중 피드백 세션에서 로버트는 2주 안에 새로운 두 부서장을 뽑았으며 이 행동으로 관할 구역에서 즉시 매출이 늘었다. 또한, 회사 전체의 요직을 신속하게 보충하는 새로운 기준도 수립했다.

젠도 직속 부하 중 한 명으로부터 문화적 신념에 맞춘 집중 피드백은 받았으며 그 직속 부하도 같은 주제에 대해 피드백을 전달했다:

"젠! 당신이 '평범함을 버려라(옵토매트릭스의 또 다른 문화적 신념)'를 보여주고 있어요. 당신은 아주 집중해서 팀이 현지 지사장 수준에서 기대하는 것을 분명히 파악하고 이해하게 했어요. 기대가 분명했기 때문에 현지 지사장 팀에서 기회가 생겼어요."

"당신이 '평범함을 버려라'를 보여준다고 나는 생각해요. 수많은 후보자를 거치면서 그 업무만을 할 수 있는 사람에 만족해서는 안됩니다; 차라리 현재 현지 지사장 팀의 성적을 높일 수 있는 사람, 관심을 끌 수 있는 사람을 회사에 데려오세요."

젠은 이 집중 피드백에 따라 행동했고 실제로 새로운 RGM을 채용했는데 그는 부임 첫 달부터 시작해서 탁월한 성과를 내고 있다고 말했다. 문화적 신념에 맞춘 집중 피드백은 필요한 변화의 속도를 높이고 R^2 성과를 달성하는 데 도움이 된다.

집중 피드백의 내용은 개인별, 세션별로 달라질 수도 있지만, 항상 문화적 신념에 무게중심을 두어야 한다. 우리는 피드백을 문화적 신념에 포커스를 맞출 때만이 문화전환에 가속도가 붙는다는 사실을 확인했다. 가령, "브랜드를 실천하라"와 같은 B^2 신념을 강화하고자 할 때, "당신이 '브랜드를 실천하라'를 보여준다고 나는 생각해요"와 같이 무언가를 말해야 한다. 똑같은 사람이 그 신념을 더욱 충분히 보여줄 수 있었던 방식을 말할 때 "당신이 '브랜드를 실천하라'를 훨씬 더 많이 보여줄 수 있었다고 나는 생각해요"와 같이 무언가를 전달해야 한다.

'나는 느껴요'라는 단어는 피드백을 받은 사람이 유용하다고 생각할 수 있는 주관적 의견을 공유하고 있다는 것을 전달하는 것이지, 개인이 가혹하게 평가 받고 있다고 느끼게 할 수 있는 객관적이거나 절대적인 진실이 아니다. 피드백에서 개인에 대한 "진실"을 재연할 수 있는 것은 거의 없다. 대신에 피드백은 누군가 상황을 개선하는 데 도움이 되는 관점을 전달한다. 나(I)라는 단어는 공유하고 있는 인식에 대해 개인이 갖고 있는 감정을 전달한다. 자신의 개인적 관점에서 직접적이고 솔직하게 피드백을 전달할 때 사람들은 훨씬 호의적으로 반응한다는 것을 명심하라. 나(I) 대신에 우리(we)로 바꿀 때 피드백은 영향력을 잃게 되는데 복수형으로 하면 모든 효과적인 피드백에 필요한 개인의 주인의식이 피드백에서 없어지기 때문이다. 익명성을 너무 활용하면, 조작하는 것처럼 보이기 시작한다. 건설적인 피드백을 전달할 때 "더욱 더"라는 어구의 활용을 권장하는 이유는 어느 정도까지 피드백을 받는 사람이 어떤 점에서는 바람직한 신념을 이미 보여줬다는 것을 암시하기 때문이다.

　문화적 신념에 맞춘 집중 피드백을 받으려고 할 때, 단순히 "저에게 도움이 될 만한 어떤 피드백이 있나요?"라고 묻기를 권한다. 이 질문은 "저에게 도움이 될 말한 피드백이 있나요?"라고 묻는 것보다 훨씬 낫다. 전자는 개인이 실제로 당신에게 전달할 피드백을 갖고 있다는 것을 가정한다. 아마도 그럴 것이다! 후자는 "예" 또는 "아니오"라는 대답을 하게 하고 많은 사람이 피드백을 전달하기가 어렵다고 생각하기 때문에 대개는 "아니오"라고 대답한다. 정말로 집중 피드백을 원하면, 질문은 "저에게 도움이 될 만한 어떤 피드백이 있나요"라는 것을 기억하라.

　어느 누구의 시각도 100% 정확하지 않으며 심지어 유용한 것이라도 항상 100%가 될 수 없다. 아마 예일 대학교 경영학과 교수의 실화로 추정되는 이야기를 당신도 알 것이다. 믿을 만한 심야 배달 서비스의 가능성에 관한 페덱스 창립자 프레드 스미스의 논문에 점수를 매긴 교수에 관한 이야기다. 소문에 의하면 그 교수는 이렇게 적었다. "컨셉이 흥미롭고 주제를 잘 알고 있지만, C 이상 점수를 받으려면 아이디어가 실현 가능성이 있어야 한다." 프레드 스미스는 피드백을 듣고 본인이 들은 바를 평가하고 그것을 무시하고 곧장 가서 자신의 배달 서비스 왕국을 세웠다. 피드백을 받은 대로 행동하지 않을 때도 있긴 하지만 사람들이 무슨 생각을 하고 있는지 듣는 것은 항상 도움이 된다. 사람들이 생각하는 것(신념)은 사람들이 실행하는 것(행동)으로 이끈다는 것을 기억하라. 정확하건 부정확하건 사람들은 신념을 기초로 행동한다. 이 신념을 이해하는 것은 문화변화 노력의 속도를 높이는데 오래도록 도움이 될 것이다.

사람들이 계속 반복해서 피드백을 전달하게 하려면 간단히 고맙다고 대답해 보라. "피드백 주셔서 고맙습니다"라고 말하는 순간, 피드백을 제공하는 책임을 보여준 데 대해서 감사하다는 메시지를 보내고 있는 것이다. 이러한 단순한 반응은 피드백이 유용했는지를 평가하고 있다는 인상을 주지 않으며, 대신에 사람들이 계속해서 당신에게 다가오기를 바란다는 점을 강조하는 것이다.

피드백 필터

피드백을 활용해 무슨 일을 하는지는 당신의 선택이지만 신중하게 비교 검토해야 하는 선택이다. 흔히 사람들은 본인들이 받은 피드백을 방어적으로 해명하려고 한다. 몇 년 전에 우리는 어떤 이사와 함께 일했는데 그는 "유용한" 피드백이라고 생각하는 것에만 따라 행동하는 교육 부문 엔지니어였다. 만날 당시, 그는 대형 의료 장비 회사의 제조 부문 부사장이었다. 그는 피드백을 받을 때 일련의 네 가지 질문을 활용해 피드백을 필터링하고 평가한다고 말했다. 먼저 그는 자문했다. "피드백은 정확한가?" 만일 그렇다면 그는 이렇게 물었다 "이 피드백의 근거가 있는가?" 만일 두 번째 필터를 통과하면 또 이렇게 묻는다. "적절한가? 아님 부적절한가?" 마지막으

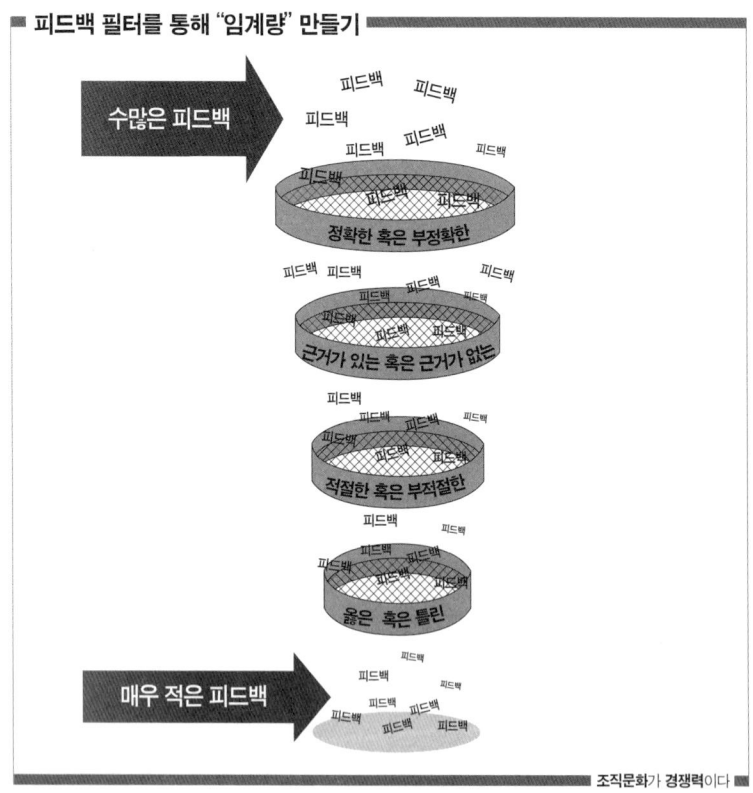

피드백 필터를 통해 "임계량" 만들기

로 묻는다. "옳은가? 그른가?" 목소리에 자부심이 차 있고 얼굴에 부끄러운 미소를 띠면서 그는 자신의 필터를 통과한 모든 피드백에 따라 행동한다고 장담했다.

이 생산 부문 부사장에게 이 필터링 과정을 거쳐 도대체 얼마나 많은 피드백이 실제로 남아 있냐고 묻자, 그가 "그게 바로 문제예요. 좋은 피드백이 별로 없어요!"라고 대답했다. 실은 그가 자신의 필터를 통해 피드백을 걸러냈을 때, 살아 남은 소중한 피드백은 거의 없었다. 물론 이 부사장은 그가 받았던 피드백을 필터링하는 동안 다른 사람들은 그에 대한 신념을 만들어가고 있었다. 그의 팀원들을 인터뷰하면서 상사에게 전달했던 피드백에 관해 말해달라고 요청했을 때, 팀원들의 대답은 한결 같았다; "아! 우리는 몇 년 전부터 피드백 안 드려요. 부사장님이 원치 않거든요!" 의료 장비 회사의 생산 부문 부사장이 자신에게 보고하는 직원들에게서 피드백을 받지 못할 때 치러야 하는 대가를 생각해 보라. 사람들은 필요 이상으로 본인이 받은 피드백을 아주 많이 필터링하는 경향이 있다. 이것이 바로 우리가 피드백을 받은 모두에게 똑같은 권고를 전달하는 이유다. 방어적이 되기 보다는 단순히 이 두 개 질문을 자문해 보라: "이것이 내가 그들이 지니길 원하는 신념인가?" 그렇지 않다면 "나는 그것을 바꾸기 위해서 해야 할 것은 무엇인가?"

방어적으로 피드백을 필터링해서 빼고 무시하며 출처를 믿지 않고 귀로 들었던 것을 없던 일로 하는 게 아니라 피드백을 액면 그대로 받아들여라. 피드백을 정보나 관점으로 간주하고 아래의 핵심 포인트를 생각해 보라: "신념이 있고 다른 사람들이 행동하는 기본의 역할을 하기 때문에 그 신념이 나에게 득이 되는가? 그 신념이 C^2를 조성하는 데 도움이 되는가?" 그렇지 않다면 이런 질문을 해서 성과 피라미드의 토대와 사람들 신념의 기반에서 일하라. "신념을 바꾸려면 어떤 경험을 만들어야 하는가?"

우리는 피드백을 받을 때 그것을 잊어버리거나 방어적이 되어서는 안 된다는 것을 알고 있는 많은 리더와 함께 일해왔다. 피드백을 전달한 사람들에게 고마워하고 그것을 되돌아보며 그것에 반응하는 것이 도움이 될 것인지 판단하라. 피드백이 실행할 만한 가치가 없다고 결정하면 피드백을 제공한 개인과의 고리를 완성해 피드백에 따라 행동하지 않기로 결정한 이유에 대해 알려 주고 싶을 수도 있다.

집중 스토리텔링 도구

집중 피드백이 변화의 속도를 높이는 동안에 조직은 문화관리 도구에 집중 스토리텔링을 추가하면 훨씬 더 전환에 박차를 가할 수 있다. 사람들은 매일매일 조직 전반에서 이야기를 나눈다. 이 이야기들은 단순히 사람들의 경험을 표현하고 조직에서 중요한 것과 일이 진행되는 방식에 대한 신념을 전달한다. 어떤 이야기들은 전설이 되기도 하고 세대간의 다리 역할을 하기도 한다. 좋건 나쁘건 간에 이 이야기들은 강력한 방법으로 문화를 전수하고 조직의 모든 계층에 있는 사람들에게 상당한 영향을 끼친다. 결국, 이야기들은 성과 피라미드의 하단에 가장 강력한 영향력을 끼치는 요소라고 할 수 있다.

조직에 있는 사람들이 서로에게 무슨 이야기를 하고 있는지 알고 있는가? 이 이야기는 어떤 신념을 이끌어내는가? 이 이야기들은 C^2 문화를 장려하는가, 아니면 B^1 신념과 C^1 문화를 공고히 하는가? 당신은 다른 사람들에게 어떤 이야기를 들려주는가? 당신이 하는 이야기를 잘 알고 있는가? 이야기의 영향력에 관한 한, 중립 지대는 없다. 최초로 이야기를 듣는 누군가의 설득력 있는 이야기는 최초로 경험했던 사람이 그랬던 것처럼 실제처럼 보일 수 있다. 어떤 사람의 이야기는 흔히 다른 사람의 경험이다.

이 이야기들은 조직을 C^2를 향해 움직이게 하거나 C^1으로 돌아가게 한다. C^2 문화로 가는 여정에 속도를 높이고 싶다면 C^2 이야기들을 파악하고 말해줘야 한다.

스토리텔링 언어

피드백과 마찬가지로 집중 스토리텔링은 문화적 신념의 무게중심이다. 이 문화적 신념을 실천하는 사람들을 묘사하는 특정 이야기들은 문화적 신념의 중요성을 강화하고 신념을 실천하는 방법을 사람들에게 제시한다. 집중 스토리텔링을 활용해 말하는 모든 이야기에는 시작, 중간, 끝이라는 세 부분이 있다. "나에게 '브랜드를 실천하라'는 이런 것이다"처럼 이야기의 배경을 이루는 특정 단어들을 활용해 이야기와 일치하는 문화적 신념 제목을 언급하는 것으로 시작한다. 이 접근 방식은 특정 B^2 신념을 밝히고 이야기를 하고 있는 사람에게 있어서 "브랜드를 실천하라."의 경우 문화적 신념이란 무엇인가를 설명하는 이야기를 듣게 될 것이라고 청취자들에게 알려준다. "브랜드를 실천하라" 이야기는 이야기를 경험으로 탈바꿈시키고 이 경험은 바람직한 문화적 신념을 강화한다.

중간은 이야기 그 자체다. 잘 짜여진 이야기는 약 45초 정도 소요된다. 물론 이야기가 사람들을 생각하게 하기를 원하지만 보다 중요한 것은 이야기가 A^2 행동과 B^2 신념이란 무엇인가를 사람들에게 보여주기를 바란다는 점이다. 제대로 된 이야기는 사람들이 바로 눈앞에서 문화변화를 바라보는 데 도움이 된다. 사람들이 C^2 이야기를 들을 때 그들은 개인적으로 이뤄내야 하는 변화를 목격하고 이에 따라 자신의 행동을 맞추도록 동기부여를 한다.

이야기는 핵심 R^2 성과에 대한 영향력을 언급하면서 끝난다. 우리는 집중 스토리텔링을 충분히 들었기 때문에 핵심 성과에 대한 영향력을 설명하지 못할 경우 이야기는 예외 없이 신념에 아무런 영향을 끼치지 못한다는 것을 알고 있다. "이것이 바로 나에게 '브랜드를 실천하라'는 것이다."라고 시작했던 것과 똑같이 간단한 언어를 사용해서 이야기를 끝마칠 것을 권한다. 이 종결 표현은 "나에게 '브랜드를 실천하라'는 이런 것이다."라는 이야기가 시작된 집중적인 의도를 계속해서 보여주기 때문에 중요하다. 이러한 표현이 들어 있는 이야기를 한데 모아 놓으면 이야기를 듣고 있는 모든 사람에게 왜 그것을 말하려고 선택했는지를 상기시켜준다. 문화적 신념의 언급은 다른 사람들에게서 찾고 있는 것과 개인적으로 스스로 보여주어야 하는 것 모두를 청취자들에게 상기시켜 준다. 이 경우 "브랜드를 실천하라"는 것은 "브랜드를 실천하라! 나는 내가 하는 모든 일에 옵토매트릭스 브랜드 필터를 활용한다"는 것을 의미한다.

 집중 스토리텔링은 옵토매트릭스에서 열광적인 환영을 받았다. 사실 수많은 이야기는 e-메일을 통해 넘쳐 흘렀고 주간 커뮤니케이션을 통해 전체 현장에 배포되었다. 집중 스토리텔링 패턴을 활용해 전해진 C^2 이야기의 예시가 여기 나와 있다. 맨 처음 이야기는 "브랜드를 실천하라: 나는 내가 하는 모든 일에 옵토매트릭스 브랜드 필터를 활용한다."라는 문화적 신념을 강화하고 있다.

"이것이 바로 나에게 '브랜드를 실천하라'는 것입니다. 고객이 걱정스런 얼굴로 우리 매장에 들어왔어요. 고객은 막 의사를 만나고 오는 길이었는데 그 의사는 고객에게 당뇨병을 진단하고 당뇨 시력 검사를 권했어요. 이 환자는 망설이면서 그녀가 지금은 검사할 돈이 없어서 다시 오겠다고 반복해서 얘기했지요. 우리 동료 한 명은 우리가 예산을 맞춰 줄 테니 오늘 이 검사를 받아야 한다고 그 환자를 설득하기 시작했습니다. 고객은 다시 오겠다는 말을 하면서 자리를 떠났어요. 음... 매장 직원에게 별로 좋은 상황이 아니었죠. 그들은 푸드코트로 나가서 고객을 찾아낸 다음에 그녀가 방문할 수 있을 거라고 말했습니다. '의사 선생님이 고객님을 오늘 정말 보고 싶어해요.'라고 그녀에게 말했습니다. 줄여서 얘기하자면, 검사를 마쳤는데 이 환자는 양쪽 눈

뒤에 출혈이 있다는 게 밝혀졌어요. 의사는 환자가 주치의와 연락할 수 있도록 도와주고 그 주치의는 즉시 응급실로 가라고 했습니다. 말할 것도 없이 그 환자는 격정적이 돼서 고마워하고 검사를 받지 않고 그녀를 떠나 보내지 않은 데 대해 얼마나 감동받았는지 우리 전체 팀에게 이야기했어요. 그녀가 사용한 단어는 '고객을 위한 옵토매트릭스의 너그러움과 열정에 어쩔 줄을 모르겠어요'였습니다. 전체 매장 직원과 고객은 감동의 눈물을 흘렸어요. 의사는 확인 전화를 걸라고 집 전화번호를 환자에게 건넸습니다. 그 매장은 이러한 경험을 환자에게 전달했을 뿐만 아니라 서로에게도 전달했고 모든 팀원은 이것이 바로 우리가 해야 할 일을 하는 이유라는 걸 이해했습니다. 어쨌든 팀은 그날 계획을 달성했고 작년 이맘때부터 현재까지 계획보다 앞서 있어요. 이것은 바로 나에게 '브랜드를 실천하라'는 것입니다."

다음 이야기는 "집중하라: 나는 내가 하는 모든 일을 옵토매트릭스 우선순위에 맞춘다"라는 문화적 신념을 강화하고 있다.

"이것은 바로 나에게 '집중하라'는 것입니다. 어제 하루가 시작될 때 교통흐름을 방해하는 나쁜 날씨 덕분에 검사 스케줄 명단에 여유가 있었어요. 하위단계로(상자 안으로) 빠지지 않고 '기다리면서 관망하는' 정신 상태에 안주하지 않으려고 날씨 탓은 그만두고 대신에 성공을 하려면 '우리가 정성을 더 할 수 있는 것은 무엇인가'에 집중했어요. 협의를 통해서 우리는 문화적 신념에 포커스를 맞추고 매장에 오는 모든 잠재 고객들의 관심을 끌고 기쁘게 만들어 예약이 안된 환자들을 변하게 노력했어요. 우리는 같은 날에 검사를 받을 수 있게 예약 없이 훌쩍 찾아온 환자 네 명을 바꿀 수 있었어요. 어제 전체 열두 번의 검사 중에서 절반은 의사를 통해 종합 검사를 받은 콘택트렌즈 환자였어요. 비록 많은 콘택트렌즈 환자가 있었지만 안경과 콘택트렌즈 양쪽 환자 4분의 3을 바꾸어 놓았어요. 팀원들은 매일 고객 감동에 포커스를 유지했고 외부 처방전을 가지고 예약 없이 찾아온 환자를 바꾸어 놓았어요. 고객을 기쁘게 하는 것과 개별 니즈를 파악하는 데 집중을 유지했기 때문에 그날 계획 이상의 실적을 거두고 마쳤습니다. 그것이 바로 나에게 '집중하라'는 것입니다."

이 이야기들은 사람들이 옵토매트릭스에서 갖고 있는 수많은 C^2 이야기 중에서 두 개에 불과하다. 바람직한 영향을 주기 위해서는 문화변화 시기에 만들어지고 전해진 C^2 이야기들의 숫자만으로도 현재 C^1 문화를 압도하게 된다. 이 이야기들은 듣는 모든 이들에게 문화적 신념을 보여주는 것이란 무엇인가를 분명하게 그리는 경험을 만든다. 이 명료성은 시간이 흘러 이야기가 쌓일수록 설득력을 얻게 된다. 조직의 모든 레벨에 있는 리더들은 문화적 신념을 반영하고 보여주는 이야기들을 전달하는 책임을 받아들여야 한다. 집중 스토리텔링이 C^2 문화를 강화하기 때문에 리더들이 조직의 일상 스토리 라인의 책임을 받아들인다면 모든 레벨에 있는 개인들은 성과 달성에 반드시 필요한 방식으로 생각하고 행동하는 책임을 결연하게 받아들일 것이다.

집중적인 인정 도구

집중 인정은 스토리텔링의 토대 위에서 조직 전반에 변화 노력의 모멘텀을 확대한다. 우리는 교육 워크숍에서 사람들에게 충분히 인정받고 있다고 생각하는지 종종 물어본다. 그들은 항상 "아니오!"라고 대답한다. 인정에 관한 한, 대부분 사람들은 인정을 덜 받고 알아주지 않는다고 느낀다. 수년 동안 지켜본 결과, 사람들이 자신들의 리더를 "인정을 제대로 하는" 리더로 생각하는 것이 드문 이유는 대부분 그들의 리더들이 "나를me!" 인식하는데 실패하기 때문이다.

실적에 대한 감사와 인정의 영향력을 이해하기 위해서는 부모가 어린 아이에게 걷는 법을 가르칠 때 집중하기 위해 선택하는 것을 생각해 보라. 아이가 첫 발을 내디뎠을 때, 모든 부모가 어떻게 하는가? 만세! 하지만 첫 발을 내디딘 후에 모든 아이는 어떻게 되는가? 쓰러진다! 아이가 쓰러졌을 때 부모가 야유하는 소리를 몇 번이나 들은 적이 있는가? 절대로 없을 것이다. 대신에 부모는 아이를 일으켜 세우고 첫 번째 걸음에 대해 감사해하고 나서 아기가 다시 시도하도록 용기를 북돋아준다. 부모는 본능적으로 쓰러지는 것은 무시하고 대신 발걸음에 집중한다. 쓰러지는 것이 아니라 발걸음에 집중하기 때문에 아이들은 며칠 후에 걷는 법을 배우고 몇 주 후에 뛰기 시작한다.

 C^2 문화 구축을 위해 사람들이 내딛는 첫 번째 발걸음에 똑같은 접근 방식을 적용하면 더 많은 것을 얻을 수 있다. 사람들은 때때로 "쓰러지지만" 동시에 문화적 신념을 실천하는 방법을 배운다는 것을 우리는 모두 알고 있다. 인정을 통해 발걸음이 전진하고 있다는 것을 인식한다면 간혹 쓰러지더라도 문화변화 노력에 속도를 높일 수 있다. 스토리텔링과 피드백과 마찬가지로 집중 인정은 문화적 신념의 중심에 있어야 한다. 집중 인정을 통해서 조직에 있는 모든 사람은 C^2 문화적 신념을 보여주기 위해 다른 직원들이 실천하는 것을 관찰하고 인식하게 된다.

 옵토매트릭스 부서장 한 명에게 집중 인정이 생기는 것을 어디서 확인하느냐고 물었을 때 그는 "모든 곳에서요!"라고 대답했다. 그는 계속해서 말하기를, "집중 인정을 받으면 사람들은 깊이 감사합니다. 받은 사람들에 대한 영향력을 보고 저도 놀랐어요. 제가 부서에 있는 누군가에게 집중 인정을 줬는데 그게 그녀에게 무엇을 의미하는지 불분명했어요. 그러나 저는 그게 얼마나 많은 것을 의미하는지 그녀한테서 배웠습니다. 그녀는 눈물을 글썽이며 제일 좋은 시기에 내가 감사를 표시했다고 말했어요." 집중 인정은 단지 형식적인 상의하달식 과정에 통제 받지 않는 360도 긍정 강화 도구다. 직책, 회사나 소속 부서의 지위에 상관없이 모두가 행동에 참여할 수 있다. 긍정 강화는 사기를 진작시키고 사람들이 문화전환과 관련해서 도움이 되는 일을 찾도록 해준다.

누구나 기입해서 컴퓨터 혹은 직접 받는 사람에게 전달하는 일종의 인정 카드를 사용해 볼 것을 제안한다. 우리 고객들은 이 카드가 인정을 활성화하고 발전이 이뤄지고 있다는 실질적 증거를 제공하는 데 도움이 된다는 걸 알고 있다. 사실 문화변화가 진행될 때, 사람들의 책상과 칸막이에 수많은 카드를 보게 된다. 집중 피드백, 스토리텔링과 더불어 인정은 개인이 제시했던 문화적 신념을 확인하는 것으로 시작해서 문화적 신념을 반영하는 A^2 행동의 간략한 설명으로 지속되고 이 문화적 신념의 표현이 뒷받침하는 핵심 R^2 성과를 확인하는 것으로 끝난다.

옵토매트릭스의 예시를 살펴보자.

■ **인정: 옵토매트릭스** ▬▬▬▬▬▬▬▬▬▬▬▬▬▬▬▬▬▬▬▬▬▬

나는 아래와 같은 방법으로 『브랜드를 실천하라』 를 보여주는 『제임스 헨더슨』 을 인정하고 싶습니다.

> 책임문화로 가는 과정의 지난 4주 동안, 제임스는 열정과 패기를 보여줬기 때문에 현상황을 직시하라 단계로 들어섰습니다. 전는 산타 마리아 매장이 새로운 행동과 탁월한 성과로 이끄는 새로운 경험과 신념을 만들어낼 것이라고 확신합니다.

이 같은 행동을 통해서, 아래의 핵심 성과에 긍정적인 영향을 끼쳤습니다.

> 계획 대비 매출, SOP, 고객 수

___엘리자베스 에이미___   _____
　　　전달　　　　　　　　　　일자

책임문화로 가는 과정

▬▬▬▬▬▬▬▬▬▬▬▬▬▬▬▬▬ **조직문화가 경쟁력**이다

집중 인정은 사람들이 핵심 성과 달성에 반드시 필요한 방법으로 생각하고 행동하도록 강력하게 동기부여를 한다. 이것은 사람들이 바위의 똑같은 측면에서 줄을 서게 하는데 도움이 되고 실천할 때 감사를 표시한다. 집중 인정은 A^2 행동과 그 행동이 낳을 핵심 R^2 성과 사이의 관계를 명확히 정립한다.

마지막 인정 카드의 예시는 최고 경영진 중의 한 명인 "월터 곤잘레스"의 카드인데 그는 미국 전역에서 옵토매트릭스의 현장 운영을 맡고 있다. 그는 중서부 지부장 "메리 윌슨"에게 카드를 전달했다.

■ 인정: 옵토매트릭스 ■

나는 아래와 같은 방법으로 성과를 이끌어라 를 보여주는

메리 윌슨 을 인정하고 싶습니다.

메리 지역의 매장 100%는 1월에 계획을 초과 달성하고 매장이 계획대로 진행되고 있음을 증명하며 모든 지역에서 신념을 바꾸는 데 도움이 되는 경이로운 이야기를 제공했습니다. 이것은 모든 것이 가능하다는 것을 분명히 보여줍니다! 우리는 비전 약속을 지켜나가고 있습니다! 메리와 팀원들에게 축하!

이 같은 행동을 통해서, 아래의 핵심 성과에 긍정적인 영향을 끼쳤습니다.

계획대비 매출, SOP, 고객 수

월터 곤잘레스
─────────────   ─────────────
   전달   일자

책임문화로 가는 과정

■ 조직문화가 경쟁력이다 ■

월터는 이 카드를 전달할 당시를 회상했다.

"이것은 5지부에 전달한 최초의 카드였어요. 이 카드를 메리에게 보냈을 때, 나는 전체 팀에 전달했어요. 팀은 매장에 전달했습니다. 중서부 지부는 1년 52주 중에서 겨우 4주만 계획 대비 매출을 달성했어요. 하지만 이제 5지부는 계획 대비 매출을 초과 달성하고 있습니다. 이것은 전체 팀뿐만 아니라 그녀의 모든 매장에서도 엄청난 신념을 바꿨어요. 그들은 모든 매장이 계획대로 진행되고 있는 것을 분명히 보여줄 수 있었습니다: 당신은 밖으로 나가서 알아내야 합니다. 이 시장의 매장 100%가 이것을 달성할 수 있기 때문에, 어느 누구도 더 이상 매출을 교통량의 탓으로 돌릴 수 없었습니다. 새해를 시작하는 좋은 방법이라는 것이 우리의 신념과 행동을 빼고 아무것도 바뀐 게 없었어요. 이것은 문화적 모멘텀을 중서부의 행동으로 전달한 최초의 실제 경험이었습니다. 그것은 다른 모든 지부장의 마음을 움직이게 했어요. 그들은 리더로서 자신들에게 필요한 변화를 받아들일 때 무엇이든 가능하다는 것을 깨달았어요!"

"중서부 지부는 우리가 그들의 노력을 '인정'할 때 모든 지역에서 성과가 가능하다는 것을 입증할 수 있었어요. 1월에 중서부 지부는 계획 대비 매출에서 회사 1등으로 마쳤습니다. 이것은 아주 오랜 시간에 걸쳐 일어난 일이 아닙니다. 내가 그 팀에게 무엇이 변화되었냐고 물었을 때, 그 대답은 바로 '우리 자신이

요!'라고 하더군요."

경험으로 비춰볼 때, 집중 인정, 스토리텔링, 피드백을 활용해 문화변화를 관리하는 모든 사람은 이 도구들이 강력하면서 동시에 활용하기 편리하다는 것을 알게 된다. 이 도구는 새로운 문화 창출을 위해 C^2가 무엇이고 그들이 무엇을 실행하고 유지해야 하는지 조직의 모든 개인에게 분명한 방향을 제시한다. 제대로 실행하기만 한다면, 이 도구는 R^2 성과 달성을 위해 문화라는 바위를 움직이게 하는 모멘텀을 제공한다. 한편, 이 도구들을 조직의 일 단위, 주 단위, 월 단위 회사 실무에 접목해 오랜 시간 동안 활동을 유지해야 한다.

우리는 "우리가 먼저 집의 모양을 만들지만, 그 후에는 집이 우리 모양을 만든다"라는 윈스턴 처칠의 어록을 좋아한다. 물론 그는 우리가 먼저 전통을 만들고 그 전통이 우리를 만드는 모든 인간 사회에 존재하는 인과 관계를 인식하고 있었다. 우리는 결국 습관의 창조물이다. 이것이 바로 문화가 정확히 작동하는 방식이다. 필요한 C^2 문화를 조성하면 새로이 대체되고 자체로 영구화되며 모든 단계에서 중요한 것과 일이 진행되는 방식을 강화하고 특정 조직문화에 기초가 되는 신념, 실무, 전통을 재확인한다.

이것은 좋은 소식이다. R^2 달성을 위해 당신이 정성을 다 할 때 문화는 우리에게 강력한 도움을 준다. 다음 장에서는 성공적인 전환 노력에 반드시 필요한 세 가지 조직문화 변화 리더십 기술에 대해 알아보자.

■ 8장 ■

문화 변화 리더십 스킬을 마스터하라

　철학자 조지 이바노비치 구르지예프는 대부분 사람들이 불충분한 의식적 사고를 갖고서 인생을 살아간다고 주장했다. 그는 이것을 "몽유병"이라고 불렀다. 문화 구축과 관련해서, 많은 리더들도 마찬가지로 C^2 문화 조성과 R^2 성과 실현을 위해 사람들이 품고 있는 신념을 바꾸는 과정에 의식적 사고를 하는데 거의 노력을 기울이지 않는다. 한편, 몽유병 이외에도 리더는 또한 수없이 잠꼬대하면서 직원들의 신념 변화를 이뤄내기 위해 만들어내는 경험에 거의 관심이 없다. 리더는 조직 전체에서 무의식적으로 움직이고 바람직한 문화를 조성하는 경험을 제공하지 못한다. 이것이 바로 모든 문화 전환에는 "리더들이여, 깨어나라!"라는 분명한 메시지를 포함시켜야 한다고 제안하는 이유다.

책임문화로 가는 과정의 리더십은 자기포장, 묘하게 사람을 조정하는 것, 영감을 주는 연설, 위대함을 향한 과감한 돌진 등과 같은 것을 필요로 하지 않는다. 다만, 정직한 동기, 의식적 사고, 행동에서 C^2의 좋은 예시를 제공하려는 집중된 노력이 필요할 뿐이다. 우리의 리더십 모델은 모든 관리자와 직원들의 역량에 이와 같은 종류의 영향력을 미치고, 조직의 모든 구성원들 대상으로 하는 새로운 문화 모델을 만드는 것으로 시작한다.

모든 리더는 자신의 직위 덕분에 새로운 문화로의 전환을 주도하거나 약화시킬 수 있는 지명도와 권한을 위임 받았다. C^2 문화를 적용하지 못하는 한두 명의 관리자들은 C^1 방법으로 계속해서 생각하고 행동하기 때문에 전체 조직을 한 방향 정렬에서 벗어나게 한다. 이들의 행동은 직원들에게 헷갈리고 비생산적인 메시지를 보낸다: "바위의 잘못된 측면에 정렬해서 변화 노력을 밀어붙이고 C^1의 신조에 따라 계속해서 생각하고 행동하는 것도 받아들인다." 문화전환 달성을 지원하지 않고 노력하지 않는 리더들이 만든 경험은 흔히 가장 가시적인 경험을 제공하며 이 경험은 변화를 이뤄내기 위해 애쓰는 사람들에게 강력한 부정적인 영향을 끼친다.

이와는 현저하게 대조적으로 끊임없이 자신들의 지명도와 영향력을 발휘해 새로운 문화를 추진하는 리더는 문화변화의 속도를 높이는 데 강력한 영향을 끼친다. 이들의 일관성 덕분에 사람들은 리더가 변화 노력의 중요성을 심각하게 여기고 있다고 쉽게 믿는다. 결국 그 신념은 조직이 C^2로 전진하는 과정에서 대의에 반하는 어떤 경험들은 무시할 수 있게 사람들에게 상자 밖으로 나가는 용기를 북돋운다.

모든 리더는 가끔씩 바람직한 C^2 문화에 일치하지 않는 신념과 행동을 보일 수도 있다. 조직에 있는 다른 모든 사람과 마찬가지로 리더들도 C^1에서 머무를 수도 있다. 결국 모든 리더는 C^2의 좋은 예가 되려면 자신들이 변해야 한다는 것을 깨달음으로써 조직문화 변화 추진의 중요한 첫발을 내디뎌야 한다. 이러한 인식 그 자체로 변화에 속도를 높이고 전체 조직의 사람들에게 이 변화 노력이 진정성이 있다는 신호가 된다. 결국 리더는 자신들이 C^1 문화의 일부분에 영향을 주었고, 많은 부분 그 문화를 조성하는데 일조했다는 것을 인정했다. 이러한 인식은 조직에 있는 다른 모든 사람들에게도 똑같이 그러한 자기배반을 인정하는데 허가증을 주는 것과 다름없다.

조직문화 변화를 이뤄내려면 리더는 항상 전환 노력을 주도하는 데 필요한 기술에 능숙해야 한다. 문화변화를 주도하는 데 필요한 기술을 더욱 능숙하게 개발하기 위한 최고 경영진의 단결된 노력이 없다면 리더들은 흔히 프로세스를 늦추고 변화 노력을 비효율적인 실패로 만든다. 이 기술을 개발하는 것은 문화전환의 속도를 높이는 동시에 다른 모든 노력 중에서 리더십 능력capability을 향상시킨다. 문화를 C^1에서 C^2로 움직이려고 하는 경우, 모든 리더에게 필요한 세 가지 조직문화 변화 리더십 기술skills이란 1. 변화를 주도하는 기술, 2. 피드백에 반응하는 기술, 3. 촉진자가 되는 기술을 말한다. 이 세 가지 리더십 기술은 조직문화 변화 노력이 궤도에 오르고 R^2

를 달성하는 데 반드시 필요하다.

변화를 주도하는 기술

조직문화 변화는 반드시 주도되어져야 하는 것이다. 인사부, 조직 개발부 또는 그 밖에 다른 부서에 주도권을 줘서는 안 된다. 이런 부서들이 중요한 역할을 하지만 상위 리더십 팀은 프로세스의 주인의식을 갖고 조직의 모든 계층에서 문화변화를 주도해 변화 노력이 모든 관리팀의 의제에서 정확히 최우선 순위를 차지하게 만들어야 한다.

C^2 문화와 R^2 성과를 이뤄내려면 리더는 조직 전반에 226페이지 차트에 나와 있는 각각의 문화전환 성공사례를 실행하는데 개인적인 주인의식을 가져야 한다.

많은 리더는 자신의 경력에서 처음으로 이런 일들을 추진할 것이다. 이러한 리더십의 기술을 구축하는 것은 조직문화 전환 과정에서 가장 효과적으로 되는데 반드시 필요한 것이긴 하지만, 일어나야 할 변화 속도로 인해 리더가 프로세스를 시작하기 전에 능력을 쌓는데 사치할 필요가 보통으로 없다. 결론적으로, 모든 성공사례를 적용하는 데 있어서 리더십의 능숙함을 높이기 위해 기술을 쌓는 것은 문화전환의 실행과 함께 동시에 실시간으로 이뤄져야 한다.

리더들의 코칭은 변화 노력과 함께 병행해서 시작해야 하며, 책임문화로 가는 과정으로 나아갈 때 세 가지 리더십 기술을 개발하고 실행하며 적용할 수 있도록 적절한 순서로 진행해야 한다. C^2 리더십 능숙함 모델에 나와 있는 대로, 교육, 기획, 코칭은 리더들이 C^2 성공사례를 진행하는 역량을 향상하는데 도움이 된다.

  모든 계층에 있는 리더는 C^2 성공사례 실행 방법을 교육받을 필요가 있다. 이 교육은 필요한 기술을 숙달시키는 실무와 롤 플레이를 통합해야 한다. 준비는 C^2 성공사례를 실행하는데 있어서 리더의 효과성에 필수적이고, 모든 단계를 사전 계획하는 것이다. 충동적으로 반응하는 것도 때때로 성공사례와 더불어 효과를 발휘할 수도

■ 리더들이 수용해야만 하는 C^2 성공사례 ■

변화 노력의 토대로써 상위단계(상자 밖)에서 성과책임 수립	1 장
R^2 성과를 정의하고 커뮤니케이션 하기	2 장
A^1/B^1에서 A^2/B^2로의 전환에 대한 평가 대화에 참여	3 장 & 4 장
문화적 신념선언서 개발 및 실행	4 장 & 10 장
새로운 E^2 경험 전파	5 장
변화의 사례 개발	6 장
리더십 한 방향 정렬 과정을 활용해 한 방향 정렬을 구축하고 유지함	6 장
집중 피드백 적용	7 장
집중 스토리텔링 적용	7 장
집중 인정 적용	7 장
세 가지 문화변화 리더십 기술 강화	8 장

있지만, 당신이 필요로 하는 장기적인 영향을 주는 것은 거의 없다.

능숙함을 증가시키기 위해 필요한 코칭은 팀 내부와 외부로부터 찾아야 한다. 외부 코칭은 C^2 성공사례를 성공적으로 실행할 수 있도록 추가된 시각과 전문자 조언을 팀에 전달한다. 내부 코칭은 상위 팀에 대한 동료 대 동료peer-to-peer 지원을 장려한다. 그것은 조언이 최대한의 영향력을 발휘하는 모든 사람의 노력을 평가하고 목표하는 것을 겨냥한다. 리더는 문화전환의 실행과 함께 병행하여 이 모든 것을 실천해야 한다.

변화를 주도하는 기술을 보여주는 리더의 좋은 사례는 "유니버설"에서 찾은 수 있는데 이 대형 포장지 제조회사의 리더는 북미 기반

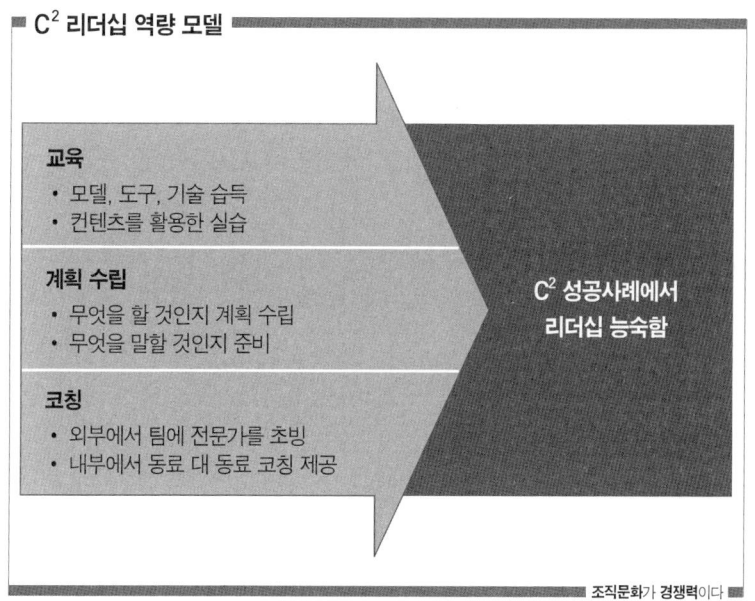

기업 Flexible Materials Division의 핵심 사업부와 함께 "몸집을 키우느냐 사업을 접느냐"를 결정해야 했다. 한순간에 FMD는 회사 전체 수익의 30% 이상을 차지했고 유니버설의 주력 부서로 칭찬을 받았다. 하지만 전체 조직 성장을 위한 글로벌 전략 실행 때문에 모회사에 대한 FMD의 수익 공헌도는 10% 미만으로 떨어져, 유니버설 이사회가 FMD를 포트폴리오에 남겨야 할지 의문을 품게 되는 계기가 됐다. 이사회는 FMD가 자본 비용을 스스로 감당하고 합당한 자본이익률을 실현하지 못할 경우, 모회사는 글로벌 시장에 자금을 투자하는 훨씬 유망한 기회를 찾겠다고 협박했다.

이사회는 국면을 전환하려는 마지막 시도로 FMD 경영을 위해 외부인을 데려오기로 하고 "켄 존스"를 사업부의 CEO로 채용했다. 켄은 예전에 철강 업계에서 일했던 경험을 살려 자신의 직무에 신선한 시각을 불어넣었다. 그는 상사 중심boss-centered 리더들로 가득한 FMD의 "상사 중심" C^1 문화가 자신의 사업부와 노조 중심의 근로자들에게 맞지 않는다는 걸 알았다. 그는 이러한 환경에서 문제를 가장 잘 알고 해결 방안에 대한 좋은 아이디어가 있는 직원들이 도움이 되지 않았던 일에 대해서 거리낌 없이 말하지 못하고, 그들이 쉽게 위험을 감수하지 않으며, 모든 실패로 인한 처벌을 두려워한다는 것을 알고 있었다. 그 당시 문화를 재빨리 파악한 후에, 켄은 회사를 살리고 성공을 이끌어내려면 모든 계층에 있는 직원들이 공장의 생산성을 다시 높이는데 참여하는 "직원 중심"의 C^2 문화를 사업부에 만들어야 한다고 결심했다. 그가 고민한 대로 C^2를 만든다는 것은 그 당시 "지하 격납고 같은" 조직을 날려버리고 사업을 정상 궤도를 올려놔 이에 따른 생산량을 늘리는 것을 의미했다.

켄은 그 시점에서 책임문화로 가는 과정을 실행하고 조직의 문화를 바꾸는데 도와달라고 우리를 불렀다. 그는 시장 판도를 바꾸는 성과가 필요했고 조직문화에 포커스를 맞추는 것이 가능하다는 것을 알았다. 켄은 새로운 C^2 문화의 중심 테마로 그가 '신사업 주인의식'이라고 부르는 것을 장려했다. 그가 만든 변화의 사례는 성공 가능한 실체로써 회사의 생존이 비용을 재빨리 줄이는 동시에 회사의 경쟁력을 높일 수 있는 능력에 달려 있다고 주장했다. 켄은 유니버설이 FMD를 결국 매각할 수 있기 때문에 마치 직원들이 FMD를 매입한 것처럼 경영하고 기업에 필요하다고 생각되는 변화를 이뤄내는 위험을 감수하는 편이 낫겠다고 생각하고 이를 팀원 모두에게 알렸다. 그는 경영팀이 FMD의 새로운 주인인 것처럼 주인의식을 갖고 발전시키고 행동하도록 설득했다.

켄은 최고 경영팀을 이 운동에 동참시키려고 이틀 동안 해안가 콘도에서 워크숍을 열었으며 거기서 그들은 중요한 3 단계 변혁 노력에 동참했다. 켄은 그들에게 말했다. "우리는 모든 것에 맞서게 될 것이고 사업 경영에 전체 조직을 참여시킬 것입니다. 우리는 현장 노동자들과 이것을 공유할 것입니다. 우리는 유니버설에게 우리를 가만히 놔둬서 우리 사업을 경영할 수 있게 해달라고 말할 것입니다." 그 팀은 합류했고 한 방향 정렬하였다. 그들의 동기부여는 단순했다: 그들은 잃을 게 없었고 얻을 것만 남았다. 그들은 변화의 사례가 개인적으로 설득력이 있다는 걸 확인했다. 그들은 공장을 살리고 사업을 키우며 자신의 경력을 개발할 수 있는 능력이 있다는 걸 알았다.

그 즉시 켄과 그의 팀은 현 상황의 비즈니스를 심각하게 여기고 있다는 것을 전달하기 위해 초창기 경험 만들기에 착수했다. 그들은 회사 사무실을 가죽 소파와 상아탑으로 가득 찬 노스캐롤라이나의 화려한 유리 건물에서 소박하고 연기가 나는 켄터키의 생산 공장으로 옮겼고 이것은 아무도 오해할 수 없는 대담한 유형 1 경험이었다. 5 장에서 논의한 대로, 유형 1 경험은 즉각적인 통찰력을 끌어내고 해석이 필요없는 의미 있는 사건이다. 100 년이 넘는 공장 역사상 최초로 회사의 임원진은 현장에 계속 머무르게 됐다. 또 다른 최초의 경험을 위해 켄은 생산라인에 있는 근로자들과 생산 현장에서 교류하는데 얼마나 많은 시간을 보내는지 보고하라고 임원진에게 요구했다. 이 유형 1 경험은 설명이 필요 없었다: 임원진은 공장 전체에서 자신의 존재를 알리고 "신사업"의 매일 운영을 관리하는 직원들과 몰입할 것을 기대했다.

켄은 경쟁력을 갖추고 회사를 구하려면 자신의 팀이 자본이익률 (ROC)를 2%에서 10% 이상으로 올려야 한다는 것을 알았다. 이것은 FMD의 R^2가 됐다: ROC 10% 이상. 켄은 이 성과를 달성하려면 공장의 핵심 생산 라인의 한 곳이 현재 생산하는 것보다 1,000만 파운드 이상 생산해야 한다는 것, 그리고 같은 인원수로 이것을 달성해야 한다는 것을 알았다. R^2를 염두에 두고 켄은 자신의 팀에게 어떻게 하면 이런 일이 일어날 수 있는지를 알아보라고 요구했다.

켄과 그의 팀은 R^2 달성을 위해 이뤄내야 하는 변화의 핵심을 담아낸 문화적 신념선언서를 작성했다. 기회가 생길 때마다 그들은 이 신념들을 강화했으며 'FMD를 생각하라! 전진하라! 거리낌 없이 말하라! 자신 있게 투자하라!'와 같은 중요한 문화적 전환이 담겨 있었다.

사람들이 열심히 공장 경영 개선을 위해 투자하고 아이디어를 내는 환경을 조성하는 것의 중요성을 강화하기 위해서, 켄의 팀은 안전 회의, 팀 회의, 다른 여러 회의에 참석했다. 임원진은 주도권을 갖고서 사람들이 더 많은 정보를 공유하고 더 많은 피드백을 제공하며 이들이 이해할 수 없는 모든 실무와 정책을 문제 삼는 구조를 만들었다. 켄은 성역이라는 게 전혀 없다는 걸 모든 사람이 알게 했다.

켄과 그의 경영팀은 성공사례를 핵심 활동에 적용하는 방법을 이해하는 데 도움이 되는 정기적인 교육 회의에 정기적으로 참가했다. 사실 1차 교육 이후에, 그들은 모두 60일에서 90일 동안 함께 모여 계속해서 전환을 관리하고 궤도를 유지하도록 했다. 이 회의 기간 동안 그들은 다가올 이벤트 계획을 세우고 외부 어드바이저로서 팀원들과 회사 간에 피드백과 코칭을 활성화했다. 이러한 모든 노력이 리더십 역량 증대에 집중됐기 때문에 그들이 만든 각각의 경험은 새로운 C^2 문화를 강화했다. 최고 경영진의 지속적인 자기 개발 노력은 문화전환 전체에 걸쳐 필요한 리더십 제공에 중요한 역할을 했다.

최종 결과는 어떻게 되었을까? 자본이익률 12%! 켄과 그의 팀은 FMD와 유니버셜 양쪽 사업 판도를 바꿔놨다. 그들은 공장문을 닫겠다는 위협에서 벗어났을 뿐만 아니라 유니버셜의 포트폴리오에서 이익 창출 회사로써 수익성 구조로 다시 돌아왔다. 문화가 완벽히 바뀌었기 때문에 켄을 포함해 변화 이후에 바로 비극적으로 죽었던, 새로운 문화 방향 수립에 관여했던 거의 모든 핵심 인사들은 살아남았다. 새로운 리더 "빌 웨스톤"은 문화가 켄 개인에만 기대는 것이 아니라 조직의 모든 계층에 심어졌던 B^2 신념에 기대는 것을 알고 놀랐다. 부임 첫째 날, 누군가 문화적 신념이 담긴 카드를 그에게 전해줬는데 그 카드에는 사람들이 문화적 신념을 반영하기 위해 노력하는 방법을 바꾸려고 무엇을 했는지를 사람들에게 물어보는 것으로 업무를 시작하라고 제안하는 것이었다. 또한, 빌은 공장 전체 다양한 직군의 사람들로부터 집중 피드백을 받으라는 애기를 들었다. 리더가 그 피드백에 반응하는 방식이 문화변화를 계속 추진하는 데 있어서 모든 차이를 만들어낸다는 것을 빌은 금세 알았다.

피드백에 반응하는 기술

특히 문화전환이 처음 시작될 때, 리더가 경우에 따라 실수를 하고 낡은 A^1 행동을 보이는 것은 당연하다. 결국, 리더도 사람일 뿐이고 또한 변화하고 있다. 변화 노력 기간에 사람들은 리더를 더 근접해서 보게 되고 실제로 그래야 한다. 물론 사람들은 모두 좋은 경험을 만나기도 하지만 불이행이나 이전의 나쁜 행실로 되돌아가는 신호도 보게 된다. 사람들은 직관적으로 신념 편향성의 힘을 이해하고 모두가 오랜 습관을 버리기가 어렵다는 걸 알게 된다. 사람들은 자신들이 본 것을 선택적으로 해석하고 확인하기 때문에, 문화적 신념 그리고 바람직한 C^2 문화와 일치하지 않는 경험을 제공하는 리더들을 예상하는 사람들은 순식간에 이들을 알아본다.

과정 초창기에 집중 피드백을 실행하고 다른 사람들의 관점을 활용할 때, 바람직한 문화적 신념을 강화하는 보다 설득력 있는 E^2 경험을 만들어내는 능력을 향상하기 위해서 무엇을 해야 할지를 분명히 배우게 된다. 문화전환의 시기에 함께 일했던 모든 리더는 이 도전 과제를 마주하고 이렇게 물었다: "문화적 신념을 실천하려는 제 의지와 소망에 대해 사람들이 품고 있는 신념을 어떻게 하면 바꿀 수 있을까요?"

이 질문에 대답하고 당신이 받게 될 모든 건설적인 집중 피드백에 효과적으로 반응하는데 도움을 주고자 우리는 234페이지의 도표에 나와 있는 신념 변화 방법론을 개발했다. 오랜 기간 수많은 리더가 활용한 이 방법론은 당신 자신에 대한 B^1 신념을 극복하고 조직을 위해 전환 과정을 가속화하는데 사용할 수 있는 단순하지만 강력한 기술을 습득하는 데 도움이 된다. 이미 입증된 이 접근 방식을 활용하면 당신의 리더십과 문화적 신념의 모델을 만들고자 하는 의지와 소망에 관해 사람들의 신념을 효과적·효율적으로 바꿀 수 있다. 또한, 사람들이 품고 있는 신념에 대해 오래 지속되고 기억에 남을 만한 영향을 끼치는 데 필요한 E^2 경험을 만드는데도 도움이 된다. 물론 당신이 만든 새로운 경험이 현실의 진솔한 변화를 의미하는 경우에만 이 방법론은 장기적으로 효과가 있다.

당신이 문화적 신념과 일치하지 않는 경험을 만들어냈다는 피드백을 받을 때, 신념 변화 방법론을 활용해 새로운 문화를 구체화하려는 진정한 한 방향 정렬과 간절한 소망의 증거를 사람들이 보게 할 수 있다. 개인과 팀 양쪽 모두 이 방법론을 활용해 특정 신념을 목표로 삼고자 할 때 생산적인 대화를 활발히 나눌 수 있다. 이 방법론의 다섯 단계를 자세히 살펴보자.

■ 신념 변화 방법론

단계	주요 내용	표현
1	변화시켜야 할 신념을 확인하라	"이건 당신이 간직하기를 바라는 신념이 아닙니다."
2	사람들이 간직하기를 바라는 신념을 이야기하라	"당신이 간직하기를 바라는 신념은 바로…"
3	사람들을 위해 만들어낼 경험을 설명하라	"이것이 바로 내가 앞으로 해야 할 …"
4	계획된 경험에 대한 피드백을 요청하라	"그걸로 충분할까요; 내가 해야 할 다른 것이 있나요?"
5	진척 상황 피드백 전달에 사람들을 참여시켜라	"그 방식에 대한 피드백을 저에게 주시겠어요?"

1 단계:
변화시켜야 할 신념을 확인하라

먼저, 바꿔야 할 B[1] 신념을 파악해야 한다. 집중 피드백을 부탁하고 사람들이 실제로 무슨 생각을 하는지를 물어본다면 틀림없이 나오게 돼 있다. 사람들의 비평과 의견을 들을 때, 들은 바를 다시 말해서 이 사람들이 만들었다고 생각하는 신념을 테스트해 봐야 한다. 때때로 이 신념 때문에 깜짝 놀랄 수도 있다. 심지어 사람들이 도대체 왜 이런 결론을 내리고 판단하고 인상을 만들었는지 궁금해 할 수도 있다. 놀라거나 그렇지 않거나 사람들이 품고 있는 신념을 이해하려고 열심히 노력해야 하며 그 이유는 정확성 여부에 상관없이 신념이 사람들이 행동하는 방식을 지배하고 사람들이 행동하게 될 방식이 분명히 성과에 영향을 주기 때문이다.

사람들이 간직하고 있는 신념을 명확히 한 후에, 단순히 이렇게 자문해야 한다. "이것이 사람들이 간직하기를 바라는 신념인가?" 신념이 C^2를 향해 조직을 움직이지 않는다면, 이것을 바꾸고 싶어할 것이다. 이것이 당신의 결론이라면 개인이나 팀에게 간단히 이렇게 말해야 한다. "그것은 내가 당신이 갖기를 바라는 신념이 아닙니다." 그들의 신념이 틀렸음을 입증하지 말고 그런 식으로 생각하는 것이 바보 같다고 느끼지 않도록 하며, 그들이 잘못된 방식으로 보고 있다는 것을 납득시키려고 애쓰지 마라. 일단 섣부른 판단을 내려놓고 당신 자신의 피드백 필터를 떼어 놓기만 한다면, 사람들이 가진 경험을 변화시킴으로써 그들이 지니고 있는 신념을 변화시키는데 성공할 수 있다.

2 단계:
사람들이 갖기를 원하는 신념을 이야기하라

다음 단계에서는 사람들이 갖기를 원하는 신념을 확인한다. B^2 문화적 신념의 맥락에 이 신념을 넣도록 해야 한다. 이러한 연결을 통해서 B^2 신념의 중요성을 강화하고 이 신념에 대한 의견을 전달하게 된다. 신념에 대해 이야기하는 것을 피하지 마라. 신념을 성공적으로 고취시키는 리더는 그들에게 솔직하게 대화한다. 개인이나 팀에게 이렇게 말한다. "내가 당신이 간직하길 원하는 신념은 바로... 입니다." 당신은 사람들이 간직하기를 바라는 신념을 확인해서 그들이 신념의 증거를 찾을 수 있는 소지를 주도록 한다.

3 단계:
사람들을 위해 만들어낼 경험을 설명하라

사람들이 간직하기를 바라는 신념을 언급한 후에, 신념 강화를 위해 만들어낼 경험을 설명해야 한다. 이때가 바로 당신이 말하는 것을 의미하는 것과 약속한 일을 실천할 것이라는 것을 사람들에게 확신시키는 시점이다. 사람이 갖기를 바라는 경험을 설명할 때, 할 수 있는 한 구체적으로 하라. 이렇게 설명하라. "이게 바로 내가 하려고 하는 것입니다."

당신이 해야 할 일을 그들이 어떻게 생각하는지 다른 사람들에게 질문해서 4단계로 직접 넘어가고 싶은 유혹에 빠져서는 안 된다. 사람들은 당신이 새로운 경험을 만드는데 진솔하고 진지하다는 것을 알고 싶어 한다. 실행하려고 계획한 일을 전달한다면 사람들은 당신이 어느 정도 생각을 전달했고 신념을 변화시키려는 책임을 받아들이고 있다는 것을 알게 될 것이다. 이 시점에서 모든 사람은 당신이 하위단계(상자 안)으로 빠져 과거에 전달했던 경험을 정당화하거나, 혹은 상위단계로(상자 밖으로) 올라가 '직시하라', '인정하라', '해결하라', '행동하라' 단계를 취하는 성과책임을 받아들이고 있는지를 확인하려고 지켜볼 것이다.

•••
4 단계:
계획된 경험에 대한 피드백을 요청하라

계획된 경험에 대한 피드백을 요구하는 것은 청중이 될 사람의 욕구를 충족하기 위해 해야 할 필요가 있는 다른 일을 조정하는 데 도움이 된다. 당신은 아마도 모든 것을 생각할 수 없으므로 사람들이 실제로 바꿔야 할 신념에 대해 다른 사람의 생각을 묻는 바로 그 행위가 신뢰를 쌓는다. 이렇게 물어보라. "이것으로 충분합니까?" 그리고 "내가 해야 할 그 밖에 다른 일에 대해서 생각해 볼 수 있습니까?" 이 시점에서 당신이 할 수 있는 모든 것을 보지 못하지만, 대부분 '성공적인' 일에 대해서 보게 되고 사람들이 새로운 신념을 받아들이라고 요구한다는 것을 강조해야 한다. 이 중요한 단계를 그냥 건너뛰어서는 안 된다. 만일 그렇게 한다면 바람직한 변화의 추진을 위해 알아야 할 것을 배우지 못할 수도 있다. 사람들이 말하는 것의 실현 가능성을 반드시 고민하라. 당신이 좋고 유용한 아이디어를 듣고 그것을 기꺼이 실행하고자 한다면, 그때 그렇게 말하라. 마찬가지로 당신이 할 수 있다고 생각하는 것이 아니라면 그들 또한 그것을 알 수 있도록 해야 한다.

5 단계:
진척 상황 피드백 전달에 사람들을 참여시켜라

마지막으로 진척 상황에 대한 피드백 전달에 다른 사람들을 참여시킨다. 당신의 예정된 청중이 간직하기를 바라는 새로운 신념을 받아들이는 정도와 측면에서 진척 상황을 평가한다. 이것을 정하려면 강화 피드백과 건설적인 피드백 모두를 요구하라. 전자는 바람직한 신념을 강화하는 경험을 만든 시기를 정확히 지적하고 후자는 그렇게 하지 못했을 때를 알려준다. 사람들이 피드백을 전달하기로 동의한 후라도 여전히 당신이 정말로 그것을 원한다는 것을 설득하려고 노력해야 할 수도 있다.

진척 상황에 대한 피드백을 요구할 것이라고 사람들이 알고 있다면 사람들은 그 과정에 대해 살펴보게 될 것이며 이것은 신념 전환에서 중요한 단계다. 이제 피드백을 제공하는데 다른 사람들을 참여시키면 올바른 행동, 즉 'C^2 문화 조성과 R^2 성과 달성을 위해 협력해서 일하기'에 포커스를 정확히 맞추게 된다. 전문가의 팀 코칭

이외에도 내부 동료 대 동료 (혹은 상사 대 팀) 코칭을 정립하는 것은 문화적 신념을 보여주기 위해 매일 기준으로 만들어내는 경험을 평가하는 데 도움이 된다. 성공적으로 전환을 주도하려면 리더는 B^2 신념 제시를 돕는 과정에 팀을 완전히 참여시켜야 한다.

이 방법론은 리더들이 집중 피드백에 효과적으로 반응하고 문화적 신념을 보여주는 데 도움이 된다. 리더들이 신념 변화 방법론의 각 다섯 단계를 성실히 실천할 때, 그들은 보고 있는 사람들의 똑같은 사고 과정에 불을 붙인다. 리더들이 B^2 신념을 강화하는 것을 볼 때, 모든 사람은 "나도 역시 저렇게 해야지"라는 메시지를 받게 된다. 결과적으로 다른 사람들은 그 행동을 기대하고 그 행동에 대해 생각하며 동료 직원은 물론 가장 중요한 자기 자신 모두에게서 그 행동을 찾아내려고 한다.

신념 변화를 위한 방법론은 어떻게 작용하는가

이 방법론을 실천한 실제 사례를 살펴보자. 조직의 리더는 사람들이 자유롭게 자신을 표현할 수 있다고 믿는 문화를 만드는 데 노력했고 리더십 팀이 "거리낌 없이 말하라"라는 문화적 신념에서 이 아이디어를 담아냈다고 가정해보자. 경영팀의 리더는 이 B^2 신념과 일치하는 경험을 전달하고 싶어하며 이 경험은 회사의 모든 구성원이 자신들이 생각하는 바를 말하는 성과책임을 받아들이게 한다.

경영진 회의 참석자 중에 카렌은 리더 중에 짐의 C^1 행동을 경험한다고 가정해보자. 두 사람 간 아래의 대화는 신념 변화 방법론의 단계를 추적하고 행동이 문화적 신념과의 조정에서 벗어난다는 피드백을 받을 때 일어날 수 있는 사례를 보여준다.

• • •
1 단계:
변화시켜야 할 신념을 확인하라

짐: 카렌, 오늘 아침 회의에서 나에게 도움이 될 만한 어떤 피드백이 있나요?

카렌: 짐, 물어봐 줘서 정말 기뻐요. 이 얘기를 꺼낼까 말까? 잠시 망설였지만 아시는 대로 우리가 문화변화 노력의 일환으로 "거리낌 없이 말하라"와 다른 사람들의 관점에 관해 열린 자세로 임하는 데 노력해왔잖아요. 하지만 회의 시간에 저는 짐이 아주 방어적이 된다고 느꼈어요. 최근에 짐, 당신과의 경험을 보면 짐이 다른 사람의 관점에 대해 열린 자세로 임하는 신념을 보여주지 못한다고 생각해요.

짐: 좋아요, 카렌, 저도 이 피드백을 받고 조금 놀랐어요. 내가 왜 다른 사람의 관점에 대해 열린 자세로 임하지 않고 내가 싫어하는 것을 들을 때 마다 방어적이 된다고 생각하는지 좀더 이해할 수 있도록 도와주세요.

카렌: 글쎄요, 항상 방어적인 건만은 아니고 어떤 관점에는 열린 자세로 임하세요. 그런데 마케팅 팀원이 신제품 요건에 대해 이야기할

때 입을 닫고 방어적이 된다고 생각해요.

짐: 맞아요. 어쩌면 나도 그렇게 느껴요. 가끔 사람들이 현재 계획을 망쳐 놓고 제품을 출시하는 우리 능력을 떨어뜨릴지도 몰라 두려워요. 그래서 아마도 약간은 방어적이 되고 입을 닫는다고 생각해요. 좋은 지적이에요.

카렌: 마케팅 부서의 여러 직원은 짐이 자신들의 관점에 관심 없다고 생각하기 시작했어요. 그래서 저처럼 "거리낌 없이 말하라"를 실천하는데 주저하죠.

짐: 음, 카렌! 피드백 고마워요. 그건 사람들이 간직하기를 바라는 신념이 아니네요. 그리고 내가 전달하는 몇 가지 경험들 때문에 사람들이 내가 문화적 신념에 헌신적이지 않다고 얼마큼 느끼고 있는지 알겠네요.

카렌: 맞아요. 문화적 신념에 헌신적이 않을 뿐만 아니라 우리가 실천하는데 도움을 주지도 못한다고 생각해요.

· · ·

2 단계:
사람들이 간직하기를 바라는 신념을 이야기하라

짐: 알겠어요, 카렌. 다시 한번 말하지만, 그것은 사람들이 간직하기

를 바라는 신념이 아니에요. 사람들이 간직하기를 바라는 신념은 내가 다른 사람들의 관점에 대해 열린 자세로 대하고 "거리낌 없이 말하라."라는 신념을 실천하는데 도움을 주고 싶은 겁니다. 솔직히 말해서 나는 마케팅의 솔직한 시각을 알아야 한다고 생각해요. 내가 카렌 당신과 마케팅 부서를 대상으로 만들고 있는 경험을 바꿔야 한다는 것을 알겠어요.

• • •

3 단계:
사람들을 위해 만들어낼 경험을 설명하라

짐: 내가 하려고 하는 게 바로 이거예요. 마케팅과의 모든 회의 시간에 나는 "마케팅부서는 이것에 대해 어떻게 생각하나요?"라고 물어볼 겁니다. 그리고 나서 모든 사람의 의견을 주의 깊게 들을 겁니다.

카렌: 아주 좋아요.

• • •

4 단계:
계획된 경험에 대한 피드백을 요청하라

짐: 카렌, 이걸로 충분할까요? 아니면 내가 해야 할 일이 더 있나요?

카렌: 회의 전에 앞으로 예상되는 중요한 문제에 대해 사람들과 이야기를 나눌 수 있다고 생각해요. 그러면 그들의 반응에 놀라지 않을 거에요. 그리고 마케팅 부서와의 대화에서도 열린 자세로 임할 수 있

고요.

짐: 아주 좋은 생각이에요. 회의에서 훨씬 생산적인 대화를 주고받는데 아마 도움이 될 거에요. 다른 게 또 있나요?

카렌: 없어요. 솔직히 이러한 행동들이 짐을 어떻게 인식하느냐에 대해서 큰 차이를 만들어낼 것으로 생각해요.

• • •

5 단계:
진척 상황 피드백 전달에 사람들을 참여시켜라

짐: 카렌, 그 방법에 대해서 피드백을 좀 주겠어요?

카렌: 물론이죠.

짐: 카렌, 언제 내가 "거리낌 없이 말하라."라는 신념에서 벗어난다고 생각하는지, 언제 그 신념을 지키는지 나한테 알려 주면 좋겠어요. 주간 회의 끝나고 바로 어땠는지 피드백을 줄 수 있어요?

카렌: 당연하죠. 기꺼이 그렇게 할게요.

짐은 또한 전체 마케팅팀에 다가가서 이 방법론을 적용할 수 있었다. 그는 카렌으로부터 받은 집중 피드백에 따라 행동하기에 앞서 카렌의 조언에 대해 생각하고 싶었는데 아마도 다른 사람들에게 그들의 관점을 물어보면서 자신의 추정을 확인했으며 다른 중요한 관점을 빠뜨린 것은 아닌지 확인하고도 싶었다. 어떤 경우라도 이 사례는 리더가 제공하는 경험들이 C^2 문화와의 한 방향 정렬에서 벗어났을 때 신념 변화 방법론을 활용해 집중 피드백에 반응할 방법을 보여준다. 이 방법론은 훨씬 더 완벽하고 한결같이 B^2 신념을 실천하도록 도와주고 문화적 신념이 조직의 생활 방식이 됐다는 약속을 강화해야 하는 경험을 제공할 때 효력이 있다. 일단 변화 노력을 진척시키기 위해 할 수 있는 일을 분명히 파악하고 나면, 다른 사람들이 더 효과적으로 이를 실천할 수 있는 데 관심을 기울일 수 있다.

촉진자가 되기 위한 기술

당신의 커뮤니케이션 스타일에서 철저히 촉진형facilitative이 되려면 대개 어느 정도의 노력이 필요한데 이것은 중요한 조직문화 변화 리더십 기술이다. 바꿔야 하는 것에 관한 의미 있는 대화에 모두가 참여할 수 있도록 하는 것과 조직의 모든 계층에서 반드시 대화가 이뤄지게 하는 것은 문화변화의 속도를 높이는 데 반드시 필요하다.

우리 생각에 오래 지속되는 문화변화는 항상 협동, 팀워크 그리고 대화가 필요하다. 조직의 리더로서 질문하고 조언을 구하고 대화 분위기를 조성하고 사람들이 올바른 주제에 대해 이야기하게 하는 역량은 C^2 신념을 받아들이는 속도를 높여준다. 소니의 VAIO 서비스 조직과 일했던 경험을 예로 들어보겠다. 이 고객은 전년도 성과 대비 수리관련 고객 만족도 점수를 15% 개선하려는 야심 찬 목표를 세웠다. VAIO Service 스티븐 니켈 부사장은 이 R^2 성과를 자신의 팀에 제시했던 정확한 시점을 기억한다: "모든 사람이 이 성과를 달성하기가 얼마나 어려운지를 완전히 깨달았을 때 방안에 정적만 남아있던 것을 아직도 기억해요. 회의와 모임에서 수 차례나 이것을 전달했지만 우리는 가만히 앉아 이 목표의 모든 측면과 영향을 세밀히 (더 해야 할 것은 무엇인지, 없애야 할 것은 무엇인지, 내놓아야 하는 새로운 아이디어가 무엇인지에 대해) 분석하고 나서야 도전 과제의 진정한 본질이 분명해졌죠. 제 말 좀 들어보세요, 방은 정말로 조용했어요."

스티븐과 그의 팀은 실제로 실천할 수 있는 일에 대한 대화의 장을 열어, R^2에 맞춰 조직에 생기를 불어넣었다. 일단 대화에 전적으로 참여하게 되자 그들은 이 계획에 따라 매일매일 상당한 진전을 이뤄내는 게 수월하다는 걸 알았다. 팀의 성과 지표 주간 회의는 모든 분야의 구성원들이 활기로 넘친다는 소문이 자자했으며 과거 이 회의에서 한 번도 이야기하지 않던 여러 직원들은 수많은 인상적인 아이디어를 열정적으로 내놓고 빠른 시일에 주인의식을 발휘해 실천해 나갔다.

최고 경영진들이 촉진한 이 약속은 조직이 야심찬 목표를 이루고 결국에는 초과 달성하는 데 도움이 됐다. 모회사는 VAIO Service 구성원들에게 소니 전자 상을 수여해 공로를 인정했다. 스티븐 니

켈은 말했다: "저는 수백 권의 경영학 책과 똑같은 걸 제 경험에서 배웠어요... 조직의 목표와 같이 올바른 일에 관해 사람들이 이야기하게 하고 참여할 수 있게 하는 것은... 슬라이드 쇼나 연설에서 나오지 않아요. 성공이란 무엇인가, 이 성공을 이루기 위해 어떻게 변해야 하는가를 규정하는데 모든 팀 구성원들을 참여시키는 것에서 시작됩니다."

올바른 대화를 촉진하는 것은 사람들이 실제로 무엇을 생각하는지를 알고 싶어하는 열정과 올바른 질문을 하고 대화를 이끌어갈 수 있는 능력이 필요하다. 이를 위해서 아래의 세 가지 질문을 자주 물어봐야 한다.

자주 질문해야 하는 세 가지.
1. 어떻게 생각하십니까?
2. 왜 그렇게 생각하십니까?
3. 무엇을 할 것입니까?

물론 이 질문을 하고 나서 주의 깊게 대답에 귀를 기울여야 한다. 당신의 적극적인 듣기 기술을 향상시키는 것은 대화를 활성화하는데 도움이 된다. 사람들은 당신이 듣고 있는지 그렇지 않은지 판단할 수 있다는 걸 명심하라. 관심을 기울이는 정도가 사람들이 무엇을 생각하는지 진심으로 알고 싶은지, 그렇지 않은지를 말해준다.

변화의 진전을 위해 할 수 있는 다른 일에 대해 촉진하는 대화에서 많은 것을 배울 수 있다는 것을 확신해도 좋다. 한 고객이 "수박 이야기"라고 조직 구성원들이 부르는 것을 이야기해줬는데 이 이야기는 다른 사람들의 조언을 촉진하는 것의 가치를 잘 보여준다. 관련된 관리자의 말을 빌리면 이렇다:

"동료 하나가 어느 날 저랑 같이 둘러보지 않겠느냐고 부탁하면서 말하기를, '아시다시피 우리가 어떻게 매일 검사를 했는지 재미있어요.' 그 친구는 말을 이어갔죠. '제가 밸브를 어떻게 검사하는지 보여 드릴게요. 시간 괜찮으세요.' 그래서 우리는 함께 걸어가서 밸브를 점검했어요. 첫 번째 밸브에 도착하고 나서 그가 말했어요. '이거 보세요.' 저는 밸브를 봤고 유리가 깨져서 검은색 때로 덮여 있는 걸 확인했어요. 눈금 조차 확인할 수 없었죠. 더 나쁜 건 밸브가 더는 움직이지 않는다고 그가 나에게 말했습니다. 그 친구는 들고 있던 책을 가리키며 말했어요. '여기 규정집을 보세요. "밸브를 확인하라."라고 나와 있어요. 나는 밸브를 확인했어요. 하지만 그건 진짜로 사람들이 원하는 것이 아니었어요. 사람들이 원하는 것은 여기에 냉각수가 있는지 아는 것이었어요. 왜냐하면, 1950년대식 기계가 작동할 수 있는지 없는지를 결정하는 것이 바로 냉각수이기 때문이에요.' 저는 기가 막혔습니다. 우리는 생산 라인에서 생산성을 높이는데 할 수 있는 모든 일을 하고 있었지만 이런 일이 발생한 적은 한 번도 없었거든요.

"생산 라인 근로자가 말했어요. '냉각수가 있는지 어떻게 아느냐고요? 내가 냉각수를 붓잖아요. 냉각수가 안에 얼마만큼 차 있는지에 따라 내는 소리로 알 수 있어요. 그게 우리가 공장을 돌리는 방법이에요. 똑똑 두들겨 보고 소리에 따라서 냉각수가 더 필요한지, 덜 필요한지 알 수 있죠. 밸브랑은 전혀 상관이 없어요. 근데 경영진은 밸브를 확인하라고 전달하는 체크리스트가 있다는 이유로 만족하는 거죠. 하지만 저는 매일 똑같이 고장 난 밸브를 확인하라고 지시를 받아왔습니다. 그리고 매일 밸브가 고장 났다고 보고합니다.'

"여기 한 친구가 있어요. 그는 공장 구석구석을 잘 알고 있어서 당신이 마치 수박을 두드리는 것처럼 기계의 한 부분을 두드려, 공장이 제대로 돌아갈 수 있는지 사실상 결정하는 그 안에 냉각수가 얼마만큼 있는지를 소리로 구별할 수 있어요! 그 친구는 전에도 그 이슈를 제기했지만 아무도 듣지 않은 것 같습니다."

이와 같은 경험을 통해서 이 관리자는 사람들이 무슨 생각을 하는지, 무엇을 알고 있는지에 대해서 말하게 하면 보다 빠른 속도로 변화의 노력을 진척시킬 수 있는 소중한 정보를 얻어낸다는 것을 이해했다.

커뮤니케이션 스타일에서 촉진형이 되고 사람들이 당신과 솔직하게 대화할 수 있게 만드는 방법을 습득하는 것은 사람들을 변화 노력에 동참시키는 데 도움이 될 뿐만 아니라 조직 전반에 걸쳐 성공사례를 파악하고 공유하는 데 도움이 된다. 문화전환 기간 동안, 모든 사람들은 무엇이 최고로 효과가 좋은지를 배우게 되고 배우는 동안 전체 조직에서 활용할 수 있는 성공사례를 발견하게 된다. 성공사례를 공유하는 것은 이 노력을 극대화한다. Ingersoll Rand의

CEO 허브 헨켈은 조직의 핵심 가치로 "이중 국적dual citizenship"이라는 개념을 전파했다. Ingersoll Rand에서 이중 국적자가 된다는 것은 단지 팀이나 부서의 구성원이 된다는 것뿐만 아니라 대규모 조직의 구성원도 된다는 것을 의미한다. 우수한 직원들이 팀 동료는 물론 내부 조직의 경계를 넘어서 성공사례를 공유할 때 직원들은 쓸데없이 시간을 낭비하는 것을 피할 수 있을 뿐만 아니라 모든 사람의 노력에 영향을 미치게 된다. 문화변화 추진 방법에 관한 여러 좋은 아이디어들은 사람들이 변화를 이루기 위해 참여하고 주인의식을 가질 때 근본적으로 철저히 생겨난다.

보다 촉진형이 된다는 것은 Q&A(질의응답)을 허용하는 방식으로 타운 홀 미팅과 다른 커뮤니케이션 미팅을 구성하는 것을 의미한다. 소규모 그룹 미팅도 대화를 활성화하는 데 필요한 포럼을 제공할 수 있다. "밥과(with Bob)의 조찬 모임"은 문화변화 노력에서 인기 있고 유명한 포럼이었다. CEO는 조직 내의 다른 그룹과 조찬 회의를 1주일에 한 번 갖는다. 직원들은 이 미팅의 열린 포럼 주제를 아주 좋아했다.

어떤 접근방식을 활용하든 간에, 세 가지 질문을 자주 던져야 하는 것을 기억하라: 어떻게 생각하십니까? 왜 그렇게 생각하십니까? 무엇을 할 것입니까? 그리고 나서 사람들이 이야기하는 바를 귀담아서 들어라. 촉진형 커뮤니케이션 스타일을 마스터하는 능력은 사람들을 보다 완벽하게 참여시킬 뿐만 아니라 문화변화의 속도를 높여준다.

문화전환 기간 동안 리더들이 수행하는 역할은 변화의 가속도를 내는 핵심 요소다. 변화를 주도함에 있어서 효과성은 사람들이 C^2 성공사례 적용 과정에서 리더십 역량을 개발하고자 노력할 때 크게 향상된다. 리더는 변화를 주도하면서 자신도 변해야 하는 특별한 도전 과제와 마주하게 된다. 우리가 목격했던 모든 효과적인 문화전환에는 C^2 성공사례에 목표를 맞춘 조직 전체 핵심 리더들의 리더십 개발이 포함됐다.

문화전환의 리더십은 모두가 변화되기를 기대하는 것보다 리더가 더 많은 것을 실천하라고 요구한다; 리더는 사람들이 변화를 이뤄내는데 도움을 주어야 한다. 문화를 성공적으로 바꾸는 것은 모두가 참여할 수 있는 개인적으로 가장 보람 있는 리더십 노력 중의 하나다. 이것은 오래 지속되는 방법으로 조직을 발전시켰다는 만족감을 가져올 뿐만 아니라 시장 판도를 바꾼 비즈니스 성공에서 비롯된 개인적인 성과와 개인의 이득이 훨씬 많아진다.

다음 장에서는 조직문화 변화가 오랜 기간 지속될 수 있도록 문화전환 노력을 조직의 실무, 과정, 절차에 통합하는 방법에 대해 함께 나누고자 한다.

■ 9장 ■
문화변화를 통합하라

　문화변화에 속도를 내기 위해 성공사례best practices를 통합시켜라. 일단 문화전환이 진행되면, 대부분 리더들은 "사람들이 변화를 진척시키기 위해 C² 성공사례를 활용하게 하는 핵심 요소는 무엇입니까?"라고 묻는다. 다양한 고객들과의 오랜 시간 성공적인 경험을 거쳐서 우리는 이 질문에 대한 대답을 만들었다: C² 성공사례를 실행할 뿐만 아니라 이것을 조직의 기존 회의와 시스템에 통합해야 한다. 그렇지 않으면 오랜 시간 문화변화를 유지하는 데 필요한 규율과 초점을 만들고 유지할 수 없다. 이것을 잘하면 자금, 시간, 에너지, 노력을 줄일 수 있지만 제대로 못하면 대부분 좌절에 이르고 발전은 한계에 다다른다. 이것이 바로 근본적인 것이다!

　사람들이 변화를 이뤄내기도 어렵지만 이 변화를 유지하는 것은 훨씬 더 어렵다. 여덟 살이 채 안 됐던 필자 아이들 다섯 명이 자전거를 도로에 내팽개쳐 놓아 현관을 막아 버렸던 때를 잊을 수 없다. 매일 아침 필자가 집을 나설 때 승용차가 있는 곳에 도착해서 직장까지 운전해 가려면 자전거 더미를 똑같이 아슬아슬하게 지나쳐야 했다.

아버지로서 당연한 요구로 아이들이 이 게임의 판도를 바꿀 수 있게 하려는 첫 번째 시도는 이랬다: 자전거는 질서 정연한 방식으로 주차되어야 한다. 왜냐하면, 이것은 올바른 일이기 때문이다. 예상했겠지만 아버지의 요구는 아이들의 행동을 바꾸지 못하고 오히려 변명만 늘어놓는 구실을 만들어줬다: "잊어 버렸어요." "자동차가 거기 있어서." "엄마가 저녁 먹으라고 불러서..."

아이들을 변화시키려는 아버지의 두 번째 시도에서는 뛰어난 사업 수완을 발휘해서 아이들이 좋아하는 사탕을 작은 보상으로 제공했는데 아이들이 요청 받은 변화에 협력하는 조건이었다. 아버지는 이 뇌물이 효험이 있을지도 모른다고 생각했다. 그 결과는: 즉각적인 순응! 하지만 실망스럽게도 이 변화는 불과 하루 만에 끝나 버렸다. 아이들은 원래대로 돌아와서 자전거를 쌓아놓고 똑같은 변명을 늘어놓았다.

아이들을 변화시키려는 세 번째 시도는 브레인스토밍의 성과였다. 아이들이 요청 받은 일을 하도록 본질적으로 요구하는 프로세스를 왜 만들지 않는가? 이 전략의 핵심은 아버지가 견고한 자전거 고정대를 주문하는 것이었는데 이러면 다섯 대의 자전거 모두를 수

납하고 자전거를 똑바로 세워서 지정된 장소에 한결같이 보관할 수 있었다. 아이들은 저녁 식사 후에 디저트를 무척 좋아했기 때문에 아버지는 자전거 고정대를 사용하지 않는 아이에게는 디저트가 없다는 것을 이해하도록 만들어서 이 새로운 프로세스를 강화했다.

그는 인터넷으로 주문한 완벽한 자전거 고정대의 도착을 애타게 기다렸다. 드디어 도착하자 재빨리 조립하고 현관에서 멀리 떨어졌지만, 자전거를 쉽게 주차할 수 있을 만큼 떨어진 전략적 위치에 고정대를 두었다. 가족들과의 특별 교육 미팅 시간에 모두가 한데 모여 자전거 고정대 사용법에 관해 세심하게 짜여진 지침을 귀담아들었다. 그리고 모두가 이 절차를 실습했다. 마지막 자전거가 고정대에 똑바로 서 있게 되자 모든 아이는 손뼉을 치며 근사하게 보인다고 동의했다. 자전거는 깔끔하게 정리됐고 통로도 말끔해졌고 도로 질서는 복구됐다. 아이들은 헌신, 열정, 결연함 그리고 의욕을 갖고 이 프로세스를 따를 것 같았다 (사실, "디저트가 없다"라는 말이 거래를 확정했다.)

다음날 아침 아버지가 자동차 쪽으로 슬슬 걸어가면서 모든 자전거가 고정대에 일렬로 정렬돼 있는 것을 봤을 때 그것은 한마디로 장관이었다. 승리의 함성을 지르면서 그는 일터로 나갔다. 그날 밤 집으로 돌아오는 길에 깔끔하게 줄지어 주차된 자전거를 상상하면서 기대감이 한껏 높아졌다. 하지만 그 기대감은 차도에서 내리자마자 실망으로 바뀌었다. 아, 자전거 고정대는 의기양양하게 그 자리에 여전히 서 있지만 다섯 대의 자전거는 땅바닥에 널부러져 깔끔하게 자전거 주위를 둘러싸고 있었다. 아이들은 고정대 근방까지만 가고 재빨리 거기서 빠져 나온 것처럼 보였다. 필자는 적어도 어느 정도 진전이 있었다는 사실에 스스로를 위로했다. 자전거는 더 이상 현관을 막지 않았다!

이 경험은 흔히 조직 전반에 변화를 통합하려는 리더의 노력에 수반되는 어려움을 보여주고 있다. 동일한 비효과적 패턴(말하기, 뇌물 주기, 강제하기)는 일시적이고 부분적인 순응이라는 동일한 성과로 나타난다. 아이디어가 아무리 탁월하고 중요하더라도 사람들은 종종 변화를 받아들이기 위해 애쓰고, 더구나 이 변화를 영속적으로 만들기 위해 더 많이 고군분투한다. 이뤄내고자 하는 변화를 직원들의 일상 업무에 접목하는 효과적인 구조 없이는 십중팔구 실패한다는 사실을 우리는 경험을 통해 배웠다. 올바른 일이기 때문에 사람들에게 그 일을 하라고 부탁하는 것(말하기), 인센티브를 제공하는 것(뇌물주기), 조직의 프로세스와 시스템을 구조화하는 것(강제하기)을 포함해 변화의 유인은 의도한 효과를 불러일으키지 못할 수도 있다. 변화는 피라미드 상단과 하단 모두에서 합동의 일관된 노력이 필요하다. 변화를 통합하는 방법을 아는 것은 R^2 성과를 낳는 영구적 문화변화를 성취하는 데 도움이 될 것이다. 통합을 강조하는 이유는 통합이 없다면 문화적 신념과 C^2 성공사례의 실행은 기껏해야 되든 안 되든 운에 맡겨야 한다는 것이다. 따라서 모든 성공사례를 조직의 현재 경영 실무에 완벽하게 접목하는 방법을 배우는 것이 본 여정의 이 지점에서 반드시 필요한 단계이다.

통합은 완성을 의미한다.

문화변화 노력을 관리하고 있는 리더들은 조직 전체 사람들이 리더들이 문화를 바꾸고 문화라는 바위를 앞으로 움직이는데 심각하다는 신호를 한결같이 자주 받도록 해야 한다. C^2 성공사례를 조직의 일상 업무에 접목하고 정기적으로 활용하도록 권장할 때 이 신호를 조직의 프로세스에 구축하게 된다.

본 저서에서 소개한 것처럼 문화변화는 성공사례 실행(1부)과 이것의 통합(2부)으로 이루어진다. 이 두 가지 활동은 아래의 다이어그램에 나와 있는 것처럼 연속된 고리를 만든다.

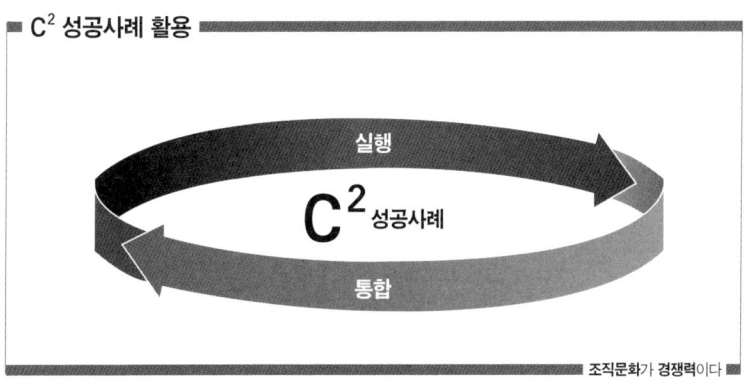

문화변화를 주도하는 것은 끊임없이 실행하고 통합하고자 노력하는 것을 의미한다. 각각의 활동은 상대를 향상시켜주고 상호간에 서로를 강화한다. 실행은 통합을 촉발하고 통합은 실행을 지속시킨다. 이것은 아주 밀접하게 연관되어 있다.

통합integration은 추가 미팅을 소집하거나 해야 할 더 많은 목록을 작성하거나 근무일자를 늘리는 것이 아니다. 반대로 문화관리 도구를 조직에 통합할 때, 신중하게 선택한 기존 회의나 활동에 문화관리 도구를 접목하게 되며 문화라는 바위를 C^2로 향해 움직이게 하는 지렛대 역할을 한다. 통합이란 도구를 현재 조직의 프로세스, 절차, 시스템에 접목하는 것을 의미한다는 사실을 반복해서 새겨두어야 한다. 제대로 통합할 경우, 통합은 문화변화 과정을 조직에서 일이 진행되는 방식으로 이음매 없이 매끄럽게 엮는다. 제대로 못 할 경우, 사람들은 결국 이미 실행해야 하는 수많은 일에 또 다른 부담스런 프로그램을 추가했다고 느끼게 된다.

필자의 딸 한 명이 대학교를 다니면서 데저렛북이라는 동네 서점에 취직했다. 첫 주가 끝날 무렵, 그녀는 아버지에게 전화를 걸어 자기가 얼마나 이 새로운 일을 즐기는지를 말해줬다. 그녀는 근무 첫날 관리자가 뒤에 문화적 신념이 인쇄된 이름표를 그녀에게 건넸다고 말했다. 그녀나 혹은 다른 직원은 매장의 다른 동료가 일을 잘 처리하는 것을 봤을 때 그들은 DB 달러Deseret Book Dollar를 그 사람에게 주고 DB 달러를 사용해 매장에서 제품을 무료로 얻을 수 있다는 것을 알았다. 필자가 딸에게 서점 체인이 고객이었고 우리가 수없이 이야기해 온 책임문화로 가는 과정과 문화적 신념의 통합을 그녀가 경험한 것이라고 털어놓자, 딸아이는 웃었다. 고객의 통합 노력 사례를 무작위로 경험하고 프로세스가 진행되는 것을 목격하며, 그렇지 않았다면 그저 평범한 일이었을 것으로 생각하는 딸 아이의 열정을 듣는 것은 흥미로웠다.

C² 성공사례는 바위를 앞으로 움직이고 바람직한 문화를 구축하는 데 도움이 되는 상위 레버리지high-leverage 활동이다. 과정 초기에 이것을 활용하면 모멘텀을 창조하고 모든 사람을 올바른 방향으로 이끄는 데 도움이 된다. 애석하게도 수많은 조직은 변화 과정 초기에 이러한 종류의 활동들을 공식화하지 못하고 통합에 실패한다.

문화전환 과정에서 리더들이 저지르는 가장 흔한 실수는 실행을 시작*하자마자* 통합하지 못하는 것이다. 실행과 통합은 동일한 경로에서 진행되고 상호 강화하며 서로에게 의존한다는 것을 명심하라.

효과적인 통합의 세 단계

C² 성공사례를 문화변화 과정에 성공적으로 통합하는 것은 별도의 세 단계를 효과적으로 적용하느냐에 달려있다.

먼저 회의를 할 때 통합할 기회를 파악한다. 둘째, 조직 시스템에 접목할 기회를 파악한다. 셋째, 통합 계획을 세운다. 차례대로 이 세 단계를 밟으면 노력을 극대화하고 혼란을 최소화하는 방법으로 통합이 이뤄지는 최선의 기회를 확인할 수 있다.

· · ·

1 단계:
회의를 할 때 통합할 기회를 파악하라

통합은 기존 팀에서 가장 효과적으로 이뤄진다. 통합의 기회는 팀

별로 다르므로 1차 기회 목록에는 1대 1을 포함해 팀이 현재 갖고 있는 모든 다양한 회의가 포함되어야 한다.

통합 기회를 붙잡기 위해 고객들이 사용하는 몇 가지 회의가 여기 나와 있다.

- 지역 관리자들의 개발 매장 방문
- 직원 회의
- 현장 안전 회의
- 시프트 허들 (짧은 직원 회의)
- 상사와 부하 간 1 대 1
- 부서별 회의
- 관리자 회의
- 이사회 회의
- 예측 가능한 자발적 즉석 회의
- 프로젝트 업데이트
- 직원들과 "복도"에서 최신 정보 공유
- 영업 회의
- 전사 회의
- 타운 홀town-hall 스타일 미팅

이러한 종류의 활동은 다양한 규칙(매일, 주간, 월간, 분기별, 연간)에 따라 모든 조직에서 이뤄진다. 자체 회의 목록을 작성하고 싶을 것이며 적어도 이미 일정이 잡힌 1 대 1 미팅과 오랫동안에 걸친 팀 미팅은 포함해야 한다. 일단 통합 기회의 역할을 하는 모든 회의 목록을 작성하고 나면 아래와 같은 기준에 따라 기회를 걸러내서 최선의 통합 기회를 선택할 수 있다.

이 기준을 염두에 두고 아주 빨리 강력한 기회 목록을 구축할 수 있어야 한다. 최선의 기회를 선택하는 것은 개인의 판단에 따른 결

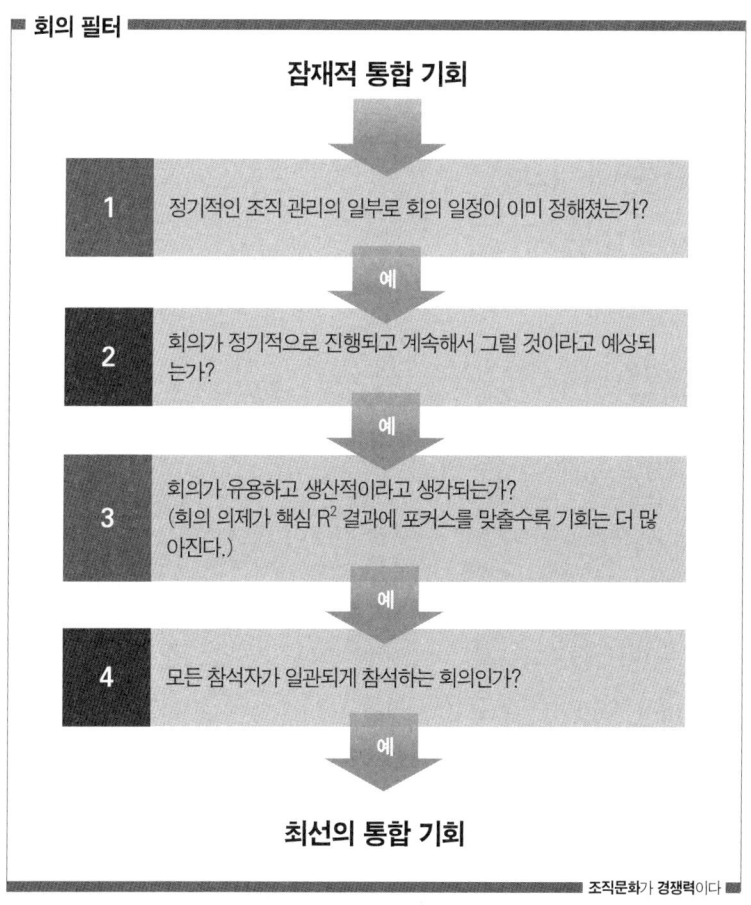

정이지만 당신이 문화라는 바위를 움직이는 데 도움이 되는 최상의 레버리지가 있는 기회를 파악하면 최상의 수익을 창출하는 노력에 포커스를 맞출 수 있다.

・・・
2단계:
조직 시스템에서 통합할 기회를 파악하라

C^2 성공사례를 회의에 접목하는 것 이외에도 통합 기회의 파악을 위해 조직의 공식 시스템을 조사해야 한다. 대부분의 경우, 조직 시스템은 단기적으로 유연성이 떨어지고 금방 바꾸기가 훨씬 어렵다. 여기서 당신의 노력을 지체한다면, 결국 변화 노력을 실제로 약화시킬 수 있다. 변화를 조직의 시스템에 통합한 것에는 조직의 정책과 절차의 평가뿐만 아니라 공식적•비공식적 시스템의 적용이 포함된다. 조직 시스템 그리고 바꿀 수 있는 것에 관해 생각할 때, 사람들이 어떻게 정보를 공유하는지 고민하라 (뉴스레터, 인트라넷 등). 직무 기술서, 실적 평가, 직위 공모, 보상, 인센티브, 승진과 같은 HR 시스템을 살펴보라. 어떻게 결정이 내려지고 어떻게 직무의 권한이 위임되는지 세밀히 검토하라. 목록은 계속될 수 있지만 어떤 경우라도 중요한 조직 시스템을 간과하지 않도록 노력하라. 왜냐하면, 조직의 시스템이 문화전환 노력을 강화하거나 약화시키는 betray 사내 전 직원들의 경험을 만들기 때문이다. 사람들은 이 시스템이 한 방향 정렬에서 벗어난 때를 알고 성과를 달성하고 문화적 신념을 실천하려는 노력에 도움이 되거나 방해되는 것에 대해 이야

기 한다. 이 시스템이 C^2 문화를 설명하는 문화적 신념을 유지하거나 의문을 제거하거나 완전히 무시할 수 있는 매일매일의 경험을 만들어낸다는 것을 명심하라.

예를 들어, 문화전환 노력의 일환으로 Chevron 임원진은 무사고 달성이라는 목표를 갖고 근로자 안전을 개선하는데 포커스를 맞췄다. 문화전환은 중심에 안전 문화가 있었고 위험하다고 생각하는 행동을 본 하청업자와 직원들 다 같이 누구나 B^2 신념을 갖고서 조업 중단 명령을 내릴 수 있었다. 이전에 Chevron의 C^1 문화에서는 권한이 있는 사람들만이 작업을 중단할 수 있었다. 회사는 의식적으로 조직의 시스템을 바꿔서 모든 사람이 안전 관련 성과책임을 받아들여야 하는 새로운 신념을 강화했다. 결과적으로 Chevron은 역사상 가장 안전한 해를 누렸고 업계 최고의 안정성을 기록했다. Chevron이 핵심 신념을 조직의 시스템과 관련된 실무에 접목했기 때문에 가능한 일이었다. 이러한 성공은 조직의 시스템 중심에서 있는 정책과 절차로의 통합이 R^2 성과 달성 측면에서 많은 이득을 가져온다는 점을 분명히 보여주고 있다.

조직의 시스템을 반드시 바꿔야 하는 것은 복잡할 수 있고 문화전환 노력이 대규모 조직의 부서나 지부에서 일어나고 모회사가 결정한 정책과 절차를 따라야 할 때 훨씬 더 어렵다. 한편, 이러한 상황에서도 올바른 메시지를 보내고 바람직한 C^2 행동에 동기를 부여하는 미묘한 변화가 있을 수 있다. 적어도 문화적 신념에서 어긋난 시스템에 필요한 조정이 즉각적으로 이뤄지지 않는 경우, 유형 2 경험을 효과적으로 해석해야 한다. 실패할 경우 유형 2 경험에서 벗어난 유형 4 경험을 만들어낼 수 있다.

• • •
3단계:
통합 계획을 세워라

C^2 성공사례를 문화변화 노력에 성공적으로 통합하는 것은 처음 두 단계를 토대로 한 C^2 통합 계획을 만드는데 전적으로 달려 있다. 이 계획은 성공사례를 당신이 선택한 활동에 접목하기 위해 앞으로 해야 할 일을 구체적으로 담아낸다.

이를 실행하는 방법을 보여준 좋은 사례는 초창기 고객인 "이스트사이드"사의 이야기에서 찾을 수 있다. 이스트사이드 경영팀이 통합 과정의 1단계와 2단계를 평가한 후에 263페이지에 나온 계획에 도달했다.

경영팀은 초기 단계를 밟아 조직의 시스템 또한 조정했다. 결과적으로 그들은 조직의 사고를 풀어헤치고 여러 방면에서 변화를 이뤄내기 시작했다. 조직 내의 낭비, 비효율, 관리비에 대처하기 위해 린(lean) 프로세스팀을 만들었다. 25년 역사 최초로 리더들은 회사가 낭비를 허용하지 않도록 제안했던 중요한 경험을 만들기 시작했다. 이 팀은 개별 품목 비용을 2억 달러 이상 절감했다.

부서를 넘나드는 다기능 업무팀은 조직 내 부서 간 원활한 협력을 위해 포럼을 만들라는 임무를 부여 받았다. 문화적 신념이 직원 현관 입구와 직원 뱃지 뒷면에 부착됐다. 신념을 실천하는 직원들의

통합 계획: "이스트사이드"

1. 부서장의 사전 브리핑
- 적어도 하나의 문화적 신념에 대한 인정 카드를 전달한다.
- 모든 회의에서 적어도 하나의 문화적 신념 이야기를 한다
- 사람들이 신념을 변경하는 데 도움이 되는 새로운 경험을 만든다.
- 여러 부서가 공유할 수 있는 의제에 시간을 할애한다.

2. 부서별 직원 회의
- 적어도 하나의 문화적 신념 인정 카드를 전달한다.
- 모든 회의에서 적어도 하나의 문화적 신념 이야기를 한다
- 사람들이 신념을 변경하는 데 도움이 되는 새로운 경험을 만든다.
- 여러 부서가 공유할 수 있는 의제에 시간을 할애한다.

3. 첫 월요일
- 몇 가지 문화적 신념 인정 카드를 전달한다.
- 모든 비디오에서 적어도 하나의 문화적 신념 이야기를 얘기한다
- 비즈니스 성과를 향한 진척 사항에 대해 토의한다.
- 변화의 사례 메시지를 계속해서 전달하도록 한다.

4. 이스트사이드 뉴스
- VP가 말한 이야기로 바꾸고, 인정하고, 성과와 핵심적인 새로운 계획에 대해 직원들을 교육한다.

5. 타운 홀
- 모든 리더 타운 홀 미팅에서 문화적 신념 활동의 일정을 잡고 실천한다.
- C^2 이야기를 공유한다.

조직문화가 **경쟁력**이다

이야기가 모든 직원 사보에 정기적으로 실렸다.

한발 더 나아가서 회사는 인트라넷 홈페이지 로그인 화면에 매주 팝업창을 띄웠다. 이 팝업창은 바라던 R^2 결과를 직원들이 이해하고 있는지 테스트하는 질문을 올려놨다. 월별 질문에 대한 우수 답안은 추첨 경품을 받았다. 새로운 웹사이트에는 모든 핵심 성과의

업데이트 내용을 직원들에게 전달하는 링크가 포함됐다. 또한, 팀은 분기별로 30분씩 비즈니스 성과에 관한 화상회의를 개최하기 시작했다. 모든 직원은 문화적 신념과 링크된 인정 카드의 컴퓨터 버전에 접속했고 포스터, 서베이 그리고 기타 신호는 문화관리 도구의 활용을 지속적으로 장려했다.

이러한 노력은 4장에서 설명했던 성과로 이어졌다: 시장 판도를 바꾼 문화전환은 회사 역사상 최초로 이스트사이드 시스템의 모든 제공업체 중에서 1등 의료 서비스 공급회사의 탄생을 이끌었다.

C^2 성공사례를 효과적으로 통합한 또 다른 사례는 본 저서 전체에서 설명했던 옵토매트릭스에서 찾을 수 있다. 두말할 필요 없이 세 가지 문화관리 도구를 접목하고 문화를 바꾸려는 회사의 노력은 실적 개선의 측면에서 막대한 성과를 거뒀다. 옵토매트릭스 현장 리더십 팀은 인필드/인스토어 통합 계획에 착수했으며 여기에는 이틀에 한 번씩 "시프트 허들(shift huddles: 짧은 직원 회의)", 매장 관리자 주간 회의, 현장 리더들의 정기적인 개발 매장 방문 등과 같은 수많은 통합 활동이 포함됐다.

관리자들은 시프트 허들 시간에 동료와 의사들을 잠시 만나서 실적을 검토하고 매장의 계획한 실적 달성 노력에 필요한 조정에 대해 논의했다. 시프트 허들은 모든 회의 필터 기준을 충족했다: 시프트 허들은 모든 매장에서 매일 아침과 매일 오후에 열리기로 예정되어 있었으며 핵심 R^2 성과에 영향력이 상당하기 때문에 유용하고 생산적이라고 여겼고 모든 옵토매트릭스 매장에서 일하는 동료들이 지속적으로 참석했다.

  회사는 수많은 C^2 성공사례를 시프트 허들 안에, 구체적으로 문화관리 도구 안에 통합했다. 옵토매트릭스 매장 관리자 "레이몬드 라미레즈"는 매일 열리는 시프트 허들에 대한 경험을 이렇게 말했다. "우리는 시프트 허들 노트패드라고 부르는 것을 사용해서 시프트 허들을 준비해요. 노트패드는 문화관리 도구와 모델 활용 방법에 대한 계획 수립에 도움을 주는 가이드 역할을 합니다. 시프트 허들에서 사람들을 만났을 때, 우리는 문화적 신념을 보여준 친구에 대한 짧은 이야기로 시작해요." 이 이야기는 직원들이 계획 달성을 위해 노력할 때 옵토매트릭스 문화적 신념을 실천해야 하는 필요성을 모든 이들에게 상기시켜 준다. 이를 염두에 두고 시프트 허들에 참가한 사람들은 매장에 있는 모두가 매장 실적에 관한 더 많은 성과 책임을 받아들일 방법에 대해 목표한 토론으로 옮겨간다. 직원들은 수치를 검토한다: 어제의 성과, 금주의 성과, 계획 달성을 위해 개선해야 할 성과 등.

  일반적으로 성과책임 논의를 통해 실적에 방해될 수 있는 사람들의 신념을 알 수 있다. 가령, 라미레즈는 이렇게 말했다. "어제 시프트 허들에서, 우리는 선글라스 처방에 대해 이야기하고 지난 주 계획에 미달했다는 것을 인정했어요. 저는 고객들에게 선글라스를 제공하지 못하게 하는, 우리가 가진 신념이 무엇이라고 생각하느냐고 시프트 허들에 참가한 모든 사람에게 물어봤어요. 하나의 신념이 재빨리 표면에 떠올랐어요: 선글라스는 두 번째 안경이라고 믿고 있다는 거죠. 우리는 그 신념을 고객의 선글라스를 두 번째 안경이 아니라 첫 번째 선글라스라고 생각하는 신념으로 바꾸는 것에 대해 이야기했어요. 모두가 A² 행동을 이끌고 더 좋은 방법으로 동료들이 고객과 관계를 맺을 수 있는 훨씬 권한 부여적인 신념이라는데 동의했어요."

라미레즈는 말을 이었다. "우리는 재빨리 신념을 바꾸기로 했어요. 그래서 성과 측면에서 일어난 일이 바로 이겁니다: 바로 그날 두 명이 처방전 선글라스를 목표 이상으로 잘 판매했고 계획을 달성하면서 그 주를 마감했습니다." 팀이 그들의 외형적인 성과에만 집중했다면 처방전 선글라스 성과를 달성하지 못했겠지만, 성과 달성 능력을 방해하는 신념을 바꾸는 데 집중했기 때문에 가능했다는 것을 주목할 필요가 있다. 이것이 바로 성과 피라미드의 하위 두 단계에 정성을 들이고 모델을 회의에 통합시키는 것이다.

각 시프트 허들은 집중 피드백 교환으로 끝냈다. 보통은 매장 관리자가 이 과정을 앞장서서 "저에게 도움이 될만한 어떤 피드백이 있나요."라고 물어보면서 시작한다. 사람들이 문화적 신념에 맞춘 피드백을 전달할 때 매장 관리자는 모든 것을 받아 적고 팀이 이미 동의한 일을 얼마나 잘 실행했는지, 그 주가 얼마나 괜찮을 거라고 느꼈는지, 계획 달성과 브랜드 약속 전달을 위해 해야 한다고 생각하는 다른 일이 무엇인지에 대해 추가 피드백을 요청한다.

부서장 "윌리엄 레이크"에 따르면, 옵토매트릭스 매장 전체의 통합 노력은 변함없이 지속되고 있고 집중 스토리텔링은 문화의 일부가 되고 있다. 그는 우리에게 말하기를, "이야기는 더 이상 그저 시프트 허들을 시작하는데 그치는 게 아니라 하루 종일 이야기 속에서 계속해서 콸콸 샘솟습니다. 우리는 동료들, 연구소 직원들, 의사들, 다른 모든 사람이 이야기하도록 하고 그들은 조장하지 않아도 스스로 알아서 실천하고 있어요. '저기, 저한테 이야기해 주세요'나 '우리는 이야기를 듣고 싶어요'가 아닙니다; 위대한 C^2 경험을 공유해야 한다고 밑바닥부터 이해하고 있기 때문에 자발적으로 일어나고 겁니다!"

집중 인정의 통합에 대한 강도와 일관성과 관련해서 레이크는 이렇게 말했다. "도구와 모델을 시프트 허들에 처음 접목하기 시작했을 때 우리에겐 아주 새로운 것이었어요. 관리자들이 회의를 주도하고 사람들을 인정했습니다. 이제 우리가 매장에 들어가 시프트 허들에 참가하면 동료들이 연구소 직원들을 인정하고 연구소 직원들은 의사를 인정하는 광경을 목격하게 됩니다. 모두가 문화적 신념을 보여주고 결과를 성취하는데 대하여 사람들을 인정하는데 열중하고 있습니다."

통합 노력의 전반적인 성공과 관련된 레이크의 의견은 이렇다. "이 시프트 허들의 통합은 허들의 리더십이 매장 관리자에서 팀의 다른 주요 직원에게로 넘어갈 정도로 너무 완벽했어요. 연구소 관리자들, 소매점 관리자들, 때때로 심지어 우수 직원들이 허들을 주도하고 스토링텔링을 실행하고 질문을 합니다. 그들이 문화변화에 대한 성과책임을 받아들이고 있다는 거죠!"

인필드/인스토어 통합 계획의 두 번째 중요한 기회는 관리자 주간 회의였다. 이 회의는 매장 관리자, 연구소 관리자, 소매점 관리자, 눈 관리 전문가 등이 참석했고 매장의 현재 성과를 검토하는 것으로 시작됐다. 실적이 기대 이하로 떨어지면 관리자들은 1장에서 소개했던 성과책임으로 가는 단계를 활용해 계획 달성을 위해 할 수 있는 다른 일이 무엇인지 파악했다. 가령, 매장 일정 문제에 대한 논의 덕분에 화요일에 지속해서 1퍼센트 포인트 올라가는 고객 수 추세를 확인했다. 새롭게 대두된 문제의 해결을 위해 관리자들은 화요일 반나절 동안 추가로 의사의 일정을 잡았는데 이 조치는 어느 정도 실적을 개선했다.

관리자들은 매일매일의 사업 경영과 관련된 문제를 논의하는데 뿐만 아니라 매장의 문화를 관리하고 R^2 달성을 향해 명백한 진전을 이루는데 회의를 의존한다. 그들은 매장에서 집중 스토리텔링의 활용에 대해 논의하고 구체적으로 지난 주 들었던 이야기의 영향력을 평가하며 다가오는 주에 동료들에게 말해야 할 새로운 이야기들을 확인한다. 회의 기간에 관리자들은 집중 피드백을 주고 받고 문화적 신념을 제시하고 필요한 성과를 달성한다고 인식하는 직원들을 파악한다.

옵토매트릭스 인필드/인스토어 통합 계획에서 포착한 마지막 기회는 정기적인 현장 리더들의 개발 매장 방문이었다. 현장 리더들은 성과 피라미드 모델을 활용해 개발 방문을 이끌었다. 피라미드의 상단부터 하단까지에 공을 들이려는 리더들은 성과 확인으로 방문을 시작했다. 그리고 나서 매장에서의 지배적인 신념과 경험 그리고 이 신념과 경험이 성과에 어떤 영향을 미치고 있는지 고민했다. 그들은 일곱 개 옵토매트릭스 문화적 신념의 맥락에서 이 모든 것을 실행했다.

통합은 개발 방문의 심장이자 영혼이다. 레이크에 따르면 "우리가 말하는 모든 것은 문화적 신념에 고정되어 있어요. 우리가 하는 모든 일에 모습을 드러내죠. 어떤 경우에는 이걸 갖고 놀기도 하고 일곱 개 문화적 신념에 대해 퀴즈를 내기도 해요; 우리는 이름과 정의를 원한다고 사람들에게 말합니다." 방문하는 동안 수치에 포커스를 맞출 필요가 없다고 아무도 말하지 않는다. 반대로 그들은 문화적 신념을 내면화하고 C^2 성공사례에 통합해서 "수치 달성을 위한 청사진"을 만들 것이라고 말한다. 라미레즈는 이것이 사실이라는데 동의할 뿐만 아니라 몸소 입증하고 있다: 그의 매장은 매년 중간 정도의 시점에서 계획을 달성한다!

레이크는 결론을 내렸다. "제가 관련을 맺고 있는 다른 모든 사업은 항상 매장 방문을 지속해 왔고 성과 피라미드의 상위 두 단계 행동과 결과에 포커스를 맞췄어요. 우리는 가서 사람들이 하기를 바라는 일을 지시했고 성과가 바뀌고 오랫동안 지속될 것이라고 예상했어요. 그러나 전혀 그렇지 않았습니다! 이제 우리는 바람직한 성과를 내는 데 필요한 행동에 영향을 끼치는 핵심 신념에 초점을 맞추고 있어요. 우리는 모든 사람이 무슨 일이든 실행하는 것이 핵심 성과 달성에 반드시 필요하다라는 공동의 성과책임의 상당한 진전을 목격했습니다. 이 새로운 문화는 직무기술서 뿐만 아니라 최고 세 가지 목표를 재정의하는 데 도움이 됐습니다. '이것은 제 일입니다. 저는 이 일을 해야만 해요. 대신에 가능한 누구라도 요구를 맞추는데 돕고 나설 겁니다; 매장에 있는 모든 사람은 '우리 핵심 성과에 영향을 끼치는 일이라면 그건 제 책임입니다!'라고 생각해요.'라고 말하면서 고객 앞에 서 있는 직원이 단 한 명만 있는 것이 아닙니다."

효과적인 통합의 세 단계, 즉 (1) 회의에 통합할 기회를 확인한다, (2) 조직 시스템에 접목할 기회를 확인한다, (3) 통합 계획을 세운다 등은 C^2 성공사례를 매일매일 사업 경영에 접목하는 데 도움이 될 것이다.

20년 동안 근무했던 다양한 핵 발전소에서 5년 전에 책임문화로 가는 과정을 경험했던 어느 핵 발전소 관리자는 통합의 영향에 대해 교육 워크숍 기간에 그룹을 대상으로 이렇게 말했다: "오늘날까지 회의에서 우리가 가장 많이 들었던 것은 '피드백 줘서 감사합니다'였어요." 그는 말을 이었다. "5년이 지나도 피드백이 여전히 살아 남을 수 있었던 이유는 이 피드백 과정을 회의 구조에 성공적으로 통합했기 때문입니다. 저는 여기서도 똑같이 할 수 있기를 바래요, 왜냐하면 그게 효과가 있거든요." 실제로 효과가 있다! 통합은 C^2 문화와 R^2 성과를 오랜 시간 동안 유지한다.

CPI 조직의 리더 제이 그라프와 회의를 했던 컨설팅 실무 초창기 시절이 기억난다. 제이는 조직의 문화변화 과정에서 가장 중요한 요소가 무엇이라고 생각하는지 말해 달라고 부탁했다. "과정의

한 부분만 통합했고 그 부분을 너무 잘 통합했다면 가장 많은 영향력이 있기 때문에 포커스를 맞춰야 하는 부분은 어떤 부분인가?" 조직의 필요성을 감안할 때, 우리는 어떤 도구를 가장 먼저 적용해야 할 지를 알았다: 바로 집중 피드백! 제이의 1 등 우선순위는 경영팀 전체에 피드백 채널을 하루 속히 오픈하고 직원들이 바람직한 문화를 어떻게 보여주는지, 앞으로 나아갈 때 훨씬 완벽하게 그것을 어떻게 보여줘야 하는지에 관한 사실을 팀 구성원 서로에게 편안하게 말할 수 있도록 해야 한다고 그에게 말했다.

제이는 큐 사인을 받고 집중 피드백을 다음 직원 회의에 활용하기 시작했다. 그는 "이번 주에 받은 피드백 중에서 소중하다고 생각하는 피드백은 어떤 것이고 그것에 따라 어떤 행동을 실천했는가?"라는 날카로운 질문으로 회의를 시작했다. 그날 제이의 답변에 대답한 직원은 극소수였지만 다음날 직원 회의에서는 모든 사람이 대답을 준비했다. 놀랄 것도 없이 이 핵심 질문은 그 이후로 최고 경영진 회의에서도 필수적이고 정기적인 부분으로 남았다.

제이는 팀을 위해 실제로 중요한 경험을 만들었다. VP들은 그가 집중 피드백에 진지하게 임하고 그들이 피드백을 주고 받으며 그것에 따라 행동하는 책임을 개별적으로 받아들이게 할 것이라고 믿기 시작했다. 제이는 모든 VP가 나가서 피드백, 그것도 낡은 피드백이 아니라 문화적 신념에 맞춘 피드백을 받기를 기대했다. 모든 사람은 아무도 "저는 피드백을 받았지만 도움이 된다고 생각하는 것은 못 받았어요"라는 말로 그냥 넘어갈 수 없다는 것을 바로 깨달았다.

제이는 직속 부하들이 가치 있다고 생각하는 피드백을 받고 직무의 일환으로 그것에 따라 행동하고 그렇게 했다는 것을 제이와 동료들에게 보고하는데 각자가 책임을 지도록 하는 경험을 일관되게 만들었다.

결과적으로 VP들이 주재한 부서 직원 회의는 결국 CEO 제이가 주재한 회의와 똑같은 양상을 보였다. 결국, 회사의 모든 구성원은 일관되게 CPI의 문화적 신념에 집중한 피드백을 교환하기 시작했으며 이 발전은 R^2 성과 달성에 필요한 회사 문화를 조성하는데 빠르게 공헌했다.

통합은 추가 실행을 의미할 수도 있다.

당신이 통합 계획을 세울 때, 과거에는 실행하지 않았던 관행을 시작해야 한다고 생각할 수도 있다. 8장에서 소개했던 유니버설은 경영진과 노동자들이 대립적 관계를 만들었던 노조 환경에서 새로운 문화를 심어야 하는 도전 과제와 마주했다. 노조 담당자들은 심지어 정해진 노동 시간에 유니버설 경영진들은 "추가" 업무를 하게 하려는 노력에 저항했다. 양쪽이 가진 '우리 아니면 적'이라는 정신 구조는 문화전환과 필요한 변화를 이뤄내는데 방해가 되는 실제 장벽을 세웠다.

유니버설의 리더십이 통합계획 개발기간 동안 회의 필터 기준을 적용했을 때, 그들은 월간 조별 회의를 완벽한 포럼으로 파악했다. 하지만 이 아이디어를 실행할 시간이 됐을 때, 경영진은 기대했던 그룹 미팅이 공장 어느 곳에서도 이뤄지지 않고 있다는 것을 알았다. 따라서 진행하기 전에 유니버설 경영진은 이 문제를 바로 잡고 월간 조별 회의가 예정된 일정대로 실제 열릴 수 있도록 해야 했다. 여기에는 조장이 각자 조원들을 교육할 수 있도록 회의 의제를 계획하고 C^2 성공사례를 적용하는 과정의 조장 교육이 포함됐다. 새로운 실무를 실천하는 것을 통합 계획 고려사항 목록의 맨 위에 둬서는 안 되지만, 그렇게 하지 않을 경우 진행할 수 없다는 것을 알게 될 수도 있다.

　유니버설의 경우, 조장들은 조별 회의에서 한 번에 하나씩 교육을 시행했다. 문화변화 노력을 이름 붙이지 않는 채로 두었는데 공장 노동자들이 변화 노력을 새로운 프로그램이나 추가 작업으로 생각하지 않게 하기를 리더들이 원했기 때문이다. 조장들은 모델과 도구를 기존의 1시간 반 월간 조장 회의에 접목하고 공장 노동자들이 수락하고 기꺼이 받아들일 방법으로 공장 노동자들에게 성공사례를 소개했다. 결국, 아주 잘 접목된 통합 계획은 유니버설에서 막대한 차이를 만들어냈다. 기억할지 모르겠지만, 이 회사의 자본이익률은 2%에서 12%로 치솟았다.

　또 다른 사례는 놀라운 정도로 시장 판도를 바꾼 성과(주식투자이익률 7,000%)를 누리고 있다고 1장에서 소개했던 기업 알라리스를 들 수 있다. 리더들은 자신들의 문화전환 노력을 알라리스 문화전환 또는 ACT로 불렀다. 초창기에 알라리스 제조 부문은 C^2 문화 강화를 위해 조립 라인의 직원들과 집중 인정을 활용해 시작할 필요가 있다는 것을 깨달았다.

한 팀은 "코트 인 더 ACT_{Caught in the ACT}"라고 부르는 접근 방식을 찾아냈다. 이 아이디어는 폴라로이드 카메라 두 대를 구입해서 조립 라인 근처 테이블에 올려 놓은 것이다. 누구나 문화적 신념을 분명히 보여주는 조립 라인 사람들의 사진을 찍을 수 있었다. 모든 사진은 게시판에 핀으로 고정시켜 놓고 사람들이 보여주고 있는 문화적 신념을 확인하는 각 사진 밑에 간단한 설명을 붙였다. 불과 몇 개월도 지나지 않았는데도 근로자들은 동료의 폴라로이드 사진을 벽에 붙였다. 그 외에도 정기 직원 회의는 사진 속 이야기를 전하고 발전을 축하하는 자리가 됐다.

알라리스의 전임 임원이었던 마리안느 그린은 ACT에 대한 그녀의 경험을 회상하는 인상적인 이야기로 C^2 성공사례 통합의 가치를 요약했다. "생생하게 기억하는 일 중의 하나는 팀을 만들려고 집중 피드백을 활용해 진행형 다기능 세션을 가졌다는 겁니다. 우리는 함께 일할 수 있는 것에 대해 얘기했고 위압적이지 않은 방식으로 서로에게 이야기했는데 그건 우리가 만들기 위해 노력하고 있었던 C^2 문화 신조 중의 하나였죠. 저는 영업 지원 부서에 있었고 마케팅 부서와는 정말로 껄끄러운 관계였어요. 우리가 지하 격납고에 있다고 느낄 만큼 협력이 잘 안 됐어요. 마케팅 부서에서 집중 인정 카드를 받았던 걸 기억하는데 제가 훌륭한 팀 플레이어여서 커뮤니케이션을 원활하게 하고 마케팅, 영업, 고객 서비스 부서가 더욱 더 협력하는 데 도움이 됐다고 감사한다는 것이었습니다. 알라리스는 서로 동떨어진 팀이 함께 일하게 한 것이 처음이었고 우리가 솔직하게 서로에게 감사해 하는 것도 처음이었어요. 어느 정도의 교육이 없었다면, 그 이전에 몇 가지 도구를 활용하지 않았다면 우리는 할 수 없었을 겁니다; 우리는 그것을 실천하는 방법을 몰랐던 것뿐이에요."

마리안느는 그녀에게 인정 카드를 줬던 부서장과의 상호 교류에 대한 이야기를 이어갔다. "그분은 마케팅 부서에 있었고 저는 영업 지원 부서에 있었는데 우리는 한 방향 정렬 문제로 골머리를 앓고 있었어요. 케이스 할당 문제도 있었고 역할과 책임, 누가 일을 해야 할지, 누가 일을 하지 말아야 할지를 놓고 고민을 했죠. 제가 이끌고 있던 우리 부서가 장애물을 치워버린 사실을 부서장님께서 인정해주신 것이 더 좋은 팀을 만드는 데 도움이 됐어요." 인정받았기 때문에 마리안느는 기쁨을 누리는 동시에 영업 부서와 마케팅 부서 간의 원활한 커뮤니케이션을 위한 분출구를 열어놨다. 서로에게 더 많은 집중 피드백을 전달하고 이슈에 대해서 솔직하게 이야기할수록 팀은 점점 더 강해졌다. 그녀는 말을 계속했다. "제 직장 경력에서 기억하고 싶은 경험 중의 하나예요. 이건 꼭 말씀 드려야 하는데 전혀 과장하지 않고 마케팅 부서와 영업 부서의 관계가 공고해 지면서 문화가 바뀌고 변화가 일어났어요. 상위단계, 상자 밖에서 창조적인 협력이 가능해졌습니다."

필자 한 명은 아주 개인적인 방법으로 집중 인정 통합의 가치를 경험했다. 필자의 아들들이 고등학교를 졸업하고 대학 입한 전에,

파트너인 리더십 회사의 발송부에서 일자리를 얻었다. 누구라도 인정 카드를 받으면 그 사람은 발송부 직원 모두가 볼 수 있게 부서 벽에 카드를 붙였다. 발송부 직원들은 핵심 성과 달성에 기여했다는 이유로 인정을 받는 것에 자부심을 느꼈다. 필자는 아들이 대학으로 떠날 때까지 인정이 아들에게 얼마나 중요한지를 몰랐다. 몇 주 후에 필자는 아들이 가장 소중하게 간직해 놓은 것을 모아둔 서랍을 우연히 열어 봤다. 파일 맨 위에 인정 카드가 놓여 있었는데 이 젊은 친구가 발송부에서 일할 때 받은 것이다. 이 작은 파일 때문에 C^2 문화의 중심부를 이루는 문화적 신념을 보여주는 사람들을 인정하는 것의 힘을 더욱더 깨달았다.

이것이 바로 통합의 모든 것이다: 전체 조직 사람들이 문화적 신념을 받아들이고 C^2를 실천하는데 돕는 것. 통합이 이뤄지면, 사람들은 A^2 행동을 보여주고 R^2 성과를 달성한다. 완전한 통합은 오랫동안 문화변화를 유지하고 일단 문화전환이 시작되면 모든 관리팀의 집중적인 관심을 받아야 한다.

다음 마지막 장에서는 문화변화에 박차를 가하려는 노력의 일환으로 전체 조직을 참여시키는 방법을 제시할 것이다.

10장

전체 조직을 변화에 참여시켜라

문화변화의 속도를 높이기 위한 방법론을 거쳐온 지금까지의 여정은 B^2 신념, R^2 성과를 포함해 C^2 문화 구축과 관련된 성공사례와 모든 문화관리 모델, 도구, 기술에 대해 살펴봤다. 이제 전체 조직을 문화변화 추진 과정에 참여시키기 위한 전략을 검토할 것이다. 우리는 문화변화와 관련해서 인생 대부분의 일과 마찬가지로 경험이 진정한 최고의 선생이라는 것을 배웠고 지난 20년 동안 힘들게 얻은 경험은 전체 조직을 과정에 참여시키는 일과 관련해서 효과가 있는 것과 그렇지 않은 것에 대해서 많은 것을 알려주었다.

다음에 나와 있는 C^2 성공사례 지도를 생각해보라. 이 지도는 이미 논의했던 문화변화의 속도를 높이고 오랫동안 유지하는 데 필요한 성공사례의 개요와 요약을 보여준다. 이제 참여 과정은 피라미

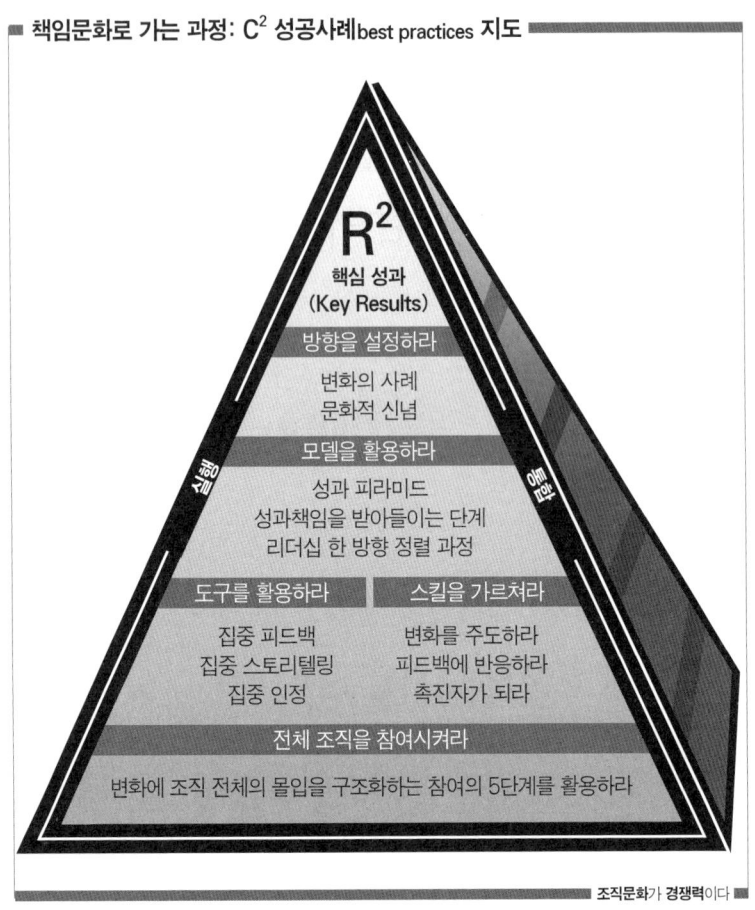

드 맨 꼭대기에 있는 R^2에 포커스를 맞추고 있다는 것이 놀랄만한 일은 아니다. 문화변화는 항상 사람들이 바람직한 조직문화 달성에 반드시 필요한 방법으로 생각하고 행동하는 성과책임을 받아들이는 환경 조성을 목표로 삼는다. 핵심은 문화가 성과를 낳고 C^2 문화가 R^2 성과를 낳는다는 것이다.

의도적으로 피라미드 모양으로 C^2 성공사례 지도를 만든 이유는 문화를 관리하는 데 사용하는 프로세스, 모델, 도구, 기술과 더불어 R^2 성과 모두가 성과 피라미드의 맥락에서 함께 작동한다는 사실을 반영했기 때문이다.

성공적인 변혁에 대한 맥킨지 글로벌 조사는 조직의 혁신에 참가하는 리더들이 파악했던 성공적인 조직문화 변화의 변수들을 연구했다. 이 연구가 특히 흥미로운 이유는 조직문화 변화에 관한 우리의 접근 방식을 제3자가 강력하게 입증하고 있기 때문이다. 맥킨지 서베이는 과거에 대규모로 전사적 조직 변화에 참여했던 임원들에게 그들의 조직 변혁 과정에서 가장 성공적이라고 생각했던 조직변화 접근 방식을 알려 달라고 요청했다. 임원들이 변화의 성공에 도움이 됐다고 말하는 것과 본 저서 〈조직문화가 경쟁력이다〉에서 제시했던 C^2 성공사례 사이에 강력한 연관이 있다는 것을 확인했다. 아래 차트에서 서베이에 참가한 임원들의 의견은 왼쪽 칸에 있고 이에 해당하는 C^2 성공사례는 오른쪽에 열거했다. 직원 참여를 위해 참여 5원칙을 활용해 전체 조직을 변화에 참여시킨다.

맥킨지 서베이에 응답한 임원들이 성공적인 조직 변혁에 관한 경험에서 가장 중요한 것을 설명했을 때, 그들은 C^2 성공사례를 정확히 파악했다는 사실을 주목하라. 전혀 놀랄 일이 아니다. 문화변화 추진에 관심이 있는 사람이라면 C^2 성공사례에서 확인한 적합한 일을 하는 것이 실제 3단계 변혁적 변화를 이뤄낸다는 것을 믿어도 된다.

이 변혁적 변화를 이루기 위해서는 조직의 모든 구성원을 변화 노력에 참여시키는 올바른 단계를 채택해야 한다. 이 다섯 가지 원칙

조직 변혁을 가장 성공적으로 만들었던 것에 대한 임원진 서베이 응답	성공적인 3단계 변혁을 보장하는 상응하는 C^2 베스트 프랙티스
"담대하고 분명한 목표를 설정한다."	달성한 R^2 핵심 성과를 정의한다
"회사의 현재 상황을 정확하게 평가하고, 문제뿐만 아니라 기업 역량의 현재 상태를 파악한다."	R^2 달성에 필요한 C^1에서 C^2로의 전환을 규정한다
"변화의 성공을 위해 바꿔야 하는 사고방식을 분명히 파악한다... 회사가 직원들의 사고방식과 행동에 포커스를 더 많이 맞출수록 성공할 확률이 높아진다."	문화적 신념선언서를 개발한다.
"기획 단계처럼 초기에 직원을 참여시키는 것이 핵심 성공 요소다." 그리고 "직원들은 변화를 주도하는 계획을 수립하는데 전적으로 참여할 수 있다"	직원 참여를 위해 참여 5원칙을 활용해 전체 조직을 변화에 참여시킨다.
대부분 "리더십 이니셔티브"를 통해 "최일선 직원들은 변화를 이끌어야 하는 책임을 받아들이는 주인의식을 갖는다."	리더십 한 방향 정렬 과정과 성과책임을 받아들이는 몇 가지 단계
"변화의 이유에 전적으로 포커스를 맞춘 커뮤니케이션" 그리고 "조직은 진행 중인 커뮤니케이션과 적극적인 참가를 통해 참여하고 활기를 얻는다."	변화의 사례 및 C^2 성공사례를 회의와 시스템에 통합
"강력한 리더십 훈련" 과 "리더십 역량을 변혁함"	세 가지 문화변화 리더십 기술 (변화를 주도하라, 피드백에 반응하라, 촉진자가 되라) 및 C^2 리더십 역량 모델
"커뮤니케이션... 성공을 축하한다."	집중 피드백과 집중 인정을 적용함
직원들과의 "협력과 공동 창조"	책임문화로 가는 과정과 전체 참여 5원칙 및 통합
"변혁의 가장 핵심 부문을 실행하는데 최선의 능력을 발휘했다."	"변화 선도자"를 육성하고 C^2 리더십 역량을 개발해서 한 방향 정렬함
"리더들은 바람직한 변화의 롤모델이었다."	E^2 경험 제공 4단계
"바람직한 정보는 관리자가 변화 과정을 모니터하고, 필요한 경우 문제 해결할 수 있도록 정확한 시간에 활용했다."	한 방향 정렬을 유지하기 위해 C^2 성공사례 프로세스 관리에 계획을 통합
"변화의 목표, 역할, 구조를 명확히 정의한다."	C^2 베스트 프렉티스 지도

은 변화 과정에 전체 직원을 몰입시키고자engagement 노력할 때 지침으로 활용해야 한다.

전체 참여를 위한 5 가지 원칙

1. 성과책임과 더불어 시작하라.
2. 사람들이 변화를 준비할 수 있도록 하라.
3. 관련 최고 경영진 및 기존 팀과 더불어 시작하라.
4. 프로세스 관리를 수립하고 정직함을 유지하라.
5. 최대한 자발적 참여와 창의성을 위한 변화 프로그램을 디자인하라.

참여를 이끌어내는 이 다섯 가지 원칙을 따르면 조직의 모든 구성원을 참여시키고 C^2로의 여정에 속도를 내는 데 도움이 되는 구조를 만들 수 있다. 조직문화의 변화를 이루고 유지하는 과정에서 전체 조직을 참여시켜 고객이 시장 판도를 바꾸는 성과를 달성하는데 도움을 주고자 노력하면서 우리는 이 원칙의 전략적 위력을 경험했다.

• • •
제 1 원칙:
성과책임과 더불어 시작하라

다섯 가지 원칙 중에서 첫 번째는 평이하고 간단하다: 성과책임accountability과 함께 시작하라. R^2에 대한 성과책임은 항상 분명히 정의된 결과에서 비롯된다는 중요한 경험을 토대로 2장에서 밝한 강력한 신념을 기억할 것이다. 항상 그렇다! 우리 고객 중에 Kimberly-Clark Health Care(KCHC)는 이 개념이 성공적인 문화 변화와 R^2의 달성에 얼마나 중요한지에 대한 또 다른 명확한 사례라고 할 수 있다.

몇 년 전 KCHC는 전체 킴벌리 클락 비즈니스 포트폴리오에서 떠오르는 별이었다. 예견된 상당한 매출과 이익 증가율 그리고 북미와 국제 시장에서의 유기농 사업 성장의 역할은 관련 사업의 선택적 매입 계획과 결합해 장밋빛 청사진을 그렸다. 하지만 지난해 실적은 앞선 거래 총액에 미치지 못했다. 두 달여 남은 상황에서 조직은 2년 연속 순매출과 영업이익의 추정 목표를 달성하지 못했다. 설상가상으로 이듬해 전망은 훨씬 더 비관적이었는데 상대적으로 판매 전망은 변동이 없고 이익의 손실이 지속되는 것 모두 투입 원가가 상승하고 점점 시장 경쟁이 치열해지기 때문이었다.

이러한 상황을 배경으로 우리는 조직문화 변화 과정을 통해 KCHC의 조앤 바우어 회장을 도와주기 시작했다. 문화변화 노력의 초창기에, KCHC가 달성해야 할 책임이 있는 최고 세 가지 R^2 성과를 정해 달라고 조앤에게 부탁했다. 아주 생산적인 대화가 오간 후에, 그녀의 팀은 일곱 개 다른 성과에서 세 가지 성과로 포커스를 좁히고 이를 "빅 쓰리Big Three"라고 불렀다. 이 성과는 순매출, 영업이익, 매출총이익을 목표로 삼았다. 빅 쓰리를 정의하는 것은 R^2 성과를 달성하는 성과책임을 만드는 최초의 중요한 단계였다.

전략 사업 기획부 제프 슈나이더 부서장이 말한 바로는, 빅 쓰리에 대한 이야기는 전체 조직에 순식간에 퍼져나갔고 사람들은 참석한 모든 회의에서 빅 쓰리에 대해 이야기 했다. 사실 최고 경영진이 빅 쓰리 달성에 얼마나 진지한지를 사람들이 깨달았기 때문에 똑같은 종류의 대화가 나타나기 시작했으며 사람들은 조직 전체에서 바인더와 노트북에 인쇄된 것뿐만 아니라 벽에 걸린 것을 봤다. 빅 쓰리는 사내 우편 겉봉에 부착된 라벨에도 등장했다.

이 분명한 포커스를 갖고서 모든 직위의 사람들은 R^2 성과 달성을 위해 "내가 무엇을 더 할 수 있을까?"라고 자문했다. 효과는 놀라웠다. 순매출은 전년 매출 대비 12%, 예산 대비 10% 초과했다. 영업이익도 전년 대비 65%, 예산 대비 19% 초과 달성했다. 이 모든 것의 정점에서 KCHC는 의료 기기 제품의 포트폴리오 확대를 위해 두 가지 인기 있는 테크놀로지의 매입을 발표했다.

1장에서 우리는 성과책임을 받아들이기 위한 단계 모델과 상위단계(상자 밖으로)를 실천한다는 것의 의미 그리고 직시하기, 인정하기, 해결하기, 행동하기의 의미를 제시했다.

KCHC와 마찬가지로 더 많은 개인적 성과책임의 토대를 구축하면 문화변화와 그 문제에 대한 조직의 다른 노력의 속도를 높일 수 있다. 성과책임을 통해서 사람들은 변화를 내면화하고 문화적 신념을 보여주며 C^2 성공사례를 실행하기 위해 무엇을 할 수 있을지 물어본다. 성과책임이 없다면 사람들은 변화를 외부의 탓으로 돌리고 하위단계로(상자 안으로) 떨어지며 변화 과정의 참여 부족을 변명하고 합리화한다. 하위단계(상자 안)에서는 사람들이 변화 노력을 무시하거나 그와 관련성을 완전히 부인하다. 사람들은 자신과 상관없다는 이유로 추가 작업을 꺼린다. 그들은 R^2 성과를 향한 발전이 부족한 것을 다른 사람 탓으로 돌린다. 곤경을 헤쳐나가려고 노력할 때, 사람들은 문화 실행 방법이나 문화적 신념이 실제로 무엇을 의미하는지에 대한 혼란을 호소한다. 혼란은 현상을 유지하려는 훌륭한 수비수다; "혼란스러운 것"에서 어떻게 무언가를 기대할 수 있을까? 더 나쁜 것은 혼란이 "그냥 뭘 해야 할지 알려줘!"라는 방어적인 태도를 이끌어내서 실제로 책임지는 사람으로부터 말하는 것을 행하는데 덫에 빠진 사람들까지 모든 성과책임이 전가된다.

하위단계(상자 안)에서는 문화변화 노력이 궤도를 벗어나 사람들이 자신의 관련성을 해명해야 가고 발전의 부족을 자기 합리화하려는 경우에 사람들은 변명으로 발뺌하느라 시간을 허비한다. 여전히 우리 판단으로 볼 때, 문화변화의 진전을 막는 최고의 하위단계(상자 안으로) 위협은 "일단 지켜보는" 태도다. 이런 상태의 마음가짐으로 사람들은 무슨 일이 벌어질지 그저 기다리면서 지켜보며 발전을 위해 의미 있는 행동을 아무것도 하지 않은 채 변화 과정에 참가하고 있는 척할 뿐이다. 그들은 "이것 또한 지나갈 거야" 아니면 "그냥 기다려 보자고." 아니면 "전에도 이거 봤었어"라고 말한다. 이런 "일단 지켜보는" 태도가 실제 변화를 망쳐버린다.

심지어 조직의 최고위층에 있는 사람들이 하위단계 상자 안으로 떨어져 성과를 달성하는 데 반드시 필요한 방법으로 생각하고 행동

■ 성과책임에 이르는 단계 ■

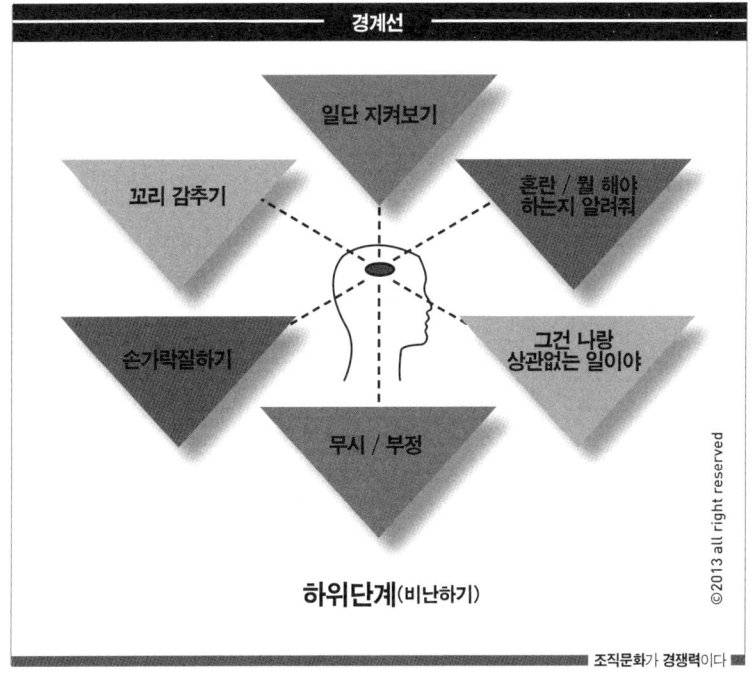

하는 책임을 받아들이지 못하는 데 대한 변명만 늘어놓으면서 변화 노력을 저버리는 시나리오를 수없이 많이 목격했다. 이와는 극명히 대조적으로 KCHC의 두 최고 임원은 과거의 성과책임 부족을 극복하고 상위단계 상자 밖으로 올라가서 C^2, 그리고 성과책임이 결과와 변화 과정 그 자체에 미치는 긍정적인 영향을 보여줬다. 한동안 이월 주문은 그룹의 골칫거리였고 이 때문에 고객의 기대를 맞출 수 없었다. 문화전환 시작 이전에, 영업부의 VP가 하위단계 상자 안으로 떨어져, 수요를 맞추는 데 필요한 제품을 영업 사원에게 제공하지 않는다고 제품 공급 부서를 비난했다. 이번에 제품 공급 부서는 우수한 예측의 전달을 우선순위로 삼는데 시간을 투입하지 않는다고 영업과 마케팅 부서를 비난하는 것이 정당하다고 생각했다. 서로 부정적인 시너지의 공모가 진행되면서 부서 갈등이 심화되었다.

생산 부서와 영업 부서 양쪽의 리더들은 이 문제를 계속해서 곪아 터지게 더 이상 내버려두는 게 아니라, 문제 해결을 위해 할 수 있는 다른 무언가를 검토해서 성과책임을 보여주고 상자 밖으로 나가 현 상황을 직시하고, 인정하고, 해결하고, 행동하기로 결심했다. 상당한 협동과 성과책임에 포커스를 맞춘 대화의 결과로, 제품 공급 부서의 VP 게일 시치오네는 아시아 태평양 지역으로 팀을 보내 공급 체인을 조사하게 했다. 중국 기반 생산부서에서 아시아 태평양을 조사하는 데 다섯 달이 걸렸지만 멕시코 생산 부서에서 동일한 지역을 조사하는 데 여덟 달이 걸리는 것을 확인하고 놀랐다. 이런 종류의 리드 타임이 가능은 하지만 유사한 예측 정확도를 전달하는 것은 불가능하다는 것을 즉시 깨달았다. 결국, 영업과 마케팅의 VP 존 아맷은 그때까지 부족했던 성과책임을 만들어 수요 예측 해결이라는 복잡하고 어려운 과제에 대한 명확성을 확보했다. 이 사례를 보면 리더들은 성과책임을 받아들이고 필요한 변화를 내면화하고 자신의 문제로 생각하는 것이란 무엇인가에 대해 사례를 제시함으로써 중요한 C^2 행동의 모델을 만들었다.

50명의 KCHC 최고 리더들과의 다음번 글로벌 리더십 미팅에서 이 VP들은 전체 팀을 위한 성과책임의 경험을 만들었다. 게일은 고객 만족을 위한 그녀의 노력을 강화하면서 공급 체인을 개선했고 존은 고객 만족의 핵심 동력으로써 정확한 예측을 위한 자신의 노력을 강화했다. 영업 부서와 생산 부서는 상위단계, 상자 밖에 도달해 조직의 경계를 넘나드는 문제와 싸워 해결하는 공동 성과책임의 전체적인 결속을 보여줌으로써 문화적 신념을 강조했다.

영업 부서와 생산 부서의 VP들은 함께 일하는 성과책임을 받아들이고자 노력해서 공급 체인을 단순화하고 수요 예측의 정확성을 개선했다. 그들은 리더들이 KCHC의 변화를 진지하게 여기고 있다는 것을 다른 사람들에게 보여주는 경험을 창조했다. 이 경험은 다른 사람들이 다시 전하는 이야기가 돼서 문화의 방향과 참여의 필요성을 강화했다. 이 이야기의 교훈은 무엇일까? 성과책임과 더불어 시작하라. 성과책임 없다면 조직을 발전시킬 수 없고 조직문화 변화에 필요한 노력을 투입하는 과정에 직원들을 참여시킬 수 없다.

제 2 원칙:
사람들이 변화를 준비할 수 있도록 하라

두 번째 참여 원칙은 사람들이 변화를 준비할 수 있도록 하는 것이다. 조직문화 변화는 결코 많은 관객을 동원하는 스포츠가 아니고 앞으로도 그럴 것이다. 조직의 모든 사람을 변화가 일어나는 과정에 참여시키지 못하면 당신의 문화는 바뀌지 않을 것이다. 우리 대부분은 인생의 경험을 통해, 사람들은 변화할 준비될 때까지 어떤 것이든 쉽게 변하려고 하지 않는다는 것을 인식할 수 있다.

필자 한 명은 놀라운 방법으로 이러한 사실을 더욱 깨달았다. 몇 년 전까지 10대 후반의 딸 두 명은 아래층 침실을 함께 썼다. 필자가 집으로 돌아와서, 여느 때와 마찬가지로 현관으로 들어와 딸아이 침실 왼쪽을 봤을 때 토네이도라도 지나간 것처럼 보이는 상황을 보고 깜짝 놀라서 바로 문을 닫았다. 어떻게 여자애들이 저렇게 지저분한 상태로 살 수 있지? 필자와 부인은 어떻게 하면 딸들의 행동 변화에 동기부여를 할 수 있을까 하며 많은 이야기를 나눴다. 딸들과 문제점을 얘기하면서 정리된 방이 얼마나 중요한지를 이해시키려고 애썼다. 바라던 변화를 이루기 위해, 부모들은 창의적인 인센티브를 내놓았지만 모두 소용없었다.

부모들은 딸들이 집을 비운 사이 손수 청소하면서 바닥에 흩뿌려져 있던 모든 것을 다락방에 숨겨놓은 대형 쓰레기 봉투에 모아놨다. 부모들은 청소기를 돌리고 먼지를 털었다. 거울도 닦았다. 몇 시간 후에 부모들은 청소를 마치고 은은한 조명과 음악을 켠 다음 아이들이 돌아오기를 기다렸다. 밤 늦게 딸아이들이 집으로 돌아와서는 부모가 완벽하게 만들어놓은 침대에서 쉬고 있는 걸 봤다. 와우! 딸들은 깔끔하게 청소한 방을 보는 걸 아주 좋아했고 부모님께 엄청나게 고마움을 전했다. 하지만 토네이도가 다시 불어 닥치는 데는 그리 오랜 시간이 걸리지 않았다.

어느 날 저녁, 가족들이 일을 마치고 집에 돌아왔을 때 길가에 경찰차가 주차된 걸 봤다. 경찰차의 양문은 모두 열린 상태였고 집의 현관문도 열려 있었다. 승용차에서 내리자 가족들은 경찰이 그들을 만나러 걸어오고 있는 걸 봤다. 가족들이 놀라서 물었다. "무슨 일이 있나요?" 경찰관이 대답했다. "집에 안 계실 때 도난 경보기가 울렸어요. 우리가 도착했을 때도 경보기가 계속 울리고 있어서 저희가 집을 수색했어요. 애석하게도 집에 도둑이 들었답니다. 게다가 프로가 한 짓이 틀림 없어요."

아버지는 즉시 경찰관에게 왜 그렇게 생각하느냐고 물었다. 경찰은 대답했다. "글쎄요, 도둑들은 찾고 있는 것이 뭔지를 확실히 알고 있었던 것 같아요. 집에 있는 모든 것이 괜찮았어요, 아래층 침실만 빼고요. 거긴 마구 헤집어 놓았죠. 서랍에 있던 모든 것이 바닥에 쏟아지고. 방이 난장판이었어요." 그 때 길가에 다 큰 딸아이 두 명과 함께 서 있던 아버지의 얼굴 표정을 상상할 수 있겠는가? 아버지는 군소리도 못하고 왜 그 방이 그렇게 엉망인지를 설명해 주기 원하는지 경찰들에게 물어볼 수도 없었다. 가족들은 경찰에게 사실은,

그들이 그 일을 하는데 "프로"라고 소심하게 설명했다.

 분명히 그날 밤 이전에 필자의 딸들은 부모들이 바라던 변화를 이뤄낼 준비가 안 됐다. 그들은 자신의 책임을 '인정하지 않았다.' 부모들은 그랬지만! 이것이 바로 사람들이 변화를 준비하지 않을 때 항상 생기는 일이다. 변화를 이루려는 그들의 노력은 기대에서 훨씬 모자라 관련된 모든 사람을 실망하게 하는 역할만 한다.

 집에서건 일터에서건 어떤 사람이 변화를 자기 것으로 인정하게 하려면 우선 변화가 왜 필요한지를 알게끔 도와줘서 변화에 관한 일정 수준의 합의를 이끌어내야 한다. 둘째, 사람들을 변화에 참여시켜야 한다. 문화변화에서 합의와 참여 모두를 이끌어냄으로써 변화에 관한 사람들의 개인적 주인의식을 확보할 수 있다.

 주인의식 수준 모델이라고 부르는 것에 이 아이디어를 담아냈으며 이 모델은 사람들이 문화변화 과정을 수용할 수 있는 네 가지 다른 단계를 보여준다.

 사람들이 변화 노력에 동의하지 않고 참여하지 않는 가장 낮은 단계에서는 주인의식을 전혀 찾아볼 수 없다. 이 단계에 있는 사람들은 변화 노력에 저항하고 자신들이 변화를 요구받고 있다는 사실에 화를 낸다. 그들은 노력할 생각이나 의지가 전혀 없다. 낡은 C^1 문화에 빠져서 변화의 필요성을 인식하지 못한다.

 다음 단계 면제/변명에서는 사람들은 반드시 "나는 그것을 인정하지 않아요."라고 말한다. 그들은 이성으로는 동의하지만, 감성으로는 참여하지 않는다. 그들은 "너무 바쁘기" 때문에 스스로 면제시

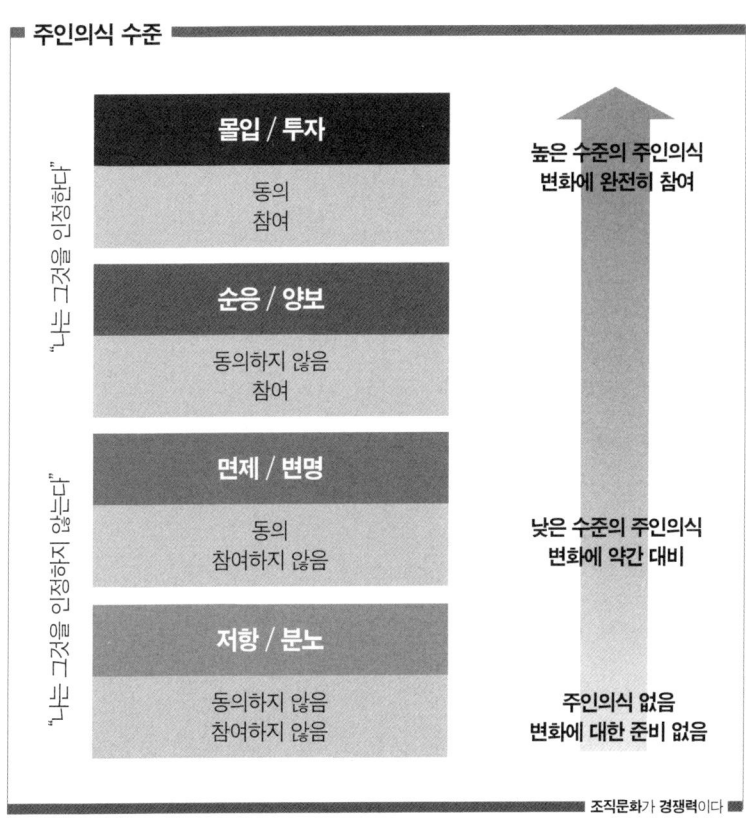

키거나 "그것을 잘 모르기" 때문이라고 변명하게 된다. 이 단계의 주인의식을 가진 사람들은 문화를 바꾸는 것이 좋은 아이디어라는 걸 알지라도 앞으로 나가지 않는다. 이 단계에서 사람들은 문화변화가 다른 모든 사람에게는 적용될 수 있지만, 자신들에게는 적용될 수 없다고 생각한다. 이 사람들은 그들의 마음속에서 과업이 면제된 이유에 대해서 수많은 변명을 늘어놓는다.

다음 단계인 순응/양보로 올라가면 사람들은 몇몇 변화의 측면에 이성으로는 동의하지 않지만 그럼에도 충성심, 의무, 직업의식, 다른 고려 사항 때문에 변화를 행동으로 옮기는데 감성적으로 노력하는 것을 보게 된다. 당신은 틀림없이 어느 정도의 주인의식을 발견한다. 반드시 나쁜 것만은 아니며 현실적으로 어떤 상황에서는 정말로 필요한 전부일 수도 있다. 종종 요구받은 대로 따르고 전진하는 것에 동의하는 사람들은 확고한 성과를 내기도 한다. 다른 한편으로 이 단계에 있는 사람들은 방향에 맞춰 정렬하지만, 여전히 성과를 내기 위해 실제로 앞으로 실천해야 할 것이 부족할 수 있으며 문화변화에 필요한 일관된 개인의 노력이 필요할 때 특히 더 그렇다.

문화변화 노력의 초기 단계에서 많은 사람, 아마 대다수는 이 순응/허용 단계의 주인의식에 머무른다는 것을 알게 될 것이다. 그들은 A^2 행동을 보이지만 헌신하기를 망설인다. 경영진 일부에서 원래의 나쁜 습관으로 돌아가는 신호를 처음으로 보게 되면 그들은 C^1 실천 방식으로 쉽게 복귀한다. 왜냐하면, 그들은 나아가고 있는 방향에 대한 불확실성을 어느 정도 느끼고 있기 때문에 아주 쉽게 방향에서 벗어날 수 있다.

도표의 맨 꼭대기 몰입/투자 단계에서는 가장 높은 수준의 주인의식과 변화에 참여하려는 의지를 보게 된다. 사람들이 이성으로 행동의 과정에 동의하고 마음으로 그것에 헌신할 때 이런 단계에 오른다. 정신과 마음 모두가 적극적이기 때문에 철저히 노력하고 열정적으로 참가한다. 이 사람들은 아마도 이미 C^2 행동을 보일 것이다. 그들은 "참여하는" 게 수월하다는 걸 알고 회사가 문화변화를 통해 얻게 될 이득을 바로 파악한다.

사람들을 문화변화 과정에 개인적으로 몰입/투자하게 하는 것은 경영진의 핵심 임무이자 가장 어려운 도전 과제 중 하나다. 변화의 장점을 사람들에게 알리고 설득하면서 과정에 참가시켜 사람들이 변화를 준비할 수 있도록 모든 노력을 기울여야 한다. 참여 과정의 각 단계는 두 가지 기준, 즉 동의와 참여를 촉진하도록 디자인해야 한다. 이런 방법으로 행할 때, 당신은 사람들에게 변화를 준비시키고 그와 동시에 변화 그 자체의 과정에 참여하게 한다.

• • •
제 3 원칙:
관련 최고 경영진 및 기존 팀과 더불어 시작하라

성공적인 조직문화 변화는 조직의 최고 경영진이나 "관련 경영진"에서 시작되어야 한다. 관련 최고 경영진을 통해서 팀, 부서, 직능, 자회사, 국가별 계열사 또는 전체 조직 등 문화변화 과정에 착수한 지점에 상관없이 가장 큰 효과를 보려면 조직의 최고 경영진에서 과정을 시작해야 한다. 문화변화는 리더가 주도하기 때문에 조직의 리더는 변화를 주도하는데 몰입하고 최대한 많은 인원을 참가시켜 지속적인 방법으로 변화를 실행하도록 열심히 노력해야 한다.

관련 최고 경영진이 관여하지 않고서 문화변화에 착수하는 건 재앙이 될 수 있다. 관련 경영진에 있는 리더가 새로운 문화를 지원하거나 장려하지 않으면 그 리더는 C^2의 채택을 방해하는 E^1 경험을 계속해서 만들어낼 것이다. 이미 논의한 대로 모든 리더는 변화 과정을 진지하게 받아들이는 것과 상관없이 조직에서 다른 모든 사람에게 신호를 보내는 기억할 만한 경험을 만들 수 있는 지위와 힘을 갖고 있다. E^2 경험을 만들어내지 않는 리더들은 실제로 변화에 대한 저항감을 심어준다. 관련 최고 경영진에 있는 리더의 지원 없이 어떤 그룹에서 문화변화를 시도하는 것은 그 그룹을 한 방향 정렬에서 벗어나게 하고 결국 그 노력은 실패하고 만다.

우리는 상당히 자주 전사적 과제가 아닌 문화변화 노력에 착수하려는 고객을 돕는다. 이런 문화전환은 부서, 국, 직능 단위에서 일어날 수 있다. 거의 항상 이 과정은 때가 도래하면 전체 조직이 참여하도록 위로 번져간다. 과정이 시작된 지점에 상관없이 조직의 리더는 변화를 주도해야 한다.

관련 최고 경영진과 함께 일할 때, 기존 팀도 포함해야 한다. 변화는 기존 팀의 맥락에서 시작된다. 이 팀에서 동료 대 동료 성과책임을 확립하는 것은 문화변화 노력의 올바른 기초를 세우는 데 반드시 필요하다. 문화변화를 위해서 의식적으로 합쳐진 팀이 아니라 조직에서 기존에 이미 존재하고 있던 팀과 함께 일할 것을 우리는 항상 권장한다. 전자는 이 과정의 어느 시점에서 타당할 수 있지만, 기존 팀이 문화에 대해 함께 작업하는데 시간을 보내고 난 후에야 이런 그룹 만들기는 가장 효과가 좋다.

기존 팀은 정기적으로 함께 일하고 특정 목표를 달성하려는 동료 대 동료 성과책임을 공유하는 사람들의 모임이다. 이런 팀과 함께 일할 때 문화변화는 더욱 확실하고 신속하게 이루어지며 그 이유는 각 팀이 노력을 쏟고 있거나 씨름하고 있는 문화가 이미 존재하기 때문이다. 문화변화는 팀 스포츠다. 조직이 생각하고 행동하는 방식을 바꾸는 가장 빠르고 효과적인 방법은 기존 팀이 서로서로 C^2를 실천하도록 돕게 하는데 포커스를 맞추는 것이다. 이렇게 한다면 문화변화의 견인차로써 매일매일의 근무 경험을 활용하게 된다.

문화에 대한 부서를 넘나드는 다기능 업무 세션은 문화변화의 중요한 부문이지만, 이러한 노력은 정확한 시간에 이뤄져야 한다. 기존 팀이 문화관리 도구와 기술을 활용해 실행했을 때, 그들은 그 방법을 사용해 기존 팀들과 다른 조직 사이에서 벌어지는 문화변화에 도움을 줄 수 있다. 이 필수 단계는 반드시 나타나야 하지만 아마도 기존 팀이 변화를 완전히 받아들일 때까지 이것을 시도해서는 안 된다.

• • •

제 4 원칙:
프로세스 관리를 수립하고 정직하게 행동하라

모든 과정은 프로세스 관리control가 필요하고 그렇지 않으면 엔트로피의 힘에 굴복해 오랫동안 혼돈에 빠질 수 있다. 이것은 문화변화에 딱 들어맞는데 왜냐하면 변화는 사람들의 행동을 바꾸고자 하는 선택, 새로운 습관을 만들기로 한 결정, 새로운 의식 구조 채택에 아주 많이 좌우되기 때문이다. 사람들이 새로운 문화를 받아들이게 하려고 노력할 때와 낡은 문화를 유지하려는 자연스러운 경향을 버리는데 도움을 줄 때, 문화는 한 번에 사람을 바꾼다. 가장 효과적이 되려면 개인과 팀 수준 모두에서 합의한 프로세스 관리를 채택해야 한다.

다른 사람들을 문화변화 과정에 참여시켰을 때와 이들이 문화적 신념을 실천하려는 개인적 성과책임을 받아들일 때 중요한 과정 관리가 형성된다. 이것이 이뤄지면 조직 전반에 스스로 결정하는 프로세스 관리가 만들어진다. "피드백 감사합니다," "그것은 당신이 간직하기를 바라는 신념이 아닙니다," "우리는 상위단계 상자 밖으로 이동해야 합니다," "제가 무엇을 더 할 수 있을까요?" "이것이 바로 저에게는 '거리낌 없이 말하라(문화적 신념 중의 하나)'란 무엇인가 입니다," "핵심 성과" 등을 사람들이 말하는 것을 자주 들을 때 이것이 효과가 있다는 것을 알게 된다. 문화관리 도구와 C^2 성공사례를 통합하면 사람들은 집중 피드백, 스토리텔링, 인정의 언어를 사용해 과정이 정상 궤도에서 머무는데 도움을 준다. 이 모델과 도구의 언어가 사람들이 일을 추진하는 방법의 일부가 됐을 때, 그것은 실시간으로 스스로 결정하는 프로세스 관리의 역할을 수행하고 아마도 당신이 창조할 수 있는 가장 강력한 실행 모니터가 될 것이다.

또 다른 중요한 과정 관리는 R^2 달성을 향해 가는 조직의 프로세스를 추적하는 것이다. 바라던 R^2 성과를 향해 가는 과정을 추적하기가 상당히 쉽다는 것을 알게 될 수도 있지만, 조직 전반에 그 프로세스에 대해서 확실히 전달해야 한다. 비록 일회성 조치일 수는 있으나 C^2를 만들려고 노력할 때 사람들이 다르게 생각하고 행동하는지도 추적해야 한다. 이를 위해서 일부 고객은 온라인 조직 평가를 활용해 프로세스를 측정하는 것을 좋아한다. 과정 초기에 기준을 확립하고 체크포인트를 활용해 방법에 따른 프로세스를 측정하면 바람직한 변화의 측면에서 사람들이 무엇을 보고 있는지에 대한 우수한 정량적 핵심 지표를 얻을 수 있다. 특히 문화적 신념의 실천과 관련된 과정을 모니터 해야 한다. 문화가 실제로 바뀔 때, 모든 사람은 그것을 알아차리고 현재 일어나고 있다는 것을 금새 파악할 수 있다.

한편, 조직에 있는 모든 구성원을 참여시키는 방법에 대한 계획을 수립할 때, 변화의 실행과 통합 모두에서 진척 상태를 반영하는 이정표를 파악해야 한다. 이정표에는 팀에서 개발한 구체적인 통합 계획의 후속 조치를 비롯해 특정 활동이 이뤄져야 하는 마감 시한이 포함되어야 한다.

보다 일반적인 프로세스 관리의 몇 가지는 아래와 같다.

- 도구와 모델의 언어 삽입
- R^2 성과로 가는 프로세스 추적
- 온라인 평가 도구를 활용해 문화적 신념 채택과 관련된 진척 상태의 인식 포착
- 과정 실행과 통합의 이정표 수립
- 통합 계획에 대한 팔로우업 및 보고

주의 사항: 당신은 조직을 변화 노력에 참여시키는 과정을 지나

치게 정비하는 실수를 저지르고 싶지 않을 것이다. 선의를 가진 일부 고위직 리더들은 C^2 가는 여정에서 하나부터 열까지 계획하려고 하고 반드시 필요한 변화를 이뤄내기 위해 사람이 아닌 프로세스에 너무 많이 의존하려고 한다. 행동과 프로세스에 과도하게 포커스를 맞추면 성과 피라미드의 하위 두 단계, 경험과 신념을 포착하지 못할 수 있다. 앞에서 언급한 대로, 리더들은 흔히 더욱 구체적인 피라미드 상단의 행동과 결과에 집중하는 것을 선호한다. 우리는 리더들이 과업에 대해 과도하게 지시하고 구조화된 자신들의 접근 방식이 "빈칸 채우기" 활동처럼 더 나빠질 때까지 문화변화 노력에서 벗어나 무심코 인생의 모든 것을 처리하는 사례를 너무도 많이 봐왔다. 이것을 알지 못하면, 그들은 결국 개인의 이니셔티브, 창의성, 리더십을 질식시켜 버린다.

문화변화 과정의 기본인 성과 피라미드는 프로세스 중심의 접근 방식이라기 보다는 원칙 중심의 접근 방식을 제안한다. 차이를 주목해보라.

프로세스: 한정된 방법에서 발생하고 다른 사람들의 반응이나 참여를 요구하는 계속된 행동이나 운영

원칙: 개인적 혹은 특정한 행위의 기초; 인간의 행동을 이끌어내는 근본적인 원리

원칙 중심의 접근 방식을 활용하면 정확한 원칙 또는 B^2 신념은 사람들이 정확히 무슨 일을 해야 할지 듣도록 기다리는 것이 아니라 실행해야 하는 A^2 행동을 스스로 선택하도록 이끌 수 있다. 당신

은 항상 프로세스와 원칙 사이의 올바른 균형을 도모하기를 바라지만 대개 원칙이 주도하고 프로세스가 지원하는 접근 방식이 최선이라는 것을 알게 될 것이다.

변화 노력의 실행 및 통합과 관련해서, 참여 과정에서 실천해야만 하는 한 가지는 모든 사람이 단지 "시늉만 하는" 덫을 피할 수 있도록 도와주는 것이다. 문화관리 도구와 C^2 성공사례를 적용하는 방식에서 모든 사람은 항상 정직해야 한다. 사람들이 활동을 결과로 오해하거나 동작을 활동으로 오해하기 시작하면 모든 것이 정상 궤도에 있는 것처럼 보여도 변화 노력은 이도 저도 아닌 상태가 된다.

예를 들어, "HGS" 북동부 경영팀은 초기에 스토리텔링의 질을 의심했다. 조직은 문화변화에 전적으로 노력하고 있었지만 많은 사람은 회사에 떠도는 이야기들이 문화적 신념을 실제로 보여주는 새로운 행동이 아니라 항상 일어났던 일반적인 일들을 축하하는 것이라고 느꼈다. 일부 팀 구성원들은 이 시각에 의문을 표시하고 그것이 바로 모두를 위한 새로운 행동이기 때문에 이야기를 하는 그 자체를 축하해야 한다고 주장했다. 다른 사람들은 스토리가 너무 높은 기준을 충족해야 하는 경우, 그들은 결국 시간을 늘리고 과정을 너무 복잡하게 만들 것이라고 우려했다.

HGS 경영팀은 어떻게 하면 프로세스에서 정직성을 유지하고 올바른 종류의 집중 스토리텔링이 바람직한 C^2 신념을 이끌어 가는지를 논의했다. 그들은 이야기했을 뿐만 아니라 모든 이야기에 피드백을 전달해서 사람들이 어떻게 C^1 신념을 바꿨으며 C^2 신념을 보였는지를, 이야기가 묘사하고 있는지, 아닌지를 결정했다. 이 피드백은 이야기의 활용을 장려하기도 하고 이야기 전달을 중단해야 한다고 주장하기도 하고 새로운 문화를 훨씬 더 강화하는 방식으로 다시 구성해야 한다고 촉구하기도 했다. 사람들이 C^2로의 움직임을 반영하고 강화하는 이야기를 하는 노력에서 서로서로 항상 정직했기 때문에, 집중 스토리텔링은 HGS의 문화변화 과정에서 새로운 전환점을 맞았다.

・・・
제 5 원칙:
최대한 참여와 창의성을 위한 변화 프로그램을 디자인하라

 문화변화는 매우 협력적인 노력이며 문화의 공동 제작자로서 모든 직위에 있는 구성원들의 참여가 있어야 한다. 참여를 계획해서 조직에 있는 모든 사람의 적극적인 참여와 창의성을 최대한 이끌어내야 한다. 모든 직원을 대상으로 문화전환을 "발표"한다고 되는 게 아니다. 그보다는 모든 사람을 변화 노력에 참여시켜야 한다. 수많은 회사가 새로운 프로그램을 발표하는 것을 봤지만 그런 발표가 사람들을 과정에 완전히 참여시키는 건 아직도 보지 했다. 발표의 정해진 목적은 특정 일자에 모든 사람을 교육하는 것을 목표로 하는 것에 불과하다. 활동에 포커스를 맞춘다고 해서 주인의식이 생기는 것은 아니다. 조직 전반에 개인의 노력을 주입시킬 수 없기 때문에 이러한 발표는 이것이 효력이 없다는 것이 분명할 때 뒤로 물러나게 된다. 시간이 지나면 이러한 발표는 새롭게 "지금 유행하는"

발표로 간단히 대체된다.

　문화변화에 모든 사람을 참여시키는 것은 관심을 생기게 하는 특별한 경험을 구성하는 것이 필요하다. 첫째, 리더십 한 방향 정렬 모델을 활용해 C^2 성공사례의 실행에 참가시켜라. 이것은 참여 과정의 계획 수립 측면에서 제시간에 제대로 된 사람들을 참여하게 하는 데 도움이 된다. 문화적 신념선언서의 구조는 경영진을 넘어선 협력을 촉진할 수 있다. 대규모 부서, 국가별 계열사, 또는 멀리 떨어진 현장을 다룰 때, 그들이 서로에게 특별한 문화적 신념을 공식화하는 좋은 이유를 찾을 것이다.

　또한, 문화적 신념을 소개하는 데 활용하는 트레이닝 미팅을 활성화하기 위해서 조직 전체 직원들을 활용할 것은 권한다. 항상 리더 주도의 접근 방식을 활용하기는 하지만 조직의 모든 레벨에 있는 사람들은 모든 이들을 단계적으로 포용할 때 참여 과정을 함께 촉진할 수 있다. 당신은 가능한 촉진형으로 참여의 모든 단계를 만들기를 원한다는 것을 기억하라. 가령, 문화적 신념선언서를 발표할 때, 최고 경영팀을 위해 만들었던 동일한 경험을 따라 하는 아주 매력적이고 참여적인 방법으로 실천해야 하며, 이때 조직에 있는 모든 사람이 아주 참여적인 방법으로 똑같이 일반적인 결론에 도달하도록 자극하는 축소된 규모의 버전을 활용한다.

　문화를 바꾸는 방법에 관한 수많은 이야기를 들을 때 전체 조직을 참여시켰고 사람들이 참여했다는 확실한 신호로 받아들일 수 있다. 예를 들어, 어느 재무 부서의 팀 구성원들은 시간을 만들어 집중 인정, 스토리텔링, 피드백에 전념한다. 문화적 신념에 밝은 빛을 비췄기 때문에 부서 리더는 조직문화 변화를 촉진하는 수많은 새로운 아이디어에 불을 붙였다.

또 다른 팀은 조직에 있는 누구나 언제든지 즉석 회의를 소집할 수 있는 브레이킹 뉴스 허들Huddles을 시작했다. 허들 덕분에 사람들은 불쑥 나타나는 중요한 관련 소식을 공유할 수 있었다. 이러한 방식으로 사람들은 진행된 진척 상황과 핵심 R^2 성과에 맞춰 필요한 진척 상황 모두와 관련해서 계속된 흐름에 머무를 수 있었다. 그리고 또 다른 회사는 신입 사원 모집 신청과 인터뷰 절차에 문화적 신념을 활용하기 시작했다. 미래의 직원들에게 보내는 편지에는 성과책임에 맞춘 문화적 신념에 대한 설명이 담겨있다.

"귀하가 이 원칙을 헌신적으로 실천할 수 있다면, 귀하는 성공할 것이며 우리 회사의 발전에 이바지하는 인재가 될 것입니다. 이 수준의 성과책임을 감당할 수 없고 피드백을 전달할 의지가 없거나 그럴 능력이 없으며, 실천할 것이라고 말하는 일을 실행하고 행동하는데 책임을 지는 필요한 조처를 할 의지가 없다고 생각한다면, 저희는 귀하를 채용할 수 없습니다. 우리는 모든 사람들이 이 정도의 헌신을 다할 준비가 되어 있지 않다는 것을 이해하며, 여기가 당신에게 맞지 않다고 결정하신 귀하의 정직함에 감사를 표합니다."

이 편지는 회사가 창조하고 유지하기를 바라는 최초의 E^2 문화적 경험 중의 하나를 보여준다. 이러한 아이디어들은 완전히 몰입한 직원들의 창의적인 힘에서 나오며 이 직원들은 문화변화를 수용하고 변화를 이루기 위해 노력하고 있다.

최대한 적극적 참가와 창의성을 이끄는 아이디어에 관련해서, 문화적 신념과 C^2 성공사례를 신입 사원 채용 전략에 접목한 고객, 트랜스앤트릭스의 이야기를 전하고자 한다. 트랜스앤트릭스는 혁신적인 최소 절개 수술장치를 전문으로 하는 의료장비 신생 기업이며 우수한 경영팀이 힘을 합쳐 지난 8년 동안 최악의 경제 상황에서도 신기록으로 규제 승인을 받았고 최초 제품 판매 이전에 7,600만 달러를 모아 수익 이전 자본기금의 기대치를 높였다. 트랜스앤트릭스는 일정대로 혹은 일정에 앞서 최초 제품을 출시하는 등 다른 모든 이정표에 도달했다. 2년 6개월도 채 안 돼서, 이 회사는 100억 불 짜리 외과 시장에 12개 제품을 출시했다. 이른 성공에 대해 언급하면서 토드 M. 포프회장 겸 CEO는 이렇게 말했다. "우리가 성취해온 수많은 일은 문화적 신념을 통해 우리가 실천했던 일들 덕분입니다." 모든 기업체에 해당되겠지만 인재에 대한 수요는 소규모 신생 회사에서 기하급수적으로 늘어났다. 성공은 제대로 된 인재를 채용하고 시의 적절하게 제대로 된 위치에 그 인재를 배치하는데 대부분 좌우된다. 토드는 트랜스앤트릭스에서 채용하는 동안 전망을 얘기할 때 기업의 문화를 강조하는 것이 얼마나 중요한지를 말해줬다. 트랜스앤트릭스에 관한 사실과 세부 내용은 쉽게 전달할 순 있지만, 어느 것도 이 회사가 다른 조직과 실제로 어떻게 다른지를 명확히 설명하지 못한다: 그것이 바로 조직문화다! 리더들은 문화적 신념을 통해 실제로 미래의 직원을 이끌고 그들은 기억에서 문화적 신념을 열거할 수 있다. 리더들은 왜 그 선언서를 선택했고 어떻게 하면 사람들이 날이면 날마다 트랜스앤트릭스에서 이 선언서의 사례가 되는지에 대한 실생활의 예시를 제공하는데 시간을 투자하는 이유를 신입사원들이 정확히 알게 했다.

다음에 할 일은 자신감을 갖는 일이다. 그들은 모든 미래의 신입사원들이 트랜스앤트릭스 문화적 신념이 무엇인지, 영향력이 있는지, 직원들이 어떻게 그것을 실천하는지에 대해 만나는 누구한테도 물어볼 수 있도록 응원한다. 그들은 응모자들이 벽에 걸린 인정 카

"그것은 기술을 앞당겼지만 게임 체인저가 아니었다."

드에 대해 사람들과 이야기를 나눌 것을 권장한다. 그들은 미래의 신입 사원에게 직장에서 문화를 관찰하고 무엇을 보는지 주목할 것을 자신 있게 요청한다.

이 접근 방식에 대해 질문을 받았을 때, 토드는 말했다. "그것은 엄청난 영향력을 발휘했어요." 그는 말을 이었다. "신입사원들이 우리가 구축하고 있는 문화를 느낄 때, 사람들이 신입사원들에게 하는 이야기들이 전달되기 때문에 신입사원들은 그 일부가 되고 싶어 합니다. 대부분 신입사원은 트랜스앤트릭스에서 조성하고 있는 문화가 '신입사원이 회사에 들어오고 싶은 가장 큰 결정 요인'이라고 말합니다. 얼마 전 회사에서 가족 야유회를 갔었는데 직원들의 배우자들이 이 회사에 들어와서 가장 흥분하는 이유가 문화에 대해 들었던 것 때문이라고 얼마나 많은 직원이 이야기하는지 이루 헤아릴 수 없었어요!"

조직의 모든 구성원을 변화 노력에 참여시키려는 계획의 수립을 심사 숙고함으로써 최대한 적극적 참여를 이끌어내면 조직문화 변화의 실행과 통합에 맞춘 조직 전반의 창조성creativity을 강화하게 될 것이다. 이 창조성은 B^2 신념의 채택과 전체적인 문화전환의 속도를 높여줄 것이다.

맺음말

본 저서 전반에서 언급한 대로, 조직문화 변화는 어떤 비즈니스에도 경쟁력과 시장 판도를 바꾸는 성과를 가져다 주는 차별화 장치의 역할을 할 수 있다. 오늘날 경쟁이 치열한 환경과 어려운 경제 상황에서 실적 개선은 점점 더 달성하기 어려워지기 때문에 시장의 판도를 바꾸는 게임 체인저는 매일매일 훨씬 중요해졌다. 실제 게임 체인저는 탁월한 사업 전략, 막대한 자본 투자, 매력적인 신제품보다 더 많은 역할을 한다. 진정한 게임 체인저를 발견해내는 것은 쉬운 일은 아니다. 하지만 당신이 점진적인 개선을 통해 실적을 최대화하는데 아무리 많은 시간을 보내더라도, 진정한 게임 체인저만이 당신을 그곳으로 데려갈 것이다.

비즈니스 모델이 새로운 R^2 성과를 요구할 때, 그 게임은 더 이상 현재의 실적을 낙관하지 못한다. 그것은 조직의 성과results를 바꾸어 놓아야 한다. 시장 판도를 바꾸는 변혁적 결과는 잘 실행되는 문화변화의 계획에서 비롯되고 실제로 그렇다. 당신이 문화를 바꾸면 시장 판도를 바꾸고, 이 새로운 게임을 통해서 조직의 성공을 구체화하고 정의 내린 원하는 성과가 나온다. 우리는 이 과정을 확신한다. 실제로 그렇다!

본 저서 전반에서 설명하고 있는 방식으로 문화에 접근할 때, 문화변화는 전체 조직의 정신을 고양하고 모든 사람이 성공적인 변화에 참여할 수 있도록 활기를 불어넣는다. 성과책임을 결합하고 C^2 성공사례를 적용하면 조직문화 변화를 가속하고 바라던 결과를 얻게 될 것이다.

"당신이 문화를 바꿀 수도 있고, 문화가 당신을 바꿀 수도 있다." 라는 명제로 조직문화 탐구를 시작했다. 이제 이 말은 당신에게 완전히 새로운 의미로 다가왔을 것이다. 문화에 대한 성과책임을 받아들이고 문화를 제대로 관리할 때 당신 자신은 물론, 함께 일하는 사람들, 전체 조직 그리고 가장 중요한 당신의 고객들에게 대단한 이익을 주는 엄청난 결과를 가져올 것이라는 사실을 우리 모두는 알고 있다. 당신이 문화를 바꾸면, 시장 판도를 바꿀 것이다!

The Arbinger Results System™
조직문화와 성과 시스템

1단계 핵심과정 (개인차원)

세계적인 베스트셀러 "상자 밖에 있는 사람"과 한국 기업 조직을 대상으로 연구 개발한 지적 자산을 기본으로 하위단계에 있는 모든 문제를 해결하고, 상위단계 상자 밖에서 자신의 일에 책임을 갖고 "정성을 다하면 이루어진다(성즉명)"는 신념을 갖는다. 워크샵의 참가자들은 성과 책임, 주인의식, 적극적 참여, 효과적인 실행에 최선을 다하며, 상황이나 주위를 탓하기 보다는 책임문화로 가는 과정에서 개인의 역할을 정립하는 사고와 행동방식을 갖는다.

2단계 실행과정 (팀, 조직차원)

조직의 모든 사람들이 해결책을 찾고 자신의 할 일을 변명하지 않는다면 우리의 세상은 어떻게 달라질까? 개인과 팀, 부서의 문화가 조직문화로 전환되기 위해 원하는 결과에 초점을 맞추고 실적을 개선시키기 위한 방법들을 배운다. 자기성장, 신뢰 관계, 갈등해결, 리더십한 방향정렬, 신속한 의사결정, 노사관계, 책임문화를 구축하는 방법을 제공받는다. 성과 개선을 통해 지속적인 행복감을 얻는다.

3단계 강화과정 (조직문화 내재화)

성과 피라미드를 실행하고 통합하여 핵심 성과 달성에 반드시 필요한 문화 전환을 통해 조직을 이끌 수 있는 로드맵을 얻게 된다. 문화 변화관리 리더십 스킬과 성과 기반(Results Based)의 코칭과 리더십 그리고 컨설팅이 제공된다.

아빈저연구소는 인문학, 경영학, 경제학, 심리학, 사회학, 철학, 교육학 분야의 전공자들을 포함하는 세계적인 학술협회(scholarly consortium)이며, 독창적으로 유일하게 갖고 있는 지적자산을 기반으로 확대된 글로벌 경영 교육과 컨설팅 회사이다.
특히 조직문화 개발, 노사관계, 조직 리더십, 경영자 코칭 그리고 조직 필요사항에 따른 **맞춤식 솔루션**을 전문으로 제공하고 있다. Intel, IBM, AT&T, Wells Fargo 뱅크를 비롯 〈포춘〉지 선정 200대 기업들의 상당수를 고객으로 갖고 있다. 글로벌 파트너로 한국에서는 학자와 전문가들이 우리 문화에 적합한 모델들을 개발해오고 있다.

| 경영자들의 말! |

: 수익구조 개선

우리는 정말 문제가 많아서 가장 유능한 컨설팅 회사조차 몇 달을 노력했지만 아무런 도움을 주지 못했다. 다행스럽게, 이 회사는 아빈저연구소를 알고 있었고 우리에게 소개해주었다. 그 이후 모든 것이 달라졌다. 이제 우리는 산업내에서 가장 수익적인 회사가 되었다. 우리의 경쟁자들보다 투자자본수익율을(ROI) 두세 배 이상 올렸다.
- 전미national wide 유통회사 회장 및 CEO

나는 IBM에서 아빈저의 원리를 적용하여 매우 우수한 성과를 이루어냈다.
- IBM 북동부 유럽 부사장

: 조직 활성화

아빈저의 성과 시스템 덕분에 우리는 성과 목표를 초과 달성하였고 동료애를 키웠으며, 내 직업에서 완전히 전례없는 결과를 얻었다. - 세계적인 제조회사 대표 및 CEO

조직 내 적용한 결과 업무 수행에 도움이 되는 정도가 100%이다. - 한국 IBM, 2008

: 리더십

나는 지난 15년 동안 국가적으로, 기업 조직에서 "변화 프로젝트" 작업에 참여해왔다. 아빈저의 교육과정은 내가 그 동안 본 것 중에서 가장 뜻 깊은 혁신적인 내용이다. 그것은 경영 이론과 경영현장에서 강력한 리더십을 발휘하게 한다. - Fobes그룹 전무이사

최고다! 아빈저는 성과를 내는 리더십 개발의 시작점이 될 것이다.
- N사 율촌화학 임원 (사내 FT)

: 조직관리 인사관리

아빈저는 인사관리를 잘하고 있다고 생각하는 사람에게 무지를 일깨울 뿐만 아니라 개선이 필요한 조직에게 사고를 자극하며 깊은 통찰력을 제공한다.
- 스티브 C 휠라이트, 하버드 대학교 경영대학원 교수 및 선임 부원장

: 책임문화 전사교육 적용 성과

improved efficiency by over 10% / increased revenue growth 17% over plan / improved capital efficiency by 50% / reduced inventory by over $45 million / reduced prices by 23% through improved vendor relationships / raised overall work satisfaction among participants by over 20%. - 미국 주요 통신회사

지은이 • 로저 코너스와 톰 스미스

저자들은 전세계 최고의 성과책임 교육 서비스로 정평이 나 있는 리더십 트레이닝과, 경영 컨설팅, 교육 프로그램을 제공해 오면서 수많은 기업들에게 책임을 강화할 수 있는 실천 방안을 제시해 왔다. 고객들은 강력한 성과책임 조성을 위한 세 가지 방식 (조직의 핵심 성과 달성에 기여하는 개인, 성과 책임문화, 그리고 다른 사람들의 성과 책임 방식 유지)이라는 교육서비스를 활용한다. 저자들은 조직의 모든 레벨에서 효과성, 이익, 혁신을 증진하는 강력한 성과책임을 활용해서 수 천의 고객사를 지원하고 수만 명의 직원들을 교육해왔다. 대다수 고객사들은 전세계에서 가장 존경 받는 기업에 올라있고 절반 이상이 다우존스 산업평균지수 기업들이며 전세계 최고 12대 제약 기업 전부와 미국의 포춘 선정 50대 기업의 절반이 속해있다. 세계적인 베스트셀러 『The Oz Principle』과 『How Did That Happen?』, 『Journey To The Emerald City』를 공동으로 집필했다. 또한 수 많은 라디오와 텔레비전 방송에 출연하고 주요 업계 간행지에 글을 쓰고 다양한 컨퍼런스에서 기조연설을 하는 두 저자는 브리검영 대학교의 메리어트 경영대학원에서 MBA 학위를 받았으며, 이들은 문화 변화 촉진에 도움을 주는데 해박한 전문지식을 전달하고 있다.

조직문화가 경쟁력이다

발행일 2013년 11월 16일
1판 2쇄 발행일 2017년 1월 17일
지은이 로저 코너, 톰 스미스
옮긴이 서상태
발행인 이주현
발행처 아빈저연구소 코리아, 위즈덤아카데미

등 록 | 제 12-326호
주 소 | 서울 마포구 연남동 509-14
전 화 | 02-782-5578
팩 스 | 02-782-5579
이메일 | gracewisdom42@gmail.com

이 도서의 국립중앙도서관 출판시도서목록(CIP)은 e-CIP 홈페이지(http://www.nl.go.kr/ecip)와 국가자료공동목록시스템(http://www.nl.go.kr/kolisnet)에서 이용하실 수 있습니다.
(CIP제어번호: 2013021125)

ISBN | 978-89-92352-11-6
값 16,000원